마이너리티
이재명

마이너리티 이재명

지은이 김용민
펴낸이 임상진
펴낸곳 (주)넥서스

초판 1쇄 발행 2020년 9월 1일
초판 6쇄 발행 2020년 10월 20일

2판 1쇄 인쇄 2021년 12월 24일
2판 1쇄 발행 2022년 1월 5일

출판신고 1992년 4월 3일 제311-2002-2호
10880 경기도 파주시 지목로 5 (신촌동)
Tel (02)330-5500 Fax (02)330-5555

ISBN 979-11-6683-196-6 03340

www.nexusbook.com

마이너리티
이재명

김용민 지음

오늘 당장
할 수 있는 일부터
시작합니다

지식의숲

이재명,
당연한 게 당연하지 않습니다

만약에 본 재판에 관여하시는 어떠한 법관께서도 혹시 몹시 어려운 어린 시절과 가족사를 가지신 분이 계신다면 이재명 도지사의 제대로 치료받지 못하여 심하게 변형된 팔꿈치를 보아주시길 부탁, 감히 부탁드립니다. 지금은 도지사라는 직위에 있으나 실상은 극빈한 집안의 아들로서, 어릴 때부터 심한 노동에 시달린 이재명 도지사의 흔적과도 같은 그 변형된 관절 때문에, 오히려 그는 많은 경우가 노동자 계층에서 발생하는 중증외상환자들의 생존율 향상을 위해서 어려운 정책적 결단을 내려오고 있는지도 모릅니다.

제가 아는 한, 정치권뿐이 아니라 사회 전체가 '말의 잔치'에 물들어가고 있는 현실에서, 스스로 어린 시절 때부터의 고난과 역경, 부상을 짊어지고 어려운 중증외상환자들을 진정성 있게 고려하여 주는 조직의 수장은 매우 적습니다. 이는 매우 가슴 아픈 현실이라 할 것입니다.

이 편지는 그의 수하 공직자가 쓴 것이 아니다. 아덴만 작전 중 해적에게서 총격을 당한 석해균 선장을 수술해 '국민 의사'로 각인된 이국종 아주대학교의료원 외상연구소장의 것이다. 그는 지금도 여야로부터 구애를 받는 명망가다. 그런데 2019년 선거법 위반 등으로 지사직 상실 위기에 놓여 있던 이재명 경기도지사를 위해 정치적 부담을 안고 굳이 대법원에 탄원서를 낸 것이다. 총 10장, 그것도 자필로 자원해서 쓴 것이었다.

이 소장은 이재명 지사와 손잡고 24시간 응급의료용 헬기 도입으로 중증외상환자 치료체계를 구축해온 인연이 있다. 이 소장의 메시지에서 이재명은 말보다 행동으로써 자신의 진심을 드러내는 인물이다. 즉 자신의 아픈 과거사를 공공의 이익으로 승화시키는 사람이란 것이다. 피부에 와닿는 꼭 필요한 정책을 마치 핀셋으로 짚어내듯 세상에 내놓을 수 있는 데에는 가장 밑바닥 세계에서 공공의 부재를 뼈저리게 느끼며 살아온 삶이 있었다.

우리는 어떤 일을 누군가에게 맡길 때 우선 '능력'을 본다. 능력 따지는 것이 대통령선거라고 다를까? 세상을 바꿔보라며 국가 권력을 맡겼을 때 기대치에 부응해 수행할 인물이 누구인지 국민은 저울질한다. 대권주자 순위로 보나 광역단체 시·도민의 시도지사 업무수행 평가로 보나 현재 스코어 '이재명'이 으뜸이다.

역대 대통령은 사적 이익을 추구하기 위해 권력을 남용하는 쪽과 '독재 프레임'에 빨려 들어가기 싫어 권력을 유기한다는 비판을 들으면서까지 칼집에서 칼 뽑기를 주저하는 쪽 두 유형으로 갈린다. 대개 전자는 보수 정부, 후자는 민주정부였다. 이 책의 저자로서 세 문장으로 이재명의 권력관을 정리한다. 그는 권력을 쓸 줄 안다. 그리고 공공의 이익 그 범주 안에서만 써야 하는 줄 안다. 다만 자신은 피투성이가 되더라도 위임받은 힘과 권위를 사수해야 한다는 점을 안다.

전체 90%를 이루는 무산계급 국민은 기득권이라는 바람 앞에 선 등불 신세다. 강력한 공공을 선호한다. '험난한 세상에서 나를 지켜 달라'고 호소한다. 코로나19라는 전대미문의 바이러스 앞에서 전투적 방역으로 대응한 문재인 정부의 여당 더불어민주당이 21대 총선에서 압승한 이유는 그래서, 자명하다. 다음 대선은, 칼자루를 쥐여 줄 때, 사익 지향적·탐욕적 자본과 언론, 칼잡이로부터 서민과 약자를 지켜줄 지도자가 누구인지 판가름하는 장이 될 것이다. 여러 번 싸워도 죽지 않아 맷집이 강력한 이재명, 누구를 위해 싸울 때 진정 가치가 있는지 아는 이재명, 그러하기에 싸울 줄 아는 이재명이 현재로선 가장 적실한 카드가 아닐까 많은 이들은 짐작하고 기대한다.
이재명은 보수와 통할 수 있을까? 죽은 지 40년이 넘은 박정희가 민주화, 정권교체 이후에도 여전히 한국사회에 생동하는 이유는 무엇인가? 진보도 부인 못 하는 '박정희의 공'은 단연 '공공의 권능'이다. (끝내 결탁했지만) 재벌을 차렷 열중쉬어 시켰고, (적대적 공존 관계를 지향했으나) 남북대화를 시작했고, (독자 핵 개발이라는 무리수를 두다가 비롯됐지만) 미국과의 대등한 관계를 형성하기 위해 불편함도 무릅썼다. 이 모든 것이 장기집권이라는 욕망에서 발원됐고 지향됐기에 경계심을 늦추거나 마냥 손뼉을 칠 일은 아닐 것이다. 다만 박정희 시대를 그리워하는 이들은 이념적이지 않다. 광복 직전까지 일본군이었다가 불과 몇 달 뒤 남로당으로 갈아타는 등 실로 멀미나는 박정희 일생은 이념적 감동을 자아낼 성질의 것이 아니다. 박정희 기준으로 이재명의 이념적 좌표는 극좌에 가깝지만, 그러나 그는 대통령 권력 아래에 모든 '심판받지 않는 권력'을 복속시킬, 그래서 힘없는 민중을 온전한 국가의 주체로 세울 적임자로 보수 유권자에게 가늠될 수 있다.

비단 '힘'만이 아니다. 이재명은 정책을 읽는 눈이 탁월하다. 소년공을 거치며 '실종된 공공'에 비운을 맛봤고, 법률가로서 노동운동, 시민운동을 수행하며 기득권의 거대한 욕망과 힘을 실감했고, 8년 성남 시정을 담당하면서 공공과 행정에 대한 식견을 정립했다. 경기도지사의 대임을 맡으면서는 기본소득, 기본주택 등 국가 미래 비전과 직결된 문제를 하나하나 실험했다. 정치인의 대중영합주의, 학자의 이상주의, 관료의 현실 안주적 사고는 이재명 안에서 소거됐다. 현안을 파악하면서 임기를 소모하는 정치인 출신 '어공'의 한계 또한. 그래서 DJ가 표방했던 '서생적 문제의식과 상인적 현실감각'을 갖춘 '준비된 대통령'의 길을 차근차근 걸어왔다고 판단할 수 있다.

그러다가 2018년 경기도지사 선거에서 이재명은 한 인격이 감내할 수 없는 크기의 비난과 모욕을 당했다. 상대편만이 아니었다. 아군 진영도 그러했다. 마침내 큰 득표율 차로 승리했지만 "이재명은 거기서 끝"이라는 말이 설득력까지 실려 회자됐다. 방송 신문에 나오는 평론가만 그런 이야기를 한 게 아니다. 선거가 끝나고 돌아온 일요일 저녁, 식당의 뒷자리에 앉은 20대 대학생 입에서도 나온 말이었다. 그 정도가 아니었다. 이재명의 당선무효를 상수에 두고 몸을 풀던 (보궐선거) 여권 주자도 있었다. 그런 이재명이 2020년 8월 말 대선주자 1위에 오르는 기염을 여러 여론조사에서 토하고 있다. 여기서 그치겠는가? 대법원에서 모든 의혹을 털어낸 상황인데다 절반의 임기를 남긴 경기도지사직에서 실력 발휘를 하며 국민의 신임을 얻어간다고 했을 때 지지율 상승 여력은 충분하다.

이재명이 찜찜한가? 더 찜찜했던 김대중은 어땠는가? 그의 시대에 외환위기가 극복됐고, 남과 북은 더 전쟁할 일이 없는 상태가 됐으며, 초고속 인터넷 구축으로 세계 최고의 IT 선진국이 됐고, 민주주의는 반석 위에 서게 됐다. 'DJ가 빨갱이여서 나라를 북에 팔아넘길 것'이라는 헛소문으로 발원된 그 찜찜함에 과연 설득력이 있었나? 수구 기득권 세력은 원치 않는 지도자의 부상을 막아왔다. 이재명의 흠결로 거론되는 것은 대개 (사실관계가 뒷받침되지 못하는) 반이재명 집단의 공격 논리일 뿐이다. 그에게 드리워졌던 수많은 의혹, 지금 어디에 있는가? 이재명에 대한 찜찜함은 이재명이 집권하는 세상이 왔을 때 손실을 볼 반칙 세력 흉중에서나 충분하다.

이재명과 지난 2월 늦은 밤에 만났다. 술이 몇 잔 들어간 뒤에 했던 말은 "아무래도 내 운명은 임꺽정이 될 것 같아"였다. 관아의 창고를 털어 양곡과 패물을 훔치는 한편 빈민에게 양곡을 나누어주었다가 관군에게 잡혀 참형을 당했던 의적(義賊) 임꺽정. 자신을 그 임꺽정에 비유했다. 제 이익만을 추구하며 가렴주구(苛斂誅求)를 일삼는 나쁜 위정자에게 맞섰고, 신분 해방의 부르짖음을 외친 의적. 그런데 집단지성이 생동하고 촛불혁명까지 완수된 세상에서 이재명이 임꺽정으로만 소비돼야 할까?

이 책은 김용민이 이 시대에 왜 이재명인지를 말하는 책이다. 이재명에 대한 호불호에 판단이 멈춰 있는 이들에게 그를 더 세밀하고 객관적으로 볼 수 있는 작은 관문이 되기를 바란다. 인상비평에 한정해서 판단하기엔 이재명의 가치가 간단하지도 허약하지도 않다.

2020. 8. 23.
김용민

《마이너리티 이재명》이 5쇄를 발행했다. 2020년 9월 한 달 만에 4쇄가 동 난 것이다. 누구의 덕이겠는가? 때를 같이해 세상을 들었다 놓았다 한 대권주자 이재명이다. 모두 그의 명망 덕분이다.

7월 대법원 무죄 취지 판결 이후 자신감을 회복한 이재명은 경기도지사 재판에 소진된 임기 절반을 만회하려는 듯 강력한 '대동' 드라이브를 걸고 있다. '거친 언행'에 대한 논란도 일었지만 '원래 그러한 이재명 스타일'로 인정되는 분위기다.

그러나 달랐다. 한 달 사이 그는 정말 노련했다. 문재인 대통령 정부의 일원으로서의 금도를 지키면서도 관료 등 정권 내 반개혁 세력과 명징한 전선을 형성했기 때문이다. 이 책에서 강조하듯 다음 정권은 현 정부의 보완 지점을 제대로 짚어내고 개혁 실현 능력을 인정받은 주자가 차지할 것이다. 즉 억강부약(抑强扶弱)으로써 재벌, 검찰, 관료개혁을 선도할 적임자가 누구인지 유권자는 답을 찾고 있다.

사실 책을 낼 때만 해도 이재명이 2022년 대선후보로서 나서기엔 여러 현실적 제약이 선명해보였다. 제아무리 전체 1위로 나온들 당내 경선에서 승리 가능성이 적다면 무슨 소용이 있겠는가? 그런데 한 달 새 각종 여론조사 지표에서 이른바 '친문' 등 더불어민주당 내 비토 정서는 크게 희석돼 가는 정황이 감지된다.

다만 대권후보 양강으로 부상한 만큼 공격당할 여지도 점점 커지는데 이를 방어할 중앙정치권 내부의 우호적 세력이 없다는 점은 여전히 우려되는 지점이다. (심지어 이름만 대면 알 만한 유력 정치인조차 중앙정치의 경험 부재를 이유로 그의 존재가치를 부정하기 일쑤다.) 그의 집권 가능성만으로도 경악할 집단의 조직적 공격은 문재인 정부가 받았던 것, 그 이상의 규모가 될 것이다.

이재명의 대권 경주는 그래서 이제부터 시작이다. 청와대 주인이 된다면 '대통령이 되려면 이만한 조건을 갖춰야 한다'라는 모든 고정관념을 깰 이재명의 도전, 감히 한국 민주주의의 새로운 실험이라 평가하겠다. 2022년 20대 대선 최고의 변수, 이재명을 지금부터 만나보자.

2020. 10. 5.

김용민

이재명은 2021년 10월 제20대 대통령선거 더불어민주당 후보가 됐다. 나는 이 책을 쓸 2020년 초만 해도 그가 20대 대선 민주당 후보가 될 것이라고는 크게 기대하지 못 했다. 그래서 '장래의 유력한 대권주자'로서 그의 가능성을 논하는 정도로 충분하다고 봤다. 그럴 수 있던 것이 그는 아직 50대이고 마음만 먹으면 경기도지사로서 재·3선도 어렵지 않게 달성할 민심을 확보하고 있었으며 행정가로서 유능한 이미지를 더욱 고양하면 차후엔 논란과 반대 없이 다수 국민에 의해 대선 무대로 차출될 것이라 여겼기 때문이다.

그런데 이재명은 급하게 더그아웃에서 몸을 풀더니 마운드에 섰다. 민주당 대선후보로 선출되고 2021년 11월 27일 전남 장흥을 돌 때 이재명은 "지난해까지 출마를 안 하려 했다. 다른 사람이 할 수 있다면 훨씬 낫기 때문에 그랬다." "그래서 운명이라고 생각한다. 제가 원한다고 되는 것이 아니라 결국 국민과 시대정신이 결과를 만들어낼 것"이라고 말했다. 이유는 하나다. 정권을 내줄 상황이었기 때문이다. 과반 이상의 민주당 지지자와 역사가 퇴행할 수 없다고 생각한 시민들은 그를 서둘러 불러냈다.

직접적 계기가 된 것은 4.7 서울시장 부산시장 선거였다. 비리 혐의 등으로 징역형이 확정된 두 전직 대통령 이명박·박근혜에 대한 사면을 새해 벽두부터 주장했다가 지지세가 확 꺾인 이재명의 '경쟁 경선후보' 이낙연, 그가 이 선거의 선거대책위원장이었다. 대선 출마를 위해서는 부득이 1년 전에 당 대표를 그만둬야 하는 터라 3월 9일 조용히 대표직을 내려놓고 선거 총사령탑이 된 그는 이 선거에서 패장이 됐다. 박근혜가 이긴 2012년 대선 때에도 (호남을 빼고 유일하게) 이긴 서울마저 '적'의 수중에 넘겨준 것이다. 다 빨갛게 물들었다. 25개 구 어디서도 대패하지 않은 곳이 없었으니 대선은 말할 것도 없고 2022년 6월 민주당의 지방선거 전망마저 잿빛이 됐다.

복기하건대 이 선거 결과는 명실공히 '이낙연 정치의 패배'이다. 이낙연은 문재인 정부 첫날부터 21대 총선 직전까지 국무총리를 지냈고, 2020년 8월 말부터 180석에 이르는 거대 여당의 당 대표를 맡았다. 하지만 문 대통령 인기에 편승했을 뿐 차기 대선주자로서 이렇다 할 정치적 성과를 내놓지 못했다. 그 정도가 아니다. 총리 시절엔 부동산 가격 폭등을 막지 못

하는가 하면 조국 법무부 장관에 대한 검찰의 수사권 남용 또한 제지하지 못했고, 당 대표 시절 검찰·언론개혁 등 입법안은 내용상으로 내실 있게 하지 못했거나 아예 성과가 없었다. 그러다가 선거 한 달도 안 남겨둔 시점에 LH 직원의 내부 정보를 이용한 부동산 투기가 고발되며 이를 계기로 선거 주도권을 경쟁 세력에 넘겨줬다. 그리고 참혹한 패배를 당했다. 그런 그는 민주당 대선 경선후보 '국민면접'에서 선거 패배 책임론과 관련해 "부분적으로 있을 수 있다고 생각하지만 그게 전면적 이유가 된다고 보지 않는다. 내가 그렇게 거창한 인물은 아니다"라고 말했다. 이쯤 되면 '정치인 이낙연'의 밑바닥까지 모두 드러난 셈이다.

4.7 보선 몰패는 LH 사태 고발만이 원인의 전부가 아니었다. 코로나19 국면 영업 제한 그리고 끝을 알 수 없이 거듭되는 연장 조치, 게다가 이렇다 할 보상조치가 미비한 가운데 소상공인 영세자영업자의 고혈로 짜낸 'K-방역 성과' 자랑은 심판 표심을 자극했다. '문제를 어떻게 수습하느냐'에 있어 아무런 답을 갖지 못하는 정당, 민주당이 또 이길 수 없었다.

4.7 보선 패배는 이낙연만이 아니라 민주당 나아가 문재인 정부의 권력 기반마저 흔들었다. 태동은 '윤석열 사태'에 있다. 제아무리 그의 권력 남용을 비판해도 그에게 칼을 준 사람은

문재인 대통령이다. 윤석열이 자신의 인사권을 대놓고 유린하고 야권 대선주자로서 입지를 키워갈 무렵 문 대통령은 손 놓고 있었다. (이 와중에 선임된 후임 법무부 장관 추미애가 윤석열에 대해 '문민 통제'를 가하려고 했을 때 여당 내 윤석열 끄나풀들에 의해 추미애가 된서리를 맞았다.) 윤석열뿐인가. 문 대통령 본인이 임명한 감사원장 최재형도 딴마음을 먹고는 윤석열과 같은 길을 걸었다.

대통령의 신임을 받은 듯 보이지만 결국 제 잇속을 챙긴 홍남기도 마찬가지다. 막말로 모피아(Mofia : 재무부 MOF, Ministry of Finance : 현 기획재정부와 마피아 Mafia로 불리는 폭력집단의 합성어) 또한 문 대통령에게 가스라이팅을 가했다는 지적이 적지 않다. 실제 임기 말 청와대에서 경제와 정책 모든 분야의 요직은 기획재정부 출신이 차지하고 있다. 장하성 정책실장, 김상조 정책실장, 홍장표 경제수석 등 과거 경제개혁을 요구하고 행동한 사람들은 관료에 포위돼 맛이 가거나 일을 제대로 해보기도 전에 이런저런 공세에 의해 쫓겨났다. 최배근 건국대 경제학과 교수는 "정부 내의 이야기를 들어보면 기재부 관료들이 '어공'(어쩌다 공무원, 정무직 공무원)에게 '얼마나 버틸 수 있는지 두고 보자'라고 공공연하게 말하고 다니는 정도"라고 했다. 노무현 대통령이 부동산 때문에 정권을 내줬다는 말이 왜 나왔겠나? 임기 말 그의 주변을 관료들이 겹겹이 포위한 것과 무관할까? 코로나19 위기 극복을 위한 민생 대책이 변변치 못했던 것도 모피아의 탓이 크다.

이뿐 아니다. 2, 30대 남성들의 집단 민심 이반은 간과할 수 없는 문제였다. 4.7 서울시장 보궐선거 출구조사 결과 20대 남성 72%, 30대 남성 63%가 국민의힘 오세훈을 찍었다. 19대 대선 당시만 해도 2030 남성 지지율 1위는 문재인 대통령이었다. 그런데 역전됐다. 원인이 무엇이겠는가? 페미니즘 비판적 진보 커뮤니티인 '진보너머'는 선거 직후 '민주당, 현실도피는 그만합니다'라는 제목의 논평에서 이렇게 해석했다.

정부 초반 70~80% 가까운 지지를 보냈다가 지금 가장 강력한 비토세력이 된 20대 남성은 어느 날 하늘에서 떨어진 이들이 아니다.

일베와 같은 한 줌의 패륜적 남초 커뮤니티 탓만 하기에는 훨씬 광범위한 세대의 여론이다.

이들은 정부와 민주당이 펼친 여성할당제 정책과 워마드류의 혐오주의자들이 페미니즘 교육이라는 이름으로 세금을 받아 순회 강연한 점 등을 꼬집었다. 또 "이 와중에 정작 성추

문 논란으로 물의를 일으킨 민주당 진영의 인사들이 '역사의 식 없다, 경험치가 낮다'라는 식의 되지도 않는 훈수나 늘어놓으니 (민주당이 득표한) 22%도 아깝다는 말이 나오는 것"이라고 비판했다. 그러면서 "20대 남성은 과거 가부장의 특권을 누리는 데 관심이 없다. 단지 누군가에 대한 특별한 우대정책이 아니라 '공정한 룰'이라는 보편화된 세상을 원할 뿐"이라고 덧붙였다. 이렇게 2030 남성은 국민의힘 당 대표 선거에서 '이준석 현상'을 창출했고 나아가 대선 경선에서는 '홍준표 바람'의 주역이 됐다. (윤석열이 후보가 된 마당에는 갈피를 못 잡고 있다.)

문제는 페미니즘만이 아니다. 문재인 정부와 여당은 '관념'에 묶여 시대의 변화에 적응하지 못하고 있다. '통일'이라는 관념에 갇히다 평창동계올림픽 여자하키 남북단일팀 논란에서 비판을 자초했고, '정규직화'의 관념에 갇히다 (많은 부분 억측과 오해로 인한 것이지만) 인천국제공항 비정규직 처우 개선 논란에서 인심을 잃었다. 관념에서 자유로운 청년세대의 눈높이를 맞추지 않은 데서 비롯된 논란이다. 공정의 기준은 시시각각 달라지는데 당의 주력이라는 이른바 86세대는 이를 따라가지 못했다. 이로써 민주당은 수구정당임을 스스로 단단히 인증했다.

총체적 난국이다. 정치적 효능감은 바닥이었으니 역대급 의석이 독이었다. 심판은 자초한 것이나 다름없다. 오세훈 서울, 박형준 부산시장 당선자의 부조리는 커보이지만, 그들은 여당 심판을 위한 도구였을 뿐이지 지지를 받아 당선된 것은 아니다. 4.7 보궐선거는 그래서 문재인 정부에 대한 총체적 심판이었다. 4.7 선거가 없었다면 아마 이 심판은 다음 대선에서 맹위를 떨쳤을 것이다. 이재명 대신 이낙연이 섰을 것이고, '문재인 정부 실정을 거창하지 않은 나에게 묻지 말라'는 가당찮은 논리로 방어했을 것이며, 끝내 민주당은 야당의 길에 섰을 것이다. 물론 정권심판론은 맹위를 떨치고 있고 이재명이 나선들 이 바람을 잠잠하게 만들 수 있을지는 미지수다.

'마이너리티 이재명'에서 출발한 이 책은 7번 새로 찍고는 '대통령후보 이재명'을 논하게 됐다. '대선후보감 이재명'에서 '대통령감 이재명'을 조명하는 바, 20대 대통령이 감당할 시대정신을 잘 표현했다고 평가받을 수 있기를 기대한다.

결론을 말하자면 20대 대통령감은 이재명뿐이다. 그리고 이재명이 당선된다. 대선은 미래에 대한 선택이다. 국민의힘과 선출된 당 대선후보 윤석열이 구사하는 냉전과 혐오, 욕망과 이중잣대의 낡은 정치, 또 무능과 무능을 감추려는 이미지

정치는 이미 박근혜와 함께 역사 저편으로 보냈다. 문재인 정부의 무능과 한계를 덮을 수 없다고들 한다. 이번 대선은 문 정부의 대안은 이재명뿐이라는 점을 입증하는 과정이며 '정권 심판론'에 동의하는 절반 이상이 이재명을 대안으로 선택하는 장이 되리라 믿는다. 이 책은 '왜 그러한지'에 대한 논증이다.

2021. 12. 1.

김용민

1부

전사
前史

가난한 어린 시절

이재명은 2021년 10월 10일 더불어민주당 제20대 대통령선거 후보가 됐다. 과반이 넘는 지지율이었지만 선출 시점으로부터 2년 전만 해도 그는 경기도지사직은 물론, 정치생명마저 위협받고 있었다. 승소한 1심이 뒤집혔기 때문이다. 경기도지사 선거 당시 TV 토론회에서 했던 발언이 공직선거법상 허위사실 공표로 인정돼 벌금 300만원이 선고된 것이다. 공직선거법에 따라 선출직 공무원이 벌금 100만원 이상인 형이 확정되면 당선이 무효가 되고 5년간 피선거권이 박탈된다. 이재명은 '죽을힘을 다해' 판을 뒤집으려 했다. 변호사가 있었지만, 해당 사안에 있어서 가장 이해도가 깊은 것은 당사자 본인이기에 일과(日課) 외 식사 시간까지 아껴 대응했다.

결국 2020년 7월 16일 대법원에서 무죄 취지의 파기환송 판결을 받고 확정됐다. 8월 14일 한국갤럽 여론조사에서 대법 선고 전까지만 해도 '부동의 1위' 이낙연 전 대표를 제치더니 마침내 민주당의 대선후보가 됐다.

　　누군가는 이재명을 두고 운이 좋다고 말한다. 아니다. 그는 운을 개척한 사람이다. 지어낼 수도, 흉내 낼 수도 없는 고난과 역경의 이력은 모든 게 '레알(real)'이다. 그래서 그는 단언컨대 청와대에 가장 가까이 간 대선후보다. 그 이유는 많다. 우선 대한민국에서 고학력 엘리트, 재벌 가문, '칼잡이' 출신 청와대 주인을 보기 힘든 이유를 복기해보자. 실제 대권주자의 생애 이력은 지지층 확장에 막강한 동력이 된다. '생사를 넘는 정치 역정의 주인공' 김영삼·김대중, '지역주의 타파의 주역' 노무현, '샐러리맨 출신 최고경영자' 이명박, '흉탄에 부모를 잃은 비극적 영애(令愛)' 박근혜, '민주주의 인권의 투사' 문재인까지. 물론 정치인을 '신화화'한다는 지적도 있지만 현존하는 대선후보의 '스토리텔링'은 정치적 자산이다. 20대 대선후보 중 누구의 자산이 큰가?

　　2판에서는 대선후보가 된 이재명을 다루고 있다. 대법 무죄 취지 파기환송 판결 무렵 제작된 6쇄까지 들어간 문장이다.

"물론 이재명에게 대권 재도전은 아직 상정하지 않은 일 같다."

실제 이재명은 그 무렵만 해도 "한반도 5000년 역사에서 소위 백제, 호남 쪽이 주체가 돼 한반도 전체를 통합한 때가 한 번도 없었다. (전남 영광 출신 이낙연이) 나가서 이긴다면 역사이고 내가 이기는 것보다 낫다"라고 말한 바 있다. 이보다 앞서 그는 사석에서 대통령직은 천명(天命)을 입은 자의 것이라는 취지로 "기회는 찾는 것이 아니라 주어지는 것"이라고 했다. 이재명에게 20대 대선 도전은 시급하지 않았다. 하지만 민주당은 그를 불러냈다.

이재명은 찢어지게 가난한 집안에서 태어나 소년공으로 일하며 돈벌이 전선에 나섰다. 독학으로 대학까지 진학했다. 변호사 신분으로 시민운동을 벌이며 분루를 삭히기도 하고 수배·구속마저 당했다. 그리고 성남시를 거쳐 경기도의 대표공직자로서 입신했다. 이런 삶은 마치 회오리에 비견할 여정이었다. 그를 두고 '싸움꾼'이라고 곧잘 단정한다. 따지고 보면 지독한 마이너리티가 판을 흔들지 않고 대마불사의 관료집단을 자기주도 아래 통솔한다는 것은 불가능한 일이다.

카피라이터 정철도 그렇게 말했다.

생존 음료

이재명 하면 떠오르는 단어, 사이다. 사이다 발언. 사이다 행보. 사이다 정책. 그의 사이다는 시원하고 통쾌했다. 사람들은 이 새로운 사이다를 마셔보고서야 자신이 목말라 있었음을 깨달았다. 너무 앞서간다, 너무 많이 간다는 우려도 있었지만, 누구도 이재명에게서 사이다를 빼앗지 못했다. 왜 사이다는 그의 음료가 되었을까. 나는 이런 생각을 해봤다.

사이다라는 음료는 정작 이재명 자신에겐 생존 음료였다. 아무것도 가진 것 없는 그가, 작은 도시 단체장이던 그가 대한민국 정치판에서 살아남기 위한 뜨거운 몸부림이 바로 사이다였다. 그는 오랫동안 언론, 정치권, 정보기관에 의해 무한 압박과 견제를 받았다. 견뎌야 했다. 견디기 위해 사이다가 되어야 했다.

사이다처럼 투명하지 않으면 죽는다. 그는 공직자에게 무엇보다 청렴을 강조했고 자신도 그렇게 살았다. 대장동이라는 진흙 수렁에서도 그는 깨끗했음이 밝혀지고 있다. 몸통이니 어쩌니 하는 주장들은 목소리만 컸지, 힘을 받지 못하고 시들고 있다.

사이다처럼 시원하고 신선한 발언을 하지 않으면 죽는다. 마이크 하나 없는 작은 기초단체장의 목소리는 누구도 들으려

하지 않는다. 남들과 똑같은 생각, 똑같은 언어를 던지면 묻힌다. 사이다가 되어야 했다.

내게 이런 신선한 생각이 있어요.

나는 생각을 현실로 만들 줄 알아요.

제발 딱 한 번만 내 말에 귀 기울여주세요.

사이다를 쏟아낼수록 더 큰 압박과 견제가 밀고 들어왔지만, 그는 사이다를 멈출 수 없었다. 멈추면 그날로 사라지니까. 멈추지 않았다. 이재명의 사이다를 마셔본 사람들이 하나둘 늘었다. 카! 하는 감탄사가 여기저기서 터졌고 그 감탄사는 마침내 그를 대한민국 제1당 대통령후보로 만들었다.

이재명의 사이다는 그냥 톡 쏘는 음료가 아니라 생존 음료다. 시원한 음료가 아니라 그의 험한 정치 인생을 설명하는 뜨거운 음료다. 어쩌면 참 울컥한 음료다.

이재명표 정치는 아직 한국사회에 생경하다. 그래서 반발과 저항도 상당하다. '탈기득권'보다 '반기득권'에 맞닿아 있기 때문이다. 그래서 이재명의 집권은 곧 '혁명'에 준할 수 있다. 이재명 시대가 염려되는가? 이 책은 '예측 가능한 이재명'을 알게 하는 데 도움이 될 것이다. 우리 사회 가장 밑바닥에서 구르며 체득한 경험을 정치와 행정으로 승화한 이재명, 그의 고난은 단지 자신을 소개하는 배경사의 한 부분 즉 장식물에 그치지 않고 정치의 주제이자 정치인으로서의 정체성을 규명하는 열쇠가 될 것이다. 그의 세계에 근접해보자.

이재명의 고향은 경상북도 안동시 예안면 도촌리. 네이버 뉴스 사이트를 검색해보니, '이재명 고향'이어서 거론된 것이 전부였다. 그가 이곳에 태어나지 않았다면 단 한 번도 언급되지 않았을 벽지다. 이재명은 5남 4녀의 남매 중 일원이었다. (누이 둘은 지금 이 세상 사람이 아니다.) 초등학교 3학년 때, 아버지는 도시에 나갔고 남겨진 가족은 남의 집 허드렛일을 도우며 생계를 이어갔다. 식사라고는 보리밥에 새카만 된장이 일상이었고, 도시락마저 시키면 보리밥에 짠지였다. 그렇게 3년간 살았다.

이재명의 초등학교 성적표 '행동란'에 나온 글귀다. "동무들과 사귐이 좋고 매사 의욕이 있으나 덤비는 성질이 있음." 어떻게 나온 것일까? 어머니를 도와 땔감을 구하다가 늦게 도착한 날, 학교에서 벌어진 일이다.

손바닥이 내 머리통을 향해 날아왔다. 선생님의 손이 퍽퍽 얼굴에 감기는데 정신이 아득했다. 미화 작업을 제대로 하지 않았다는 것만이 이유는 아니었을 것이다. 맞아야 하는 이유를 이해하지 못했던 나는 맞으면서도 선생님을 똑바로 바라보았다. 고개를 숙이지 않았다. 그래서 더 많이 맞았을 것이다. 그날 내가 맞은 따귀는 스물일곱 대였다. 친구가 세어줘서 알았다. 먼 친척인 친구는 그 장면을 오래 기억했다. 나보다 더… 칭찬하는 말 뒤에 달라붙은 한 마디. '동무들과 사귐이 좋고 매사 의욕이 있으나 덤비는 성질이 있음.' 덤비는 성질이 있음. 그게 무슨 뜻이었을까? 무엇에 덤빈다는 뜻이었을까? 무턱대고 도전한다는 의미로 해석하고 싶다.

가난 때문에 더 빨리 자랐고 더 빨리 세상을 알게 됐다.

가난이 죄가 아닐진대 가난하다고 겪어야 했던 부당함이 있었다. 어린 마음에도 부당한 일을 당하면 예민하게 반응했던 듯하다. 부당함에 대한 민감도가 남달랐다고나 할까. 그렇지 않고서 살아남을 수 없었을지도….

모친 구호명 여사가 2020년 3월 13일 향년 88세로 별세하던 날, 이재명이 페이스북에 남긴 글을 보면 이 가족의 고단했던 삶이 한 폭의 그림처럼 펼쳐진다.

어머니, 기억나세요? 경북 안동 산골짜기, 방 안의 물그릇조차 얼어 터지는 추운 소개 집 부엌에서 우리 남매들 추울까 봐 새벽마다 군불 때 주시던 그때를, 자식들 입에 거미줄 칠까봐 낮에는 남의 밭일로, 밤에는 막걸리와 음식을 파는 힘겨운 삶에 지쳐서 부엌 귀퉁이에서 우리 몰래 눈물 훔치시던 모습을 저는 기억합니다. 행여 들키시면 매운 연기 때문인 척하셨지만 아무리 둔하고 어려도 그 정도는 구분할 수 있었습니다.

1976년 이재명의 초등학교 졸업과 함께 가족은 성남으로 이사한다. 아버지로부터 '서울 변두리의 어느 곳'이라고만 들은지라 종착점 성남은 가서야 그 존재를 알게 된 공간이다. 당시만 해도 성남은 서울에서 쫓겨난 도시 빈민이 정착한 공간이었다. 이재명 가족이 이곳에서 더부살이하게 된 것이다. 아버지는 상대원시장 환경미화원에 고물수집상을 했다. 어머니는 시장 변소를 지키며 요금을 받았다. 이런 환경에서 이재명을 포함한 일곱 남매에게 진학은 언감생심이었다. 소년 이재명도 에누리 없이 직업전선에 나섰다. 그러나 이제 갓 초등학교를 졸업한 마당, 취업할 수 없는 나이였다. 그래서 산업현장에 투입될 때 남의 이름으로 된 명찰을 달았다.

공장에서 공정(公正)을 깨우치다

세상의 가장 밝고 아름다운 것만 봐야 할 청소년 나이임에도, 여느 불법체류 외국인 노동자의 사정처럼 약점을 잡고 착취를 일삼는 악덕의 그림자가 이재명을 덮었다. 이재명의 '첫 직장' 은 이름을 알 수 없는 목걸이 공장. 어머니는 눈에 넣어도 안 아 플 당신 아들이 그 작은 손으로 위험천만한 염산을 다루고 불 위에서 끓어오르는 납의 증기를 들이마시며 일하는 것을 알았 을까? 터무니없는 고위험 노동을 제공하고도 이재명은 회사 로부터 석 달 치 월급을 받지 못했다. 사장이 야반도주했다는 소식과 함께 그 쓰라린 기억을 가슴에 묻고 말았다.

두 번째 공장은 동마고무라는 곳. 이곳에서 이재명은 벨트 속으로 손가락이 말려 들어가는 산업재해를 입었다. 회사가 책임질 리 만무했다. 손을 치료하는 동안 치료비는 물론 월급 한 푼 받지 못했다. 세 번째 공장은 아주냉동. 냉장고를 만드는 이곳에서는 함석을 가위로 잘라야 했는데 그 날카로운 절단면 때문에 온몸이 상처투성이가 되곤 했다. 더 아픈 것은 하루가 멀다고 이어지는 사내 구타였다.

그러나 이는 네 번째 직장에서의 고충에 비하면 아무것도 아니었다. 야구 글러브와 스키 장갑을 만드는 대양실업. 지금은 세무서에서도 찾아볼 수 없는 이름이 됐지만, 그 악명을 이재명은 아직도 잊지 못한다. 이재명은 야구글러브용 가죽을 재단하는 일을 맡았다. 손으로 가죽을 기계에 밀어넣고 발로 페달을 밟으면서 손을 잽싸게 빼면 칼날이 박힌 프레스가 떨어지며 순식간에 가죽이 잘린다. 조금이라도 한눈팔고 딴생각 하면 상상을 불허할 끔찍한 재해를 입을 수 있다. 그런데 그게 이재명에게 일어났다. 왼쪽 손목이 프레스에 눌렸다. 치료받을 새도 없었다. 결국 평생을 함께할 장애를 입었다. 이것이 그의 트레이드마크처럼 인식된 '굽은 팔'의 사연이다. 산재 처리 기대는 사치였다. 도리어 다친 팔을 붕대로 감고 한 손으로 일해야 했다.

굽은 팔에 대한 그의 서사는 눈물겹다. 이재명은 상처를 버려뒀다가 나이 들어 팔이 굽자 그때부터 반소매 옷을 입지 않는다. 아무리 더워도 그랬다. 차렷 자세를 취해야만 하는 기념사진 촬영장에 설 때면 그곳이 아무리 영광스러운 자리여도 자리를 떠나고 싶다고 했다. 굽은 팔이 더 도드라져 보일까 싶어서. 그는 이렇게 말했다. "비록 내 팔은 굽었지만, 세상이 또 다른 굽은 팔을 만들지 않도록 하고 싶었습니다. 그리고 이 굽은 세상을 곧게 펴고 싶었습니다. 나의 왼팔은 지금도 나에게 말을 걸어옵니다. 굽은 세상을 펼 때까지 포기하지 말라고 말입니다. 수없이 많은 사람이 나의 지식과 자격을 필요로 합니다. 역사가 민족이 노동자가 핍박받고 가난한 민중이 나를 필요로 하고 있지 않습니까? 그래서 열심히 성실히 살겠습니다."

그는 2017년 1월 23일. 1979년부터 약 2년 남짓 아세톤, 벤졸 등의 유해 물질로써 후각 마비 장애를 안겨준 공장 터에서 19대 대선후보 출마 선언을 했다. "저는 초등학교를 졸업한 1976년 봄부터 깔끔한 교복 대신 기름때 묻은 회색 작업복을 걸친 채 어머니 손을 잡고 공장으로 향했습니다. 솜털이 남아 있는 고사리손 아들을 시커먼 고무공장까지 바래다준 어머니는 상대원시장 화장실 앞에서 휴지를 팔았습니다. 시장 화장실에서 밤 10시가 넘어 퇴근하고도 철야를 마치고 새벽 4시가 되어야 귀가하는 어린 아들을 기다려주셨습니다. 고된 밭일로도 자식들을 먹여 살리기 어려워 약장사에 밀주까지 팔면서 힘겨운 삶의 무게에 부엌 구석에서 몰래 흐느끼시던 어머니, 고무공장 샌드페이퍼에 깎여 피가 배어 나오는 제 손바닥을 보고 또 우셨습니다. 벨트에 감겨들어 뭉개져 버린 제 손가락을 보고 또 우셨고, 프레스 사고로 비틀어져 버린 제 왼팔을 보고 또 우셨고, 단칸방 가족들이 잠들었을 때 마당에 물통을 엎어놓고 공부하던 저를 보고 우셨고 장애와 인생을 비관해 극단적 시도를 두 번이나 하는 저를 보고 또 우셨습니다. (중략) 그 소년 노동자가 오늘 바로 그 참혹한 기억의 공장에서 대한민국 최초의 노동자 출신 대통령이 되려고 합니다."

그는 중학교, 고등학교 정규과정을 거치지 못했지만, 이른바 '인실'(실전인 인생)의 학교에서 노동과 정의, 인권을 배웠다. 책이 아닌 경험으로, 가르침이 아닌 고난으로. 이재명이 노동 현실에 민감한 것도 이 때문이다. 2019년 5월 1일 노동절, SNS에 남긴 글이다. "제 꿈은 노동이 존중받는 세상을 만드는 것입니다. (중략) 환경미화 노동자, 경비노동자들이 더 나은 환경에서 일할 수 있도록, 건설 일용직 노동자들이 임금체납을 당하지 않도록 제도를 정비하고 있습니다. 노동권익센터를 만들어 노동자들이 자신의 권리를 찾을 수 있도록 돕고 있습니다. 공공기관의 비정규직 노동자들도 정규직으로 전환하고 있습니다." 비정한 노동사고가 재발하지 않도록 자신의 경험을 방패로 만들겠다는 의지의 표명이다. 19대 대선 도전 당시, 수감 중이던 한상균 전 민주노총 위원장을 고용노동부 장관으로 발탁하고 싶다는 포부를 밝힌 것도 이 연장선이었다.

같은 맥락이다. 이재명은 19대 대통령선거 공약으로 노동경찰을 내걸었다. 당시만 해도 1300명에 못 미쳤던 근로감독관으로 현장에서 노동 정의를 실현하기란 불가능에 가깝다. 1명이 1700개의 사업장을 관리해야 하는데 현실적으로 가능하겠는가. 그래서 정원 1만명의 '노동경찰'을 신설하고 불법 노동과 초과수당 미지급 등을 자세히 감독하겠다고 했다. 대선 후보가 되지 못했다고 그 공약을 버릴 수는 없었다. 경기도지사가 되고는 노동경찰 구상을 경기도 특별사법경찰(특사경)로써 실현하려 하고 있다. 특사경은 고용노동부가 전속해서 담당하고 있는 노동 관련 사무를 시도 지방자치단체에서도 병행해 불법 노동현장을 단속하도록 하는 내용을 담고 있다.

코로나19로 인해 "자해, 우울증, 자살 신고가 증가했다는 기사에 내내 마음이 쓰입니다"라는 말로 시작하는 이재명의 페이스북 글을 보자. 2020년 9월 27일 올라온 것이다.

누구도 홧김에 스스로 죽음을 선택하지 않습니다. 벼랑 끝에 서 있다고 느낄 때, 이 세상 누구도 내 마음 알아주는 이 없다고 느낄 때 극단적인 생각이 차오르게 됩니다. 그러니 제가 무어라고 함부로 말 보탤 수 있을까요. '코로나 블루'라는 단어 한 줄에 담긴 말 못 할 사연들은 또 얼마나 많을까요. 아시는 분들은 아시겠지만, 저 또한 어린 시절 '하지 말아야 할 선택'을 하기도 했습니다. 자랑할 일은 아니지만 숨길 일도 아닙니다. 13살부터 위장 취업한 공장에서의 사고로 장애를 갖게 되었고 가난의 늪은 끝 모르게 깊었습니다. 살아야 할 아무 이유도 찾지 못하던 사춘기 소년이었습니다. 저를 살린 건 이웃 주민들이었습니다. 웬 어린 친구가 수면제를 달라고 하니 동네 약국에서 소화제를 왕창 준 것이지요. 엉뚱한 소화제를 가득 삼키고 어설프게 연탄불 피우던 40년 전 소년이 아직도 생생합니다. 돌이켜보면 제가 우리 사회에게 진 가장 큰 빚일 것입니다. 결국, 우리를 살게 하는 건, 자주 서럽고 억울하고 앞날이 캄캄해 절망해도 스스로 목숨을 끊지 않게 하는 건 서로를 향한 사소해보이는 관심과 연대 아닐까요. 제가 40년 전 받았던 것처럼 말입니다.

이재명이 끝내 하고 싶었던 말은 이것이다.

우리 죽지 말고 삽시다. 스스로 목숨을 끊지 않아도 되는 세상 만들어보고자 몸부림쳐볼 테니 한 번만 더 힘내봅시다. 더 많은 분이 삶이 괴로워 떠나시기 전에 이 지긋지긋한 가난도, 부조리한 세상도 함께 바꿔내고 싶습니다. 그러니 한 번만 더 힘을 내주시길 부탁드립니다.

그러면서 경기도 24시간 응급 심리상담 핫라인 전화번호 (1577-0199)를 소개했다. 경기도는 코로나19와 관련한 도민의 심리적 안정을 유지하기 위해 (2015년에 시작된) 경기도재난심리지원단을 코로나19에 맞게 재가동했다. 지원단은 코로나19로 인한 불안감, 불면증, 우울감 등 외상 후 스트레스 장애가 있는 경기도민에 서비스한다. 그런데 활동 시점은 2020년 2월 초. 아직 대유행 이전 시점이다. 이재명의 경기도는 이 감염병의 재난적 파장을 미리 간파했던 셈이다. 고단한 삶에 지쳐 죽으려던 40년 전, 약국으로 가기 전, 불을 피우기 전 자신의 심정을 도민에게 대입했다. 1577-0199로 전화를 건 이들에게 자신이 그토록 듣고 싶던 '우리 죽지 말고 삽시다'라는 말을 들려주려 한 것이다.

앞서 이야기했다. 이재명이 겪은 생의 경험은 누군가에 대한 배려로 승화된다고. 이재명의 인생사가 그저 정치 자산, 선거용 서사로만 그치지 않는다고.

검정고시에서 사법고시까지

이재명은 대학에 진학해서도 모든 것을 스스로 마련해야 했다. 더 많은 독서와 경험을 갈구했던 그에게 '대학생' 신분은 먹고 살 걱정의 짐을 더 지게 되는 새롭고 무거운 멍에였다. 성남시장일 때 '청년 배당'이라고 했고, 경기지사가 돼서는 '청년 기본소득'으로 불리는 정책은 이래서 고안됐다. 청년에게 생계에 대한 고민과 짐을 덜어줌으로써 원대한 포부를 품게 하려는 취지로 말이다. 성남시장 당시인 2015년 7월 6일 〈프레시안〉과의 인터뷰에서 밝힌 말이다. "청년들이 자기 역량을 기르고, 찌들지 않게 책도 사보고, 무전여행도 가고, 커피 마시면서 토론도 하고, 이 정도만 조건을 만들어주자는 것이다. 그래야 내가 우리 사회 구성원이구나 하는 것을 느끼지 않겠나."

이재명의 무상 복지 정책 중 '어린이집 과일 제공 사업'은 그 가치에 비해 주목도가 현저히 떨어진다. 그런데 이재명은 이를 "가성비 높은 복지정책"으로 꼽았다. 2019년 6월 시행된 이 정책은 경기도 어린이 건강 과일 공급법인이 사과, 배, 포도 같은 과일과 토마토, 파프리카 같은 과채류를 주 2회 소포장 배송해 어린이 한 명에게 1회 120g의 과일과 채소를 섭취하게 하는 것이다. 이 역시 이재명의 쓰디쓴 경험에서 고안된 것이다.

다음은 2018년 5월 경기도지사 후보 시절 첫 TV 연설의 일부다.

모든 날이 특별한 날이면 얼마나 좋을까요? 내 기억 속 과일에는 쓴맛이 가득 배어 있습니다. 상대원시장 청소부였던 아버지는 쓰레기를 치우다가 발견한 썩은 과일을 자주 주워 오셨습니다. 없는 형편이지만 가족들에게 과일을 먹이려는 마음이었을 것입니다. 그 마음이 어떤 것인지는 알았지만 남들은 먹지 않는 썩은 과일을 먹는다는 사실이 즐겁지만은 않았습니다. 물론 아주 많이 먹을 수 없는 정도는 아니었습니다. 대개는 시장 과일가게에서 내다 버린 과일들이었기 때문입니다. 완전히 끝물인지라 더 상품 가치가 없어 팔 수 없는 과일들이었죠. 그런 과일들을 한밤중에 가져오는 아버지였습니다. 냉장고가 없던 시절이기에 그 과일들은 그 자리에서 다 먹어야 했습니다. 썩거나 물러진 부분을 도려내면서 말입니다. 한번은 아버지를 도와 쓰레기를 치우러 나갔다가 아버지께서 쓰레기 더미에서 토마토를 주워 먹는 것을 봤습니다. 그 모습을 바라보는 마음은 심히 괴로웠습니다. 아버지께서는 나에게 배를 건네셨습니다. 받지 않으려 했지만 결국 받았습니다. 왜 우리는 이렇게 살아야 할까요?

과일은 나의 로망이나 다름없었습니다. 나의 꿈은 냉장고에 과일을 잔뜩 넣어 놓고 먹고 싶을 때 언제든 꺼내먹는 것이었습니다. 나이가 들어 경제적으로 독립하면서 내 돈으로 신선한 과일을 사서 냉장고를 채울 수 있게 되자 후련함과 함께 과거의 서러움이 잔뜩 밀려왔습니다. 그리고 과일 먹는 꿈을 실현한 사람이 나 혼자만이 되지 않길 바랐습니다. 누구나 먹고 싶을 때 신선한 과일을 먹을 수 있는 것 그것은 나의 또 다른 꿈이 되었습니다. 3년 만에 처음으로 과일을 사 먹었어요. 수십 년이 지난 지금 여전히 그런 꿈을 꾸는 청년들이 있습니다. 성남시 청년 배당으로 3년 만에 과일을 사 먹었다는 청년이 있었습니다.

성년이 된 이재명은 비로소 삶의 주도권을 스스로 행사하기 시작했다. 누군가는 청년기를 시행착오의 시기라고 하는데 '세상의 모든 밑바닥'을 훑은 이재명에겐 낯선 것이 없었다. 그래서일까? 그는 일찌감치 사법고시 전선에 뛰어들었다. 1970년 법전을 자기 몸과 함께 불태운 전태일을 기억할 것이다. 법은 그렇게 현실로부터 저만치 먼 곳에 있었다. 이재명은 법이 허울에 그친 현실에 절망하지 않고 이를 직접 생동하는 규범으로 만들겠다고 다짐한다. 따지고 보니 이재명은 업그레이드된 전태일이었다.

이재명을 모욕하는 자들이 있다. 자기 얼굴을 숨기며 트위터에서 활동 중인 이들은 그를 곧장 이명박에게 비유한다. 다른 맥락에서 일리가 있다. 지독한 가난에서 헤어나와 사회의 주류에 등극하는 '자수성가' 스토리, 이명박과 이재명은 놀랄 만큼 대칭적이다. 인생의 저점도 그러했다. 이태원시장이라는 공간에 놓인 이명박과, 상대원시장이라는 공간에 놓였던 이재명. 그들은 가난으로부터의 탈출에 목말라 했다. 그러나 둘의 교차점은 오래가지 못했다. 이명박은 혼자 잘 먹고 잘사는 길을 택하며 자본의 세계에 편입된 부르주아가 됐고, 이재명은 함께 잘사는 길을 꿈꾸며 프롤레타리아도 행복한 세상을 실현하는 데 인생의 모든 것을 걸기로 했다.

심리학자 김태형은 '공익추구형 인간'으로서 이재명을 거론했다. 그는 '공익추구형 인간'을 일컬어 "사적 욕망을 공적 욕망으로 승화하는 사람"이라고 했다. 이명박은 타고난 가난의 고달픔을 극복할 욕망이 있었다. 그런데 학생운동 이력에도 불구하고, 불의한 사회 구조에 편승해 사익만 추구하다 비참한 종말을 맞았다. 반면, 불우한 자신의 환경을 극복하는 것이 목표였던 이재명은 5.18 광주학살 사건을 통해 자신을 둘러싼 사회적 불의를 직시한다. 그리고 노동 인권 변호사와 시민운동가, 행정가로 영역을 넓히면서 공익을 실현했다.

이재명은 2017년 3월 18일 더불어민주당 19대 대선후보 경선 5차 합동토론회에서 대학 입학식 당시 '생각하는 사람' 동상 앞에서 한복을 입은 어머니와 나란히 앉아 촬영한 것을 '인생 사진'으로 제시했다. 이런 의문이 들지 않는가? 대학생이 교복이라니? 그렇다. 아무리 1980년대라도 상아탑 아래 캠퍼스에서 교복을 찾는 대학생은 없었다. 그러나 이재명은 애써 맞춰 입었다. '교복 입은 중·고등학생'의 자격을, 또 시간을 통째로 박탈당했기 때문이다.

그의 무상 교복 정책은 여기서 비롯됐다. 중학교도 못 나온 이재명에게 고등학교는 여전히 호사였다. 고입 검정고시 합격과 끝날 줄 알았던 소년공 생활, 그러나 곧 공장 기계 앞으로 돌아와야만 했다. '학생의 자격'은 그래서, 몽상에서라도 간절했다. 그래서 버스 탑승할 때 학생증이 없다며 차별받을 때면 더욱 아리고 슬펐다. 그래서 꿈을 품을 자격조차 부여되지 않는 세상, 연탄불을 피워 손절하려 했다. 그러나 뜻하지 않게 불은 꺼져버렸다. 약국에서 수면제를 사 다량으로 삼켰다. 깨어나 보니 그것은 소화제였다. 모두 열여덟 살 때 일이다. 누군가에 기대거나 원망해서는 획득할 수 있는 권리가 없음을 깨닫게 된 것이. 교복은 그를 서글프게 했다. 교복은 대물림할 수 있어도 슬픔은 대물림해서는 안 된다. 그래서 그는 교복 비용 걱정 없는 세상을 성남에서 또 경기에서 실현했다. 한 사람의 교복 입을 꿈이 유보되면서 다수가 공익의 수혜자가 됐다.

꿈의 유보라고 했다. 낮에는 땀 흘려 일하고 밤에는 불을 켜 공부한 이재명은 대입 검정고시를 거쳐 1982년 중앙대 법과대학에 합격했다. 당시 그의 학력고사 점수는 286점. 서울대 법대 예상 합격선과 같았다. 그런데 그는 중앙대를 택했다. 등록금 면제에 매월 학비 보조금 20만원 지원이 그의 마음을 끌어당긴 것이다.

어떻게 시간이 지났는지 모르게 캠퍼스엔 5월이 찾아왔다. 5월은 광주의 시간이다. 소년공 시절, 그때까지만 해도 이재명은 관제 TV에 '광주사태'만 언급되면 욕지거리를 해댔다. "폭도" "빨갱이" "전라도 새끼들은 죽여야 한다" 등. 스스로 토로하지 않았다면 누구도 알지 못했을 광주에 대한 몰지각, 양심의 추궁을 회피할 수 없었던 이재명은 기회만 되면 이를 고백하고 참회한다. 그가 특히 통탄했던 것은 자기 안에 남아 있던 '뒤틀린 자부심'이었다. 소년공일 때 그의 관리자는 대부분 영남 출신이었다. 반면 노동자는 대개 호남, 일부는 강원도가 고향이었다. 이재명 자신도 노동자였지만 '이 전라도 출신보다는 우월한 지위에 있다'라고 생각했다는 것이다.

다시 1982년 5월로 돌아가자. 캠퍼스 곳곳에서 소란이 일어났다. 한 학생은 캠퍼스 철조망에 매달려 2~3분 동안 소리 지르더니 광주의 참상을 담은 유인물을 뿌렸다. 그리고 전경에 의해 끌려갔다. 중앙도서관에서는 옥상에서 밧줄을 타고 내려온 학생 하나가 '광주학살 진상규명'의 구호를 울먹이는 듯 외치며 유인물을 뿌렸다. 그 역시 잡혀갔다. 2년 전 광주의 일을 알 턱이 없던 이재명은 '저들은 왜 이토록 무모하게 자기 뜻을 전하려 하는가?' 하며 의문을 품었다. 친구 이영진이 알려주고, 광주학살의 실상을 담은 사진집과 비디오를 시청하기 전까지는.

친구 이영진. 이재명의 법대 동기였다. 그는 노동자 출신으로 삐딱한 시선을 지녔던 이재명에게 무척 관심이 많았다고 한다. 목적이 있었다. 운동권으로 포섭하려는 것이었다. 이재명은 이를 눈치챘다. 그러나 그 뜻을 받아들일 수 없었다. 이영진에게 용서를 구하고는, 자신은 제도권에 진출해 사회적 지위를 얻는 것이 급선무이므로 그 이후 당신의 뜻에 함께하겠다고 했다. 생계에 저당 잡혔던 청소년 시기, 이재명은 사회진출의 기회마저 유보할 수 없는 절박함이 있었다. '완곡한 거절'로 받아들일 만했지만, 이영진은 이재명의 진심을 믿었다.

이재명은 그렇게 뒤돌아선 이영진에게 무척 미안했던 모양이다. 그래서 학업을 전폐하다시피 하며 민주화운동 전면에 선 수배 중인 이영진을 도왔다. 그 후 의리를 잊지 않은 채 변호사 사무실, 성남시, 경기도에서 함께하며 평생동지로서 이영진을 예우했다. 이재명에게 이영진은 자기 몫의 민주화운동까지 대신하며 안온한 미래를 역사 앞에 내어놓던 동지 그 이상의 존재가 됐다. 이재명이 청소년 시절 유보당한 꿈, 또 격동의 1980년대 사법고시 준비로 유보한 꿈은 더 큰 도전을 위한 도약대가 됐다.

이재명의 그 사람, 이영진

이영진 이야기를 덧붙여야 하겠다. 한 사람의 인격은 그의 교우관계에서도 가늠된다. 오랜 기간 이재명을 가까이하며 그의 집 수저가 몇 벌인지까지 알 법한 친구를 찾았다.《이재명의 굽은 팔》(2017, 김영사)이라는 책에서 말이다. 대학 동기로서 인연을 시작해 일평생 동지적 관계를 이어온, 누군가에게는 '측근 실세'로 굴절돼 보이기도 하는 이영진이 그러하다.

그는 현재 경기문화재단 경영본부장으로 있다. 도지사 비서실장 등의 직함을 얻어도 어색하지 않을 텐데 그는 왜 도청 밖에서 일하고 있을까? 답은 이랬다. "오랜 인연의 사람을 곁에 두면 (이재명 지사가) 새로운 사람을 못 만납니다." 그는 이재명이 성남시장일 때엔 시청 밖 성남문화재단에 있었다.

이영진은 '신입생 이재명'을 두고 "처음부터 한눈에 들어왔던 캐릭터"라고 했다. '떡 진 머리'에다 '딱 째진 눈매'를 지닌 그가, 말 한마디, 몸놀림 하나에서조차 강력한 카리스마를 뿜어냈다는 것이다. 법학과에서는 통상 2학년 올라갈 무렵 '사시 통과할 놈'이 가려진다고 한다. 그런데 이재명은 이미 1학년 1학기 초부터 '될 사람'으로 분류됐다고 한다.

뒤에 인터뷰에도 나오지만, 이재명은 대학 입시에 생애를 걸었다. 그의 목표는 '그냥 합격'이 아니었다. '장학금 받는 합격'이었다. 대학교육을 뒷받침할 가정 형편이 전혀 아니었기 때문에 그랬다. 그런데 1982학년도 대학 입학시험은 매우 어려웠다. '진 인사'했던 이재명은 이 난이도를 무력하게 할 만큼의 투지를 불태웠던 모양이다. 본인 언급대로 "서울대 1~2개 과를 제외하고는 어느 대학에도 합격이 가능했"던 성적을 낸 것이다. 그렇다면 서울대를 왜 선택하지 않았을까? 《오직 민주주의, 꼬리를 잡아 몸통을 흔든다》(리북, 2014)에 답이 나와 있다. 당시 일부 사립대에서는 입학시험 우수 성적자에게 등록금 면제는 물론 생활비를 보조하는 제도를 시행했다고 한다. 학습 능력이 뛰어난 학생을 붙잡기 위함이었을 것이다. 청소년기를 공장에서 소진한 이재명에게 당시 '생계로부터의 탈출'이 무엇보다 간절했다. 그래서 '월 20만원 학비 보조금 지급'이라는 가장 좋은 조건을 내건 중앙대 입학식 석상에 섰다.

이재명과 이영진은 법학과 1학년 동기였는데 그들이 말을 트게 된 계기는 '5월 광주'였다. 실상을 모른 채 광주를 비하하고 저주해왔던 이재명은, 전남 장흥이 고향인 이영진으로부터 5.18의 진실을 접하게 됐다. 이때 이재명은 권력과 언론에 속은 자신이 극히 창피하고 견딜 수 없었던 모양이다. 5.18에 대한 부채감은 40년 지난 지금도 청산하지 못했다고 말할 지경이니.

한편 2학기부터 탈동아리·전통예술연구동아리에 들어가 본격적으로 학생운동에 가세한 이영진은 2학년 초 이재명에게 세상 바꾸는 일에 동참해달라고 요청한다. 같이 운동권이 되자는 프러포즈였다. '옳은 일'이라면 주저하지 않고 행동했던 이재명이니, 뻗은 손을 흔쾌히 잡을 줄 알았다.

그러나 이재명은 "사법고시에 합격하고 나서 (당시 '군사정권의 개'였던) 판·검사가 아닌 변호사로서 시대에 봉사하겠다"라는 말을 꺼냈다. 천근만근 같은 무게였다. 보기에 따라서는 '회피'로 여길 수 있는 말이었다. 그랬다. 당시는 엄혹했던 시기, 남들은 최루탄 가스에 온몸을 적시고 곤봉과 방패로 맞으며 심한 경우 끌려가 반병신이 될 때, 혼자만 사회적 신분 상승에 몰두한다는 구도는 양심을 아프게 하기에 충분했다. 민망스러움을 감추지 못하던 이재명에게, 이영진은 쾌히 웃으며 행운을 기원했다. '뭔가 해낼' 이재명이 빈말로 약속하지는 않을 것이란 믿음이 있었다. 이재명은 이영진의 그 믿음에 대한 부채감이 컸던 모양이다.

사법고시는 초저녁에 포기하고 학생 운동가로 시대를 누비던 이영진과 달리, 이재명은 사법고시에 합격해 사법연수원에서 예비 법률가의 길을 걸었다. 이영진은 4학년 2학기 무렵 구속된다. 학교에서 제적되는 건 당연한 순서였다. 민주화된 세상이 온다는 기대도 희망도 막연하던 시기였으니 말이다. 모든 것을 잃고 이렇게 잊히는가 했다. 그러다가 감옥에서 풀려나온 이영진은 집에서 이재명의 편지를 발견했다. 수신인은 자신의 아버지. 아버지에게 '영진이의 친구'로서 보증하는데 "당신의 아들은 지극히 정의로운 사람이니 긍지를 가지셔도 된다"라는 내용이었다. (나중에 그 편지를 언급했을 때 이재명은 '편지 보낸 기억이 없는데'라고 말했다고 한다.)

이재명은 '내 몫을 대신해 민주화운동을 한 친구' 이영진에게 예의와 의리를 잊지 않았다. 1985년 구속되었다가 이듬해

석방 이후 노동운동을 하던 이영진에게 이재명은 든든한 뒷배가 되었다. 쌀독에서 쌀을 퍼가게 했고 용돈을 손에 쥐여줬다. 어느 날인가 이재명이 (당시로선) 거액이던 13만원을 주머니에 넣어줬다. 나중에 알고 보니 그 돈은 예비 형수로부터 양복 맞추라며 받은 예단값이었다. (그 형수는 고인이 된 이재선 씨의 부인이다.)

수년 후인 1989년 3월. 이영진이 서울 구로동에서 노동운동가로 활동하고 있을 때, 이재명은 성남에 변호사 사무실을 열게 된다. 만 25세. 왜 서울이 아닌 성남이었을까? '지역에 들어가 기층 민중과 연대해 새 세상을 열자'라는 것이 직선제 개헌 이후 민중운동의 방향이었다. 이재명의 사법연수원 동기들도 제각각 인천, 부평, 성남, 양주, 전주, 창원 등에 흩어져 변호사 사무실을 개업했다. 이재명이 터 잡은 성남의 법률시장은 은퇴 판·검사 즉 전관들이 주류를 이뤘다. 개정된 법안은 물론, 달라지는 판결 경향에 다소 둔감했던 사람들, 법리보다는 인연으로 밥벌이했던 사람들이었다. 그러니 새로운 판례가 나오거나 사법연수원에서 새로운 교재나 논문을 발표하면 신속하게 확보해 기민하게 연구하던 이재명은 단연 경쟁력이 있었다. (인터넷이 없던 시절에는 자료 확보도 실력이었다. 당시 법원 주변에는 법률 서적을 파는 판매상이 있었는데, 성남에 오면 이재명 사무실에 꼭 들렀다고 한다. 이재명이 단골 우량고객이었기 때문이다.) 그러나 이재명은 돈벌이에 방점을 두지 않았다. 이영진과 약속했고, 뜻있는 사법연수원 동기들과 결의했듯, 가난하고 힘없는 노동자의 편이 되려 했다. 이재명의 22년 변호사 시절 동안, (수임료 외에) 상담료로 받은 것은 거의 없었다. 나중에 전화국 114로 변호사 무료상담 전화번호 문의가 오면 이재명 사무실 전화번호를 알려줄 정도였다. 이영진은 이재명에게 남다른 사명감이 있었다고 말한다. 무작정 찾아온 사람과도 대화를 나누고 만약 시간이 허용하지 않거나 사안이 난해해서 분석할 필요가 있을 땐 다시 만나 해법을 주려 했다. 그렇게까지 할 필요가 있었을까? 당시 이재명은 이영진에게 이렇게 말했다고 한다. "내가 모르는 법률문제라면 아무도 모를 것이다. 저 사람은 어디 가도 답을 찾지 못할 것이다."

가장 안타까운 의뢰인 중에 필리핀 노동자 에리엘 갈락 씨가 있었다. 갈락 씨는 1992년 성남의 한 공장에서 일하다 오른쪽 팔이 절단되는 사고를 당했다. 더 딱한 것은 그의 신분이 '불법체류자'라는 점이었다. 강제 출국당할 수밖에 없는 처지였다. 이재명은 성남지역 노동 인권운동가인 김해성 목사와 함께 갈락 씨를 변론하고 나섰다. "산업재해는 위장취업자도 심사대상이 되는 데다 세계적 기준이 국적 차별을 불허하는 데 팔까지 절단된 사람을 예외로 둘 수 있는가?" 이재명 특유의 날카로운 문제제기에는 감정이 실렸다. 같은 '성남의 공장'에서 팔을 다치고도 어느 사람에게도 호소하지 못했던 소년공 시절의 개인사가 섞인 울분이었다. 끝내 필리핀으로 돌아간 갈락 씨는 이재명의 집요한 법률구제 활동으로 뒤늦게 산재를 인정받았다.

이영진의 회고다.

그때까지 산업재해보상보험법상의 요양 승인은 불법체류 외국인 노동자에게 허용된 바가 없었습니다. 그래도 산재 처리를 받게 해보자는 생각으로 서류를 작성하고 증거를 채집해 노동부 성남사무소에 신청했습니다. 불법체류자 신분이라 곧 출국해야 했는데, 후일을 위해 사진 진단서 등 제반 증거도 일일이 확보했습니다. 모든 절차는 무료로 했고요. 그러나 노동부에서는 요양 불승인 처분을 했습니다. 아무런 보상도 못 받는 처지가 된 것입니다. 당연히 불복해 재심 신청을 했습니다. 재심 그리고 길고 긴 이후 절차를 통해 마침내 1년여 뒤 승인을 받게 됐습니다. 즉 산재 보상금을 받게 된 것입니다. 일부 비용을 공제하고 필리핀에 돌아간 갈락 씨 계좌로 송금했습니다.

이영진은 "이재명의 특징 중 특징은 두려움을 모르는 것"이라고 말한다. 21대 국회 176석 거대 여당 더불어민주당의 첫 원내 사령탑이 된 김태년 의원, 성남에 지역구를 둔 그는 25년 전 '종북주의자가'가 될 뻔했다. 1995년 10월 체포된 '직파 간첩' 김동식으로부터 포섭당했다는 이유로 국가보안법상 반국가단체와의 회합·통신 혐의로 구속된 것이다. 12월 기자회견 당시 김동식은 유력 정치인과 재야단체 간부들에게 접근해 자신이 간첩임을 밝혔고, 이들 중 상당수로부터 신고당하지 않았으며, 김태년 등에는 무전기를 전달하려 했다고 주장을 폈다. 국가안전기획부는 김태년이 불상의 공작원에게 포섭돼 일자 미상, 불상의 장소에서 내용 불상의 지령을 수신했다고 밝혔다. "시나리오 쓰고 있네. 미친 ○○"라는 영화 〈타짜〉의 한 대사가 떠오르는 대목이다.

이재명은 여러 민주사회를위한변호사모임 소속 변호사와 함께 안기부에 붙잡혀 조사받던 김태년의 법률대리인이 됐다. 이영진은, 붙잡힌 김태년에 대한 접견을 '날마다'(!) 신청하는 일을 맡았다. (이 변론 활동을 계기로, 안기부가 서울 서초구 내곡동으로 이전한 것을 알게 된 이영진, 중앙정보부로부터 면면히 이어져 온 정보기관의 악마적 이미지 때문인지 자신이 조사받는 것이 아니고 접견 신청 서류를 접수하는 정도인데 찾아갈 때마다 바들바들 떨었다고 한다.) 변호사가 곁에서 날마다 '매의 눈'으로 감시하는 마당에 안기부는 무리할 수 없었다. 다시 말해 이재명이 이런 식으로 집요하게 안기부를 견제하지 않았다면 김태년은 몇 날 며칠 잠 못 자고 고문당하면서 '김동식에 포섭된 북괴의 간첩'으로 가공됐을지 모른다. 결국, 이재명의 물샐틈없는 변론은 '간첩 김태년 시나리오'를 완파했다.

어느덧 시간은 흘러 노동운동이 산별노조 건설 등으로 조직화하면서 이재명은 노동운동가를 넘어 시민운동가로 진화한다. 박원순 변호사 주도의 참여연대와 비슷한 시기에 이재명의 성남시민모임이 시작됐으니 그의 시민운동은 뿌리가 깊다 하겠다. 이재명은 이 마당에서도 물불 가리지 않았다. 토호, 토건과의 대치 전선에서 시민의 이익을 대변하려다 두 번의 구속을 감수할 수밖에 없었다. 그러나 시민운동도 '정치적 실체'를 가져야 한다는 요구에 직면했고, 마침내 2006년 성남시장 선거를 계기로 정치에 발을 딛게 됐다. 한 차례 낙선이 약이 돼 성남시장 당선으로 경기도지사 당선으로 점점 체급이 올라

갔지만 '변방 사또'라는 비아냥 속에 한국사회 기득권 세력 공세에 온갖 역경과 고난을 겪어야 했다. 모진 정치 공작에도 시달렸다. 그 풍상을 함께 맞아온 이영진. 그는 2020년 여름, '오랜 친구'의 대법원 무죄 취지 판결 그리고 차기 대권주자 투톱에 오른 정치적 위상을 어떻게 보고 있을까? "사무실에서 웅크리고 앉아 대법원 판결을 봤지요. 남몰래 눈물을 훔쳤어요. 진실이 이기는 것을 보니 우리가 싸워왔고 쌓아왔던 세월이 헛되지 않았다는 생각도 들었고요."

이영진에게 이재명은, 이재명에게 이영진은 어떤 존재일까? 함석헌의 시 〈그 사람을 가졌는가〉의 '그 사람'이 아닐까?

"만 리 길 나서는 길 처자를 내맡기며 맘 놓고 갈 만한 사람"
"온 세상이 다 나를 버려 마음이 외로울 때도 '저 맘이야' 하고 믿어지는 사람"
"탔던 배 꺼지는 시간 구명대 서로 사양하며 '너만은 제발 살아다오' 할 그 사람"
"불의의 사형장에서 '다 죽어도 너희 세상 빛을 위해 저만은 살려두거라' 일러줄 그 사람"

2부

정치입문

정치입문의 길로 인도한 부패

나는 정치인이 되고자 하는 청년에게 시민운동을 경험하라고 조언한다. '갑'의 지위가 일상사였던 판사, 검사, 기자 출신 손에 권력이 넘어가면 정치는 봉사가 아닌 지배 수단으로 변질된다.

시민운동은 본디 권력 견제에 그 사명이 있다. 삼라만상의 세상은 가만히 두면 무게중심이 정치 자본 권력과 이에 빌어먹는 세력에게 기울게 돼 있다. 그래서 시민운동은 시민이 주체로 나서 이를 견제하는 역할을 담당하게 된다. 이런 시민운동은 아직 역사와 기량을 다져가는 단계다. 과거에는 계급의식을 기반으로 한 노동운동이나 학생운동, 반체제운동이 사회변혁 운동의 중심을 차지했다. 그러나 1987년 직선제 개헌을 통해 군사독재가 역사의 무덤 속에 묻히면서 운동의 중심은 계급에서 시민으로 이동하게 된다. 자칫 기득권의 늪에 빨려 들어가기 쉬운 정치는 시민운동의 의제와 연구성과, 인재를 수혈해 민생 감수성을 유지하고 있다. 이재명은 1986년 사법고시에 합격해 변호사가 됐다. 그러나 2010년에 당선된 성남시장 직전 이력은 법률가보다는 시민운동가에 가깝다.

시민운동가 이재명은 노동운동가로부터 시작한다. 사법연수생 시절부터 그는 석탑노동상담소와 함께 노동 상담 활동을 벌였다. 대부분 주지하듯 1987년 이후 노동운동은 '봇물 터졌다'라는 표현이 어울릴 정도로 온 나라를 들쑤셨다. 노동현장 안의 정의에 대한 요구가 계속 눌리고 눌리다가 마침내 폭발한 양상이었다. 특히 성남지역은 당시 전국에서 가장 활발하게 노동운동이 전개됐고, 이 과정에서 구속자·해고자가 양산됐다. 때를 같이해 연수원 동기 한 명과 함께 성남시 신흥1동 구(舊) 시청 앞에 변호사 사무실을 연 이재명은, '물밀듯'한 노동사건 수요에 휩쓸려 그 분야의 전담 변호사가 되다시피 했다. 주변에서는 "(돈이 안 되는) 시국사건으로 떼돈 버는 첫 케이스가 되겠다"라는 농담이 돌 정도였다고 한다. (물론 이재명의 법률 비용은 언제나 최소한이었고, 업무나 업무 외 만남으로 의뢰인을 위해 쓴 술값이 더 많았을 정도였다.) 사실 이재명에게 노동 문제는 '수임 사건' 그 이상이었다. 소년공 때부터 뼈저리게 당해온 불의를 법 제도적으로 규명하고 단죄하는 일로서의 의미도 내재했기에. (다만 형사사건은 많이 들어오지 않았다. 이재명이 재판절차를 따지며 판·검사에게 꼬장꼬장하게 나온 게 화근이었다. 수사나 재판 과정에서 의뢰인인 시국사건 피의자가 지레 죄인 취급받는 게 못내 참을 수 없던 것이다. '미운털' 박힌 이재명에게 의뢰하면 불이익을 당한다는 선입견 혹은 소문이 번지는 건 일종의 '순서'였다. 이 때문에 이재명에게 의뢰가 들어온 사건은 민사에 편중됐는데, 워낙 날카롭고 논리적이며 직관력이 뛰어나다 보니 패소한 쪽에서 상대편 법률대리인인 이재명에게 상급심 변호를 의뢰하는 예도 있었다고 한다.)

일이 점점 커지자 이재명은 1년 후인 1990년 초에 사무실을 단대동 성남지원 앞으로 옮겼다. 명실공히 확장 이전이었다. 때는 노동운동의 조직화가 절실하던 시기. 그래서 상담 및 교육을 전담할 손길이 필요했다. 그래서 당시 이천노동상담소장이던 '친구' 이영진에게 SOS 신호를 보냈다. 이재명의 사무실은 가히 '성남 노동 포털'이었다. 성남공단의 에프코아코리아, 베이산업, 영진, 소예산업, 오피씨동양정밀, 대웅제약, 오엠씨, 택시 노동자, 노동자의 집 등 헤아릴 수 없을 정도로 많은 성남지역 노동조합과 단체의 사건이 이재명을 찾아왔다. 여담인데 이재명은 '가장 기억에 남는 사건'으로 1989년 에프코아코리아 쟁의를 떠올렸다. 에프코아코리아는 성남 제3공단에 있던 일본 자본의 전자부품 공장이었다. 그해 7월, 수주 물량 감소를 이유로 생산직 근로자 209명에게 해고 통보한 경영자는 종적을 감췄다. 노동자들은 1992년까지의 수주물량을 확보한 상태이고 반도체는 수요가 상승곡선을 긋는 상황이라며 사실상의 폐업에 반발했다. 경기도지방노동위원회도 그해 9월 회사의 부당노동행위를 확인하고 해고 철회 및 임금 지급을 명령했다. 결국, 숨은 의도는 노조 탄압이었다. 머리띠를 두른 이들은 대부분 스무 살 갓 넘긴 여성 노동자들이었다.

이재명은 이들을 변론하면서 눈물을 참느라 고생했다고 한다. 당시에 다른 일터 즉 성남공단 봉제공장 미싱사로 일하던 그의 여동생 재옥의 얼굴이 많이 겹쳤기 때문이리라. (재옥 씨는 가난한 가정 형편 때문에 고등학교 진학을 못 했고, 봉제공장 노동자, 요구르트 배달원, 안양시 아래도급 업체 환경미화원을 전전하며 일생 생계와 힘겨루기를 했고, 2014년 8월 풍진 삶과 이별했다.) 다행히 이듬해 1월 회사가 견해를 바꿔 전원 복직 및 체불 임금 지급으로 사건이 마무리됐다.

인연은 소중했다. 여주·이천 지역 법률상담 활동을 진행하면서 연을 맺은 골프장 캐디들이, 투쟁 중 유명 연예인에게 골프채 폭행 피해를 보자, 이재명은 이들을 위해 법률구제 활동을 벌였다. 새벽에 인력시장이 열리는 복정동의 일용건설노동자들의 권익 보호 활동을 하면서, 이들의 권익을 체계적으로 대변할 복정동 일용노동조합의 필요성을 인지하고 설립을 도왔다. 하대원지역 철거민, 종합시장 앞 천변 노점상의 투쟁은, 법의 보호망이 약한 데 반해 투쟁 양상이 과열돼 많은 구속자가 생겨났다. 맡는 것 자체가 손해지만 이재명은 이들의 의뢰인이 되는 것을 피하지 않았다. 학원 자주화 투쟁도 활발해 경원대(현 가천대), 한국외국어대, 경희대 등에서 많은 학생이 구속될 때 변호를 홀로 전담하다시피 했다.

노동운동을 기화로 성남권 약자와 맺은 인연은 시민운동의 주춧돌이 됐다. 1994년에 이르러 이재명은 시민운동 단체 설립 논의에 참여했다. 1994년 말 발기인대회를 거쳐 1995년 3월 출범한 성남시민모임이 그렇다. 중심은 단연 이재명이었다. 이 모임의 존재감은 1995년 5월부터 2년 가까이 진행된 수도권 남부 저유소 반대 투쟁이었다. 성남 분당구 대장동에 수도권 남부 저유소가 들어서기로 하자, 이재명은 성남지역 시민단체, 환경운동 단체는 물론, 이제 막 입주가 끝난 분당지역 입주민을 끌어모았다. 저녁 식사를 끝낸 분당지역 아파트를 돌며 불과 몇 개월 사이에 110여개 단지의 입주자대표회의를 모아 범시민대책위원회를 꾸린 것이다. 대책위는 저유소가 설치되는 분당 아파트 단지 건너편 공사 현장 입구에 주민들과 천막을 설치하고 농성을 벌였다. 진입로에 무궁화 심기, 문화행사 등 다양한 투쟁도 전개했다. 이 와중에 구속된 대장동 주민들이 있었다. 이들 변호는 이재명의 몫이었다. 세가 대단했다. 2회 정도 분당 중앙공원에서 집회를 열고 거리 행진을 했는데 각 집회에 회당 2000여명이 참여했다. 물론 저유소 건립을 막지는 못했다. 하지만 안전 펜스를 더 높게 하는 등 보완 장치를 설치하는 성과를 냈다. 아울러 이제 막 입주해 지역을 알아가던 분당 아파트 주민을 주민 주권 운동의 장으로 인도했다. 이재명은 쓰레기 소각장 반대운동, 시 의정 감시활동, 시민학교 등의 교육활동, 시 집행부에 대한 판공비 공개 운동까지 이끌었다.

이재명은 소년공 시절 온몸으로 절감했던 사회구조적 부조리를 반드시 자기 손으로 고쳐보겠다는 의지에 불탔다. 그래서 사법연수원 단계부터 판·검사의 길을 지웠다. 그 꽃길을 포기한 데는 군사독재정권 수괴인 전두환으로부터 임명장을 받아야 하는 과정에 대한 거부감도 내재했다.

하지만 그는 검사 직종에 마음이 갔던 모양이다. 1987년 고향인 안동에서 대구지방검찰청 안동지청 시보를 할 때 얼마나 열심히 마약사범을 잡으러 다녔는지, 또 보람을 느꼈는지 '유능한 검사의 길'을 잠시 고민한 적도 있다고 토로했다. 여기서 잠시 그 시절 이재명을 만난 초등학교 동창회장의 언론 기고문을 소개한다.

그는 수필가 김창규 씨인데, 안동병원 사업과장을 하면서 모교인 삼계초등학교 총동창회장을 하고 있었다. 때마침 16년 아래로 당시 23세였던 19회 졸업생 후배 이재명이 안동지청에서 시보로 교육받고 있다고 해 연락을 취한 뒤 만났다고 한다. 김씨는 만찬을 하면서, 동문인 자기 친구가 고향에서 농사를 지어 돈을 모았는데 노름꾼 꾐에 빠져 재산을 잃고 바보같이 덮어쓰며 안동교도소에 가 있다고 선처를 호소했다. 그런데 이재명은 이야기도 끝나기 전에 대뜸 "그 선배 노력하지 않고 공짜로 남의 돈 먹으려고 흑심 먹은 마음 평생 못 고칩니다. 고생해야 합니다. 고생해도 잘 못 고칩니다"라고 했다고 한다. 시보가 어찌할 도리가 없겠지만 말이라도 '알아보겠다'라는 반응을 기대했던 김씨는 서운했다. 하지만 돌이켜보니 '정말 대단한 사람이구나'라고 생각했다.

'대쪽' 같은 정의감에 더해, '범죄 소탕'의 소질은 행정가 지위를 얻은 뒤에 재발견된 양상이다. 성남시장이 되고 그는 불법 고리 사채와의 전쟁, 불법 쓰레기 투기와의 전쟁, 세금 체납자와의 전쟁 등 대전(大戰) 사이즈의 전선을 구축하고는 건건이 완승했다. 그에게 적이 많은 건 어쩌면 당연했다.

이재명은 정치 참여를 염두에 두고 시민운동에 투신했는지도 모른다. 그의 정치관을 읽을 기회가 있었다.

> 정치란 전쟁의 축소판이고, 초과 이익 누리며 지배하는 소수 기득권자와 기회를 잃은 다수 서민의 투쟁이다. 기득권자들은 권력, 정보, 언론, 돈, 조직을 장악한 채 서민들을 세뇌하고 분열시켜 지배한다. 궁극적으로 사회는 화해와 포용 기조 위에 통합되어야 하지만, 다수의 피해 위에 소수의 초과 이익이 보장되는 시스템을 교정하고, 공정 경쟁이 가능한 질서 위에 공평한 기회가 부여되는 합리적 사회를 만들려면 강한 의지와 끊임없는 투쟁이 필요하다.
>
> (이재명 페이스북, "부패 즉사 청렴 영생", 2016. 7. 13)

이재명은, 경기도지사 취임 이전의 사안으로 임기 절반을 재판(선거법 위반 및 직권 남용 등 4가지 혐의, 2018년 12월 기소 건)에 발목을 잡혔다. 기소된 혐의 중에는 시민운동가로서 존재감을 보인 첫 번째 사건 2002년 '파크뷰 특혜분양 의혹 제기'와 유관한 건도 있었다. 바로 '검사 사칭'이 그렇다.

검사 사칭에 앞서 '분당 파크뷰 특혜분양 사건'의 개요부터 살펴보자. 요컨대 건축허가 사전승인을 받기 위해 금품과 특혜분양이 오간 '토건 비리'로, 성남 분당구 정자동 상업지구 주상복합 사업에 뛰어든 토건 세력들이 자기 돈 한 푼도 안 들이고 정치권과 결탁해 부동산 불로소득을 취한 사건이다. 시민운동가 이재명은 개발저지운동에 나섰다. '검은 유혹'이 적지 않았으니 '절대 운동에 관여하지 않는다는 조건'을 걸어 20억 원에 상당하는 이익을 주겠다는 제안이 왔다. '마귀의 유혹'을 뿌리치자 해를 입히겠다는 협박이 이어졌다. 이재명은 경찰서에 총기 소지 허가를 받아 6연발 가스총을 소지하고 몇 년 동안 법정을 다니기도 했고 심지어 초등학교에 다니던 자녀들의 안전이 위협받기도 했다. 이 정도가 아니다. 사무실 앞에서 "이재명은 부모를 버린 패륜아다. 부모를 때리고 욕하는 나쁜 사람이다. 재판하면 맨날 진다." 이런 유인물을 뿌리고 집회를 열며 신문에 싣게 해 이를 복사해서 수십만 장 뿌리는 음해도 겪었다. 20년 전과 현재 이재명 음해 양태가 많이 닮아있다.

그렇다면 '검사 사칭'은 무엇일까? 파크뷰 특혜분양사건을 취재하던 최철호 KBS PD가 이재명을 변호사 사무실에 와 인터뷰하고 있었다. 때마침 비리 의혹의 당사자 김병량 당시 성남시장과 통화하게 된 최 PD는 자신을 담당 검사라고 속이더니 "도와줄 테니 사실대로 말하라"라고 유인했다. 그래서 얻은 진술을 〈추적 60분〉에 보도했다. 며칠 뒤 이재명은 최 PD로부터 녹음파일을 받아 기자회견에서 공개한다. 김 시장은 이재명을 '검사 사칭'의 배후로 지목해 고소했다. 검찰은 이재명의 인터뷰와 검사 사칭 전화를 묶어 '이재명이 PD에게 검사 이름과 질문사항을 알려주고 검사 사칭 전화를 도왔다'라며 검사 사칭 전화 방조라고 누명을 씌웠다. 오해와 억측의 결과였지만 검찰은 '미운털' 이재명을 믿지 않았다. 그런데 이재명은 최 PD의 공범으로 기소돼 1, 2심 모두 벌금형을 받았다. 검사로 속이라고 교사했거나 혹은 뜬소문처럼 본인이 검사로 속였거나 해야 죄가 될 텐데 이재명은 그런 일이 없었다고 일관되게 주장했다. (하지만 이재명은 당시 이를 대법원까지 가져가 억울함을 호소하지 않았다. 법원에 대한 기대를 2심으로 접은 게 아닌가 싶다.)

그런데 2018년 경기도지사 선거를 앞두고 TV 토론회에서 이재명이 "(검사 사칭 공범이란) 누명을 썼다"라고 발언한 것에 대해 검찰은 "처벌을 받은 것이 분명함에도 그러한 발언한 것은 허위사실 공표"라고 보고 기소했다. 이 사안에 대한 법원 판결은 어떻게 됐을까? 사실심인 1, 2심, 법률심인 3심 모두 '무죄'로 판단했다. 이 사건은 저널리즘 연구에 있어 중요한 논제가 됐다. 이용성 한서대학교 신문방송학과 교수가 언론중재위원회 발행《언론중재》(2002년 가을호)에 낸 '위법적 취재 관행과 탐사 저널리즘'이 그렇다. 이 교수는 우선 '수사기관 사칭 취재'(undercover reporting)의 사례가 언론계의 만연한 관행이었음을 짚는다. 이재명까지 빨아들인 최 PD의 범죄가 흔치 않은 '개인적 일탈'이 아니라는 이야기다.

논문에서 소개한 사례는 이렇다. "1993년 김문기 민주자유당 의원의 상지대 재단 비리 사건을 취재하는 과정에서 〈국민일보〉의 김모 기자는 모 금융사의 자금부장이 검찰 조사를 받았다는 정보를 입수하고 검찰 수사관으로 신분 사칭하여 그를 취재했다. 당시 검찰 분위기는 위법적 취재 관행은 처벌하겠다는 단호한 의지를 갖췄는데 언론사의 로비로 면책되었다고 한다. 1994년 〈중앙일보〉 예모 기자는 상문고 재단 비리 취재를 위해 검찰로 속여 말하여 상문고 서무과장 자택에 들어가서 일부 서류를 가지고 나왔다. 그런데 이 건에는 검찰이 강경하게 법 적용을 하여 공무원 사칭, 주거침입, 무단서류 절취 등으로 형을 구형한 바 있다."

이 교수는 "위법적 취재 관행이 그 정당성을 인정받더라도 최근의 법적 환경이나 취재 대상자들의 대응 자세로 볼 때, 쉽게 면책되기는 어려울 것 같다"라면서도 "위법적 취재 방식은 제한적으로 용인되어야 한다"라고 했다. "탐사보도에서는 중요 공인이나 기관, 특히 우리 사회의 '성역'이라 불리는 집단이나 개인에 대한 정보 접근이 사실상 불가능한 상황에 위법적 취재 관행이 엄격한 기준을 만족시킨다면 국민의 알 권리와 권력 감시 그리고 공익성 구현을 위해 어느 정도는 용인되고 정당화될 수 있다고 보인다"라고 했다. 그러나 이런 견해는 언론이 많이 늘어나고 정비례해 그 폐해도 심각해지는 시점에서는 힘을 잃고 있다.

이재명은 검찰에 자진 출두하기에 앞서 이런 글을 남겼다. 2002년 6월의 것이다. "거악을 극복하기 위한 것이라는 이유로 작은 잘못이 언제나 용인되어야 하는 것은 아니지만, 소악의 존재 사실로 인하여 거악이 용인되어서도 안 됩니다. 현실에서는 선택할 수밖에 없는 상황이 언제든지 발생하며, 거악과 소악을 모두 피할 것이 아니라 소악을 선택할 수밖에 없는 상황도 있습니다. 불법적으로 입수된 정보인 것을 알고 공개한 것이 도덕적 문제가 될 수도 있지만, 그 중요성과 공개의 필요성은 채집과정의 불법성을 압도하는 것이었습니다."

이 사건을 오늘에서야 복기해보니 '뚜렷한 증거 없이 검사 사칭 공범으로 몰았던 법원 검찰의 의도는 과연 무엇인가'라는 의문이 샘솟는다. 파크뷰 특혜분양 폭로는 가족이 살해 협박을 받을 정도로 신변의 위협을 감수하는 일이었다. 그렇다면 검사 사칭 사건은 이재명을 죽이기 위한 지방자치단체-수사-사법기관 등 거대 기득권 연합의 조직적 위해는 아니었는지 의심하게 만든다.

이재명은 위축되지 않았다. 파크뷰 사태와 쌍둥이인 2001년 성남시의 분당 백궁·정자지구 업무·상업 용지 용도 변경 사건에 대해서도 그냥 넘어가지 않았다. 백궁역과 수서고속화도로 사이에 있는 17만 1000여평 되는 이 용지는, 원래 상업지구였지만 성남시가 용도 변경을 허가해 아파트를 지을 수 있는 주상복합 용지로 바뀌었다. 그 지역은 분당선 정자·미금역이 인접해 있고 경부고속도로 판교나들목, 서울과 연결되는 도시고속화도로의 진입로와 가장 가까이 자리 잡고 있던 '금싸라기' 땅이었다. 그 땅에 들어선 아파트는 용적률이 도시설계 지침에 비해 높은데도 건축허가를 받았다. 이곳에 주거용 아파트가 생기면 교통은 더욱 혼잡해질 테고 나아가 주거환경이 훼손될 상황이었다. 냄새나는 개발 허가에 맞서 이재명은 백궁·정자지구 부당 용도 변경 저지 운동 공동대책위원회 집행위원장을 맡았다. 이재명이 옳았다. 이듬해 전 국정원 간부의 탄원서에서 "고급공무원, 판·검사, 국정원 간부 등 130여 가구가 특혜분양을 받았다"라는 내용이 폭로됐다. 나중에 살펴보니 1800여 가구 가운데 449가구가 사전 특혜분양됐다.

이재명은 이 대형 토건 비리에 경악해 경원대학교 행정대학원에 들어가 2년 6개월 동안 부패 극복방안을 위한 연구를 했다. 그리고 지방정부 부정부패 극복방안을 주제로 논문을 내놓았다. 그러나 기존 논문들의 인용 표시를 제대로 하지 않아 표절 시비가 붙었다. 이재명은 두말하지 않고 논문을 취소했다. 이게 '표절' 시비의 본말이다. 표절은 바람직하지 않으나 논문 작성 목적의 공익성마저 부정될 일인지는 토론할 여지가 있다.

부동산은 달러, 금마저 비웃으며 대한민국의 가장 강력한 부의 원천으로 부상했다. 2기 민주정부 즉 노무현 정부가 이명박에게 권력을 넘겨준 가장 큰 이유로 '부동산 정책의 실패'가 꼽힌다. 그런 의미에서 이재명이 들춰낸 파크뷰 특혜분양 및 백궁·정자지구 업무·상업 용지 용도 변경 사태는 부동산 패권주의자의 역린을 건드린 것이라고 봐도 무리는 아니다. 전선은 넓지만, 이재명의 전쟁 중 핵심은 토건과의 싸움이다. 어쩌면 이 싸움은 그가 정치하는 이유일지도 모른다.

이재명 발언은 이렇다. "대한민국의 성장을 가로막는 가장 큰 문제는 부동산 불로소득입니다. 불공정 불평등 불합리의 산물이자 불균형의 근본적 원인입니다. 부동산 공화국을 탈피하고 불로소득을 최소화하는 것은 지체할 수 없는 시대적 과제입니다. 공적 권한을 사용해야 할 최우선 순위를 꼽으라면 바로 여기일 것입니다."(이재명 페이스북, "토건 비리와의 전쟁은 현재진행형", 2019. 1. 8)

파크뷰만이 아니다. '한국판 베벌리힐스'로 불리던 '대장동 개발사업'은 어떤가. 20대 대선 민주당 경선 국면에서 최대 이슈로 떠올랐다. 판교와 인접한 성남 대장동은 대장천이 흐르고, 응달산·태봉산과 마주한 최적의 자연경관에다, 용인~서울고속도로(서분당나들목), 경부고속도로(판교나들목)와 닿아 있다. 월곶~판교선 서판교역, 수도권 광역급행철도(GTX) A노선 성남역까지 최적의 교통망이 닿아있다. 모름지기 학군과 상권은 젖과 꿀이 솟구쳐 땅을 적신다. 투기세력이 이 금싸라기 땅을 보고도 내버려 두겠는가. 이 세력은 LH가 하려던 사업권을 민간에게 넘기라고 압박했다. 배후는 민간개발업자로,

2014년 성남시장 선거에 새누리당 후보로 나왔던 신영수 당시 한나라당 국회의원의 동생에게 억대 뇌물을 주며 '공영개발 포기' 로비를 했다. 이와 연관된 듯 보이는 신 의원은 2009년 국정감사에서 LH 사장에게 공영개발 포기를 요구했다. 게다가 당시 대통령 이명박이 호응했으니 그는 LH 출범식에서 "민간과 경쟁할 필요가 없다"라고 지적했다. 결국 LH는 2010년 4월 사업을 포기한다. 그러다가 2010년 6월 민선 5기 이재명이 성남시장에 당선된다. 이재명은 보란 듯 대장동 개발사업을 민간개발에서 성남시 공영개발로 꺾어놓았다. 시민은 환호했지만, 투기세력은 이재명의 기습에 또 한 번 역린을 유린당했다. 이재명은 이때 성남 공영개발을 막기 위해 갖가지 회유 협박을 가해왔다고 밝혔다. 평소에 전혀 모르던 '아버지 친구'도 동원됐다고 한다. 그러자 이번엔 한나라당(새누리당)이 과반(34명 가운데 18석)인 의회가 가로막았다. 2014년 새누리당 안극수 시의원은 "사회적인 경기침체라든지 시대적인 흐름이 왔을 때 혹시라도 그런 부분(손실)이 있다고 하면 거기에 대한 대안이 필요하다"라며 대장동 개발에 성남시 참여를 만류했다. 이들 주장은 부동산 경기가 좋지 않아 성남시의 대장동 공영개발이 위험하니 민간에 모두 넘겨야 한다는 것이었다. 현실적으로 성남시의 빈약한 재정으로는 토지매입비 포함 1조 5000억원이 소요되는 사실상의 신도시 사업을 감당할 수 없었다. 이재명은 묘안을 낸다. 지금의 민관 공영개발이었다. 이재명은 민간개발업자들이 자금을 다 대고, 업무도 담당하며, 손실 비용도 다 부담하는 조건으로 하면서 개발이익 약 5503억원을 미리 성남시에 내도록 했다. 그러자 새누리당 김영발 시의원은 2015년 "(민간개발업자의) 수익성도 담보할 수 없다"라며 또 반대했다. 그러나 이재명은 관철했다. 기실 5503억만이 아니다. 이는 당연히 민간업자가 부담해야 할 대장동 기반시설 건설비용을 뺀 것이다. 이재명의 공익환수는 역대 최대이자 전무후무한 규모였다. 당연히 토건업자는 분개했다. 화천대유 대표는 재판정에서 이재명을 "공산당"이라고까지 표현했다.

이 재판정은 어디일까? 2018년 6.13 지방선거 당시 "대장동 개발 이익금 5503억을 고스란히 시민의 몫으로 환수했다"라고 이재명이 발언한 것을 검찰이 기소한 사건의 법정이었다. 5503억을 시민의 몫으로 "확보했다"라는 말은 타당하지만 "환수했다"라고 했으니 당선 목적의 허위사실 유포라는 것이었다. 한심한 기소의 결론은 '무죄'였다. 상·하급심, 최종심 모두 이재명의 손을 들어줬다. 여기서 복기해서 볼 문제가 있다. 대장동과 관련해 이재명에게서 찾아낸 처벌감이 고작 '과장 발언'뿐이었을까? 2021년 대선 경선 국면에서 이재명은 민간개발사업자에게 수천억을 안겨줬다는 특혜 의혹으로 공세의 표적이 됐다. 제법 시끄러웠고 이재명의 지지율을 많이 깎아 먹었으니 내상도 컸다. 그렇다면 검찰은 왜 2018년에 이 문제로 이재명을 수사 기소할 생각을 하지 않았을까? 결론은 간단하다. 그때는 전혀 문제가 안 됐기 때문이다. 이재명이 대장동을 '설계'할 무렵 부동산 사업 전망은 불투명했고, 수익이 폭발적으로 늘어난 것은 땅값이 폭등한 시점 즉 2018년 이후이기 때문이다. 그런데 민간업자의 이익이 얼마든 그것을 누구와 어떻게 나눠 가졌든 이재명 손을 떠난 문제다. 게다가 이재명의 '설계' 시점에 2018년 이후 이익은 예견하기 힘든 것이었다. 아울러 그 시점은 이재명이 더는 성남시장이 아닌 때였다. 이재명의 '대장동 스캔들'은 한마디로 억지의 연속이었다.

대장동의 특혜가 문제였다면 부산 엘시티를 먼저 짚고 난 이후여야 했다. 엘시티의 뿌리는, 국방부로부터 불하받은 땅에 시민 수변공원으로 조성하겠다고 한 부산시의 '해운대 관광개발 리조트 사업' 민간 입찰에 있다. 그런데 부산시는 이 부지에 주거시설을 지을 수 있도록 용도 변경을 해줬다. 60m 고도 제한을 해제해 400m 이상 초고층 건물 건축을 가능하게 해줬고, 환경영향평가 및 교통영향평가를 면제해줬으며, 부산시 예산 1천억 이상 들여 기반 시설을 조성해줬다. 신청 사업자가 없을까봐 이랬을까? 천만에. 이곳은 '해운대 백사장 앞'이었다. 범벅된 특혜로 탄생한 것은 101층짜리 주상복합 건물 엘시티였다. 해당 시기는 이명박 박근혜 정권이었고, 부산시장과 지역 국회의원, 구청장, 시의원 대부분도 대장동 개발에 대해 이재명에게 맹공을 퍼부은 한나라당-새누리당-자유한국당-미래통합당-국민의힘 소속 정치인들이었다. 이들은 대장동 건으로 한참 이재명을 때리더니 '대장동 방지법'이라 할 수 있는 개발이익환수제 강화 등 공익환수 입법에는 무심하고, 심지어 화천대유에 대한 부산저축은행의 투자금 대여를 수사하지 않은 당시 검사(윤석열)를 대선후보로 세웠다. 거품이 빠지면 토건 유착 정당과의 싸움에서 시민의 이익을 최대한 확보한 이재명의 진정성이 드러날 것이다.

대선 경선 당시 이재명을 수행한 민주당 국회의원 김남국의 진술이 흥미롭다. 이재명이 대장동 이슈가 불거졌을 때 "좋은 정책을 시행했던 것을 알릴 수 있는" "좋은 기회"라고 말했다는 것이다. 요컨대 대장동은 정쟁에만 소비된 실체 없는 '이재명 마타도어'였다. '이재명 대통령'을 막기 위한 부동산 이권 세력의 '모종의 음모'가 확실하다.

여러 사태를 통해 확인된 바는 토건이 자기 목소리를 내지 않는다는 점이다. 우호적 정당은 물론, 언론과 수사기관을 통해 공격 또는 방어한다. 2018년 경기도지사 취임 직후 이재명이 SBS와 벌인 건곤일척의 다툼은 매우 상징적이다. SBS〈그것이 알고 싶다〉(이하 그알)는 2018년 7월 21일 1130회에서 이재명이 조직폭력배와 연루됐다는 의혹을 제기했다. 성남시장으로 있을 때 조폭에게 이권을 제공했다는 의심이다. 이 보도와 관련해 길게 논할 가치는 없어 보인다. 그해 검경 모두 보도 내용을 '무혐의'로 결론 내렸기 때문이다. 이재명에 대한 부풀려진 반대 여론에 편승한 SBS의 의도는 어렵지 않게 짐작된다. 차기 대권주자로서 잠재성이 다분한 대한민국 최대 광역단체장 이재명의 목을 날림으로써 언론의 영향력을 극대화하기 위함이 아니었겠나? 그러나 실패했다.

이 평가가 가능한 이유는 SBS〈그알〉의 저널리즘적 완성도가 현저히 부족했기 때문이다. 〈미디어오늘〉 장슬기 기자는 그해 8월 25일 '〈그것이 알고 싶다〉와 이재명, 그리고 언론의 자유' 제하의 기자 칼럼 코너에서 이렇게 일갈했다. "〈그알〉은 이 지사가 성남 국제마피아와 결탁해 살인사건 용의자를 풀어주도록 부당한 압력을 수사당국에 행사했거나, 역으로 성남 국제마피아가 이 지사의 권력을 이용해 특별한 이득을 취한 증거를 제시해야 했다. 이 지사가 어떻게 성남시를 움직여 조폭에게 특혜를 줬고, 이 과정에서 이 지사가 얼마나 개입했는지 가늠할 만한 증거도 내놨어야 했다. (중략) 증거가 없으니 방송은 드라마로 흘렀다. 〈그알〉은 성남 국제마피아 조직원들이 기소된 사건에서 낯익은 이름을 발견했다며 변호사 이재명의 이름을 클로즈업했다. 진행자 김상중 씨가 이마를 부여잡으며 '아, 조금 당혹스럽습니다'라는 연출까지 보여줬다. 이재명이 인권변호사 출신인데 뒤에서는 인권을 말살한 조폭을 돕고 산다는 '이미지'를 만들어내는 장면"이라고 지적했다. 저널리즘적 완성도가 부족했다는 평가이니 수사기관의 '무혐의' 판단에는 더욱 설득력이 실린다.

소설가 장정일은 이 보도로 인해 실추된 이재명의 사회적 평판에 대해 〈한국일보〉에서 언급한다. "빌 코바치와 톰 로젠스틸이 함께 쓴 《저널리즘의 기본원칙》(한국언론진흥재단, 2014)은 미국이나 한국에서 기자 지망생이라면 반드시 읽어야 하는 언론학도의 필수 교재다. 이 책은 탐사보도에 한 장을 할애하면서 '탐사보도는 검찰이 기소하는 것과 비슷한 효과를 수반한다'라고 말한다. 실제로 탐사보도에 오르내린 사안들은 재수사나 기소에 돌입하는 수가 많다. 바로 그래서 '탐사보도의 기소적 차원은 더 높은 증거 수준을 요구한다.' 이 원칙이 준수되지 않을 때, 부실한 탐사보도로 순식간에 평판이 저하되거나 인격 살해를 당한 피해자의 피해는 이후 복구할 수 없게 된다."("부실한 보도에도 공적 가치가 있다?", 2018. 7. 25)

SBS는 그 이후에도 〈그것이 알고 싶다〉의 방송과 SNS 계정을 통해 '성남 조폭' 관계 증언자를 찾는다는 광고를 냈다. 이재명의 '여죄'를 찾겠다는 의지의 표명이다. 궁색하면서도 파렴치하기까지 했다. 어느 순간 나는 이 보도 참사가 SBS 시사교양국 〈그알〉 팀의 '한 건 주의'로만 국한해서 볼 문제가 아니라고 판단했다. 당시 SBS라디오 진행자였을 때, 이재명 지사를 양진호 한국미래기술 회장 사건과 무리하게 엮는 등 상식 밖의 주장을 펼치던 이모 변호사를 출연시키며 이 지사 공격을 부추겼던 전사(全社)적 처사를 기억하기 때문이다. 또한 내가 이재명에 대해 우호적이라고 판단했는지 11월 18일 아침 담당 PD를 통해 (당일 아침 경찰 입건 소식이 전해진 이재명을) SNS 등에서 언급하지 말라고 통보했다. (그다음 주간 나는 무리한 '이재명 죽이기' 방송에 부역할 수 없어 사퇴했다.) SBS가 조직적으로 이재명을 표적 삼았다는 판단은 어렵지 않았다. 그런데 왜 겨냥했을까?

    SBS는 반성하지 않았다. 이듬해 1월 목포 재개발에 반대하며 토건이 가장 싫어하는 '도시재생'의 깃발을 든 손혜원 당시 더불어민주당 의원을 두고 국회의원으로서 '이익충돌 회피 노력'을 하지 않았다는 의혹을 제기했다. 중심 뉴스인 〈8시 뉴스〉에서 6일간, 약 72분을 할애해 25꼭지로 채운 바 있다. 어느 날은 뉴스 시작 시점인 저녁 8시 정각부터 21분까지 연속으로 '손혜원 두들겨 패기'를 멈추지 않았다. 진실과 공정 보도의 감시자 노릇을 해야 할 노조위원장은 이런 보도 테러에 대해 반성은커녕 합리화하기에 주저함이 없었다. 노사는 공범이었다. [SBS가 제기한 혐의 역시 이재명 건처럼 수사기관에서 '탄핵' 당했다. 기소조차 되지 못한 것이다. 손혜원의 기소 이유는 다른 것('부동산 차명 투기' 혐의)이었다. 이 또한 2심에서 무죄로 판단됐다.]

    SBS의 대주주는 주식 36.9%를 보유한 SBS미디어홀딩스이다. 이 회사의 대주주는 62.3% 이상의 지분을 가진 TY홀딩스다. TY홀딩스는 태영건설에서 비롯된 것이니 명실공히 건설자본이다. SBS와 긴밀한 네트워크를 구축한 지역 민영방송 상당수도 토건 자본의 그림자가 짙게 드리워 있다. 호반건설

은 KBC광주방송, SM그룹 계열사인 삼라는 ubc울산방송, 두
진건설은 cjb청주방송, SG건설은 강원민방 G1 등을 소유하
고 있다. 태영의 자본은 SBS 외에도 강원민방 G1과 KNN 부
산·경남방송의 지분을 보유하고 있다(2020년 5월 현재). 그래
서 토건 자본 이익에 배치되는 정치인을 사납게 물어뜯은 것
은 아닐까? 의심은 쉬 가라앉지 않는다.

SBS는 의심하고 있지만 나는 이재명의 청렴을 대체로 믿
는 편이다. 그의 표현대로 "이재명 곁에선 고개 들면 즉시 저
격"이기 때문이다. 국회의원 시절 성남 분당이 지역구였던 청
와대 비서실장 임태희는 2011년 6월, 대통령 이명박에게 40
쪽 분량의 보고서를 올렸다. 이 보고서에는 성남시장 이재명
을 음해할 목적의 성남시 '현황 및 원인 분석'이 담겨 있었다.
청와대와 행정안전부, 한나라당 소속 김문수 지사의 경기도가
2011년 초 성남시에 대한 내사에 들어가 2개월에 걸쳐 조사
한 결과다. 이 내사와 관련, 2013년 3월 20일 자 〈한국경제〉는
"당시 청와대 내부에서는 성남 시정을 정상화하기 위해서는
이 시장을 물러나게 해야 한다는 극단적인 '대안'까지 나왔다
고 한다"라고 보도했다. 구체적으로 "성남의 보수 시민사회단
체를 움직여 주민소환 투표를 유도한다는 방법론까지 거론"됐

다고 한다.

이것이 이재명이 자주 언급하는 이명박 정권의 '이재명 제거 작전 보고서'이다. 그는 "국가기관의 전방위적 사찰 조작 공작 감사 수사가 이어지고, 불법 수단조차도 거리낌 없이 동원된다. 이번 총선(19대) 후 집중적인 통신자료 조회는 새 발의 피일 뿐이고 국정원의 조작 사찰은 전혀 낯설지 않다. 나는 어항 속 금붕어임을 알고 있다"라고 했다. 그가 부패 비리에 연루됐다면 그 자체로써 토건 세력인 정권에서 이미 제거됐을 것이다. 경기도지사가 되면서 기소된 사건도 탈탈 털어 남은 게 '형님 강제 입원 의혹'과 관련해 1심에서 무죄인 것이 2심에서 유죄가 된 사안 즉 논쟁적 사안뿐이다. 그것도 대법원에서 무죄 취지로 바로 잡혔다. 부패 비리와는 전혀 무관하다.

여기서 이재명을 끊임없이 괴롭히는 형님 이야기가 나왔다. 고인이 된 형 이재선 씨는 동생이 성남시장이 되자, 그 이름을 팔아 이런저런 이득을 보려 했다. 이재명은 펄쩍 뛰며 형 운신의 폭을 좁혀 놓았고 이로 인해 가족 간 골육상쟁의 늪에 빠지게 됐다. '형님 강제 입원 의혹'을 따져보자. 검찰이 애초에 기소한 이재명의 죄목은 '형을 강제 입원케 해 직권을 남용했다'는 것이다. 여기서 이런 질문을 던져본다. 만약 이재명이 직권 남용의 누명을 쓰기 싫어 형을 내버려 둔다면? 그래서 성남 시장 일가족 비리로 사태가 번지면? 그때는 검경이 이재명에 대해 못 본 척해줄 것인가? 가당치 않다. '비리 공동정범(공범)' 아니면 최소 '직무유기'로 몰았을 것이다. 이재명은 그래서 이런 처세술을 터득했다. "이재명 곁에서 살아남는 길은 '청렴' 방어망에 숨는 것이다. 방어막을 벗어나 저격수의 눈을 속이고 살아남기를 바란다면 바보다. 이재명 곁의 사람들은 성남 시청 화장실의 경구를 기억해야 한다. '부패 즉사 청렴 영생'"

(이재명 페이스북, "부패 즉사 청렴 영생", 2016. 7. 13)

이재명은 액운이 있어 날마다 치고받고 싸우는 팔자에서 헤어나오지 못하는 것일까? 눈치 빠른 사람은 그를 덮어버린 강포(強暴)한 토건 자본의 그림자를 간파한다. 파크뷰 특혜분양, 백궁·정자지구 용도 변경, 대장동 개발 사건에서 큰 전선을 형성했던 그는 경기도지사가 되자마자 경기주택도시공사를 앞세워 건설공사 원가 공개, 후분양제를 도입했고, 임기 반환점을 돌고는 기본주택(반영구임대주택) 정책까지 세상 앞에 내놓았다. 기본소득을 위한 국토보유세도 추진하고 있다. 아예 확전하는 것이다. 여기서 원가 공개는 계약금액 10억원 이상 공공 건설공사 원가를 공개하는 것인데 이는 공공의 범주에서 그치는 게 아니다. 민간건설업체와 공동으로 분양한 아파트도 건설공사 원가를 투명하게 발표하게 했다. 해본 솜씨다. 성남시장 때 발주공사 세부 명세와 공사원가를 공개하게 했다. 후분양제는 또 어떤가? 기존 선분양제는 분양받고자 하는 이로부터 건설사가 건설자금을 확보해 위험 부담 없이 주택을 건설해 공급하는 것이다. 부실시공으로 인한 불편과 고충은 오롯이 소비자의 몫이 된다. 이 모든 시빗거리를 극복할 대안은 후분양제다. 분양권 전매 차단으로 인한 투기 수요 억제 효과는 덤이다.

또한 경기도형 '기본주택'도 주목된다. 다주택 또는 고가 부동산 소유 억제에 혈안이 된 중앙정부의 집값 안정 대책에서 진일보한 것이다. 이헌욱 경기주택도시공사 사장은 "경기도 내 '무주택자'를 위해, 역세권에, 정주 여건 탁월한(심지어 아침 식사도 제공하는), 다양한 평수의, 기본 30년 계약(갱신 가능)으로, 주변시세(월세)의 50% 수준으로 제공하는, 견고한 시공의 임대주택"이라고 소개한다. 핵심은 사회적 소수자, 약자 여부를 따지지 않고 경기도 거주 '무주택자'라면 누구에게나 입주 자격이 부여된다는 점이다. 결국 이 대책의 핵심은 부동산에 메인 여러 부질없는 욕망을 양질의 임대주택 공급으로써 해소하자는 것이다. 이에 대해 열린민주당 최고위원인 주진형 전 한화투자증권 대표는 비판한다. "입주를 원하는 사람 모두에게 제공할 수 없는 것이 뻔한데 누구에게나 제공하겠다고 하는 것은 실속이 없는 얘기로 들린다"라고 했다. 결국 이 정책의 사이즈가 경기도보다는 중앙정부에 부합한다는 이야기다.

마지막 이재명의 2016년 대선 공약이기도 했던 국토보유세는 부동산 대책의 절정이다. 일종의 부유세라 할 수 있는 국토보유세는 국민 소유인 국토에 세금을 매기고 이를 이용하는 사람들에게서 걷을 세금이다. 이렇게 마련한 재원으로 이재명은 모든 국민에게 기본소득을 지급할 요량이다. (기본소득 관련 주제는 4부에서 다루겠다.)

이재명은 부동산에 대한 통제가 마비되면 공공적 권능이 무너진다고 판단한다. 우리나라 기득권 세력의 명실상부한 물적 기반은 부동산이다. 2020년 국민순자산은 1경 7722조 2000억원이다. 가구당 5억 1220만원에 해당한다. 그런데 순자산 중 부동산을 포함한 비금융자산은 77%이다.

기본소득당 용혜인 의원실이 2021년 3월, 전국 시도 광역자치단체로부터 얻은 '2007~2019년 부동산 취득세' 자료와 토지플러스자유연구소에 의뢰해 얻은 전국의 부동산 불로소득 규모를 추산했더니 13년간 부동산 불로소득 규모는 국내총

생산(GDP) 대비 평균 16.2%에 달하고, 부동산 가격이 치솟은 2019년에 불로소득 규모는 352.9조원으로 GDP의 18.4%였다고 한다. 이는 13년간 가장 큰 규모라는 평가다.

이재명표 부동산 대책은 '불로소득 차단'이 포인트다. 이재명은 "대한민국의 성장을 가로막는 가장 큰 문제는 부동산 불로소득"이라고 여러 차례 지적했다. "불공정 불평등 불합리의 산물이자 불균형의 근본적 원인이다. 부동산 공화국을 탈피하고 불로소득을 최소화하는 것은 지체할 수 없는 시대적 과제다. 공적 권한을 사용해야 할 최우선 순위를 꼽으라면 바로 여기일 것"이라고 말했다. (이재명 페이스북, "토건 비리와의 전쟁은 현재진행형", 2019. 1. 8) 세금을 제대로 물림으로써 불로소득에는 중과세가 뒤따른다는 교훈을 심지 않는다면 이 나라에는 토지 정의뿐 아니라 모든 정의가 무너진다는 인식이다.

이재명에 앞서 토지보유세 구상을 펼친 인물은 종합부동산세를 도입한 고 노무현 전 대통령이다. 이태경 헨리조지포럼 사무처장의 말이다. "의미 있는 토지보유세 강화는 노 전 대통령이 종부세라는 이름으로 처음 시행했다. 진가가 알려지지 않아서 그렇지 노무현은 극심한 반대를 무릅쓰고 보유세를 획기적으로 높인 업적만으로도 상찬되어야 마땅하다. 이재명의

'국토보유세' 제안은 노무현의 종부세를 아득히 뛰어넘는다. 단지 세수 목표만이 아니다. 토지보유세는 토지에만 보유세를 부과한 점, 사람별 합산으로 설계한 점, 기본소득과 연계해 국민 절대다수가 이익을 보도록 설계한 점 등에서 종부세를 능가한다."(〈허핑턴포스트〉, "부동산 정책, 노무현을 넘은 이재명", 2017. 1. 19)

그러나 노무현 정부는 이 토건 세력의 가공할 역공에 시달렸다. 임기 중반부터 부동산 패권 세력에 의해 집중적 견제를 당한 것이다. 그런데 진앙은 그 내부였다. 순서는 이러했다. "강남 사는 부동산 관계 부처 관료와 참모들"의 계급적 욕망에 포위돼 정책 주도권을 상실한다. 이로 인해 강남 부동산 가격은 하늘로 치솟은 데다 강남에 거주하던 이모 대통령 홍보수석이 아파트 두 채 깔고 앉아 4년 만에 20억원 재산증식에 성공했다는 소식마저 전해지면서 민심은 급랭됐다. 정책 신뢰도가 바닥으로 추락했고 '강력한 정부'에 대한 여망은 증폭됐다. 다가온 2007년 대선, 그런데 정권은 부동산 부자의 벗 한나라당에 넘어가고 말았다. 이런 역설이 또 있을까? 2006년 지방선거 낙선으로 '돌아선 민심'을 혹독히 절감한 이재명은 민주당 정치의 복원을 위해서는 부동산 패권과의 전쟁이 불가피하다고 판단한 것 같다.

게다가 2021년 민주당 대선후보가 된 그를 가장 애먹이는 게 문재인 정부의 부동산 실정이다. 문재인 정부 4년 동안 서울 아파트 가격은 평균 8억 8000만원, 강남구 전셋값은 40%가 올랐다. 이 같은 부동산 정책 실패의 책임자는 노무현 정부에 이어 문재인 정부 부동산 정책 설계자로 나섰던 김수현 청와대 정책실장인데, 그는 2019년 10억의 부동산 이득을 신고해 원성을 자아냈다. 대선후보가 된 뒤 꾸려진 선거대책위원회 출범식에서 이재명은 "부동산 투기를 막지 못해 허탈감과 좌절감을 안겨드리고, 공직 개혁 부진으로 정책 신뢰를 얻지 못했다"라고 사과했다. 대학생 기자들과 만나서도 "왜 이렇게 인정받지 못하고 불신받느냐, 제일 큰 게 부동산 문제 같다"라며 또 한 번 사과했다. 이재명은 말뿐인 사과가 아님을 입증해야 한다.

성남시장 취임 전부터 부동산 패권 세력의 역린을 건드리며 싸움을 걸어온 이재명, 이젠 대선주자로서 토건 세력의 더 큰 공세를 온몸으로 받아 안아야 할 처지가 됐다. 아니나 다를까. 이재명 자신도 적잖은 내상을 입었다. 하지만 그를 재기불능의 상태로 만들지는 못 했다. 상처만큼 맷집도 커졌다. 물론 부동산 이익이 국가 공동체의 공익 위에 군림하는 세상을 끝장내는 수준에까지 이재명의 도전이 실효를 거둘지는 알 수 없다.

경기도지사 취임 후에 한 달 보름이 지났을 때인 2018년 8월 14일, 이재명이 SNS에 올린 글이다. "27세에 취업한 청년이 수도권에서 내 집 하나 장만하는 데 왜 15년에서 25년이나 걸리는지, 왜 그 기간은 점점 늘어만 가는지 의문이다. 우리 사회 뿌리 깊은 불평등의 구조는 어디서 기인하고, 어떻게 해결해야 할까? 경기도민이 맡겨주신 권한으로 오늘 당장 할 수 있는 일부터 시작하겠다."

부동산 문제의 핵심은 사유화에 있다. 자문해보자. 천부적 토지가 특정 개인의 독점적 소유물이 될 수 있는가? 단지 땅을 점유한다는 이유만으로 각종 임차비용 등 소득이 발생하는데 이 같은 불로소득은 허용 가능한가? 부의 집중과 불평등은 근로 의욕은 물론 노동 정의를 배신하는 것인데 이 상황에서 국가 공동체는 존속할 수 있겠는가? 부동산 정책은 잘하면 다행이고 못 해도 괜찮은 영역이 아니다. 익히 봐왔듯 민주정부의 흥망을 좌우하는 무서운 변수다.

이재명은 무죄 취지 대법원 판결 직후에도 공무원에게 "4급 이상 공무원과 공공기관 임원은 연말까지 실거주 외 주택을 모두 처분하라"라고 지시했다. 여기서 그치지 않았다. 고위 공직자에 대해 주거용 1주택을 제외한 부동산 소유를 모두 금지하는 부동산 백지 신탁제를 도입하자고 주장했다. 이건 확실히 '해본 솜씨'이다.

이재명은 싸워본 행정가로 정평이 나 있다. 투기·토건 자본과 제대로 붙어본, 또 붙고 있는 파이터라는 이야기다. 부동산을 공공이 통제할 수 있어야 한다는 신념이 확고하다. 부동산 정의에 관한 한 현존하는 정치인 중 철학과 의지가 가장 단단하다 하겠다. 막대한 데다 조직화한 욕망은, 이재명 같은 '걸림돌'이 나타났을 때 이를 제거하려는 메커니즘을 발동시킨다. 이는 그들의 생존본능이다.

30대부터 "가스총 차고 다니며 온갖 납치 살해 협박에 맞서야 하는 영화 속 상상 같은 삶"을 살아온 이재명, 부동산 정책이 겉돌 때 그의 인기는 올랐다. 부동산 패권 시대, 대권주자 중 구조화된 욕망을 공공의 통제 아래 둘 수 있는 공력을 가진 자, 그가 누구인지 대중은 똑똑히 목도하고 있다.

'지금은 곤란하다 조금만 기다려 달라'

이재명은 2006년 지방선거에서 성남시장 후보로 나섰다가 낙
선했다. 그리고 민주당 중앙당에서 부대변인을 맡았다. 그것
도 주말 담당이었다. 그런 그가 지금도 많은 국민 뇌리에 기억
되는 사건으로 정치적 발자국을 남겼다. 이른바 '지곤조기' 사
건이다. '지금은 곤란하다, 조금만 기다려 달라'를 줄인 것이
'지곤조기'이다.

2008년 한일 정상회담 직후 일본 우익신문 〈요미우리〉는
7월 15일 자에서 "한국의 이명박 대통령이 독도 문제를 교과
서 해설서에 쓰겠다는 후쿠다 야스오 총리에게 '지금은 곤란
하다. (조금만) 기다려 달라'고 말했다"라고 보도했다. 독도 문

제가 얼마나 첨예한 사안인지는 부연할 필요가 없다. 기사가 논란이 되자 청와대는 사실무근이라고 했다. 하지만 〈요미우리〉는 다음에 "MB 발언은 사실"이라고 추가 보도했다. 이 과정에서 나를 놀라게 한 것은 한국 언론의 태도였다. 보도를 전혀 안 하다시피 한 것이다.

이때 〈국민일보〉 온라인판은 용감하게도 "요미우리 'MB '기다려 달라' 독도 발언은 사실"이라는 제목으로 기사를 냈다. 그러자 국내 누리꾼의 반응이 폭발해 포털사이트 다음에 게재된 기사에 무려 39만 개가 넘는 댓글이 달렸다. '안티팬이 많던 모 가수 악플 기록을 경신했다'라는 우스갯소리가 있을 정도였다.

그러나 MB와 청와대가 보도를 완강히 부인하는 마당에 이슈가 더 확장되기란 현실적으로 불가능했다. 이런 와중에 민주당 부대변인이던 이재명이 신박한 아이디어를 낸다. "우리 대통령 MB가 절대 그랬을 리 없다"라며 〈요미우리〉를 상대로 한 국민 일반이 참여하는 집단 소송을 제기한 것이다. 사실 심중이야 MB가 독도 관련 망언을 했으면서도 '그런 말 안 했다'라고 발뺌한 것으로 추정한다. 하지만 그래도 그는 자국의 대통령이다. 게다가 '지곤조기' 발언 폭로 주체가 일본 우익신문인데, 이 신문이 참말을 했다는 전제로 소송하는 것은 국민 일반의 공감을 얻기 힘든 측면 또한 크다. 또한 정치적 '되치기'를 당할 소지도 적지 않다. 이에 반어법적 소송을 제기한 것이다.

소송의 진의는 따로 있다. 소송이 성사돼 법원에서 판결하려 한다면 당연히 MB 발언의 진실 여부를 파악해야 한다. 그래서 MB 말이 참말이면 본전, 반대로 거짓말이면 2004년 총선 이후 4년 동안 대선 총선 등 모든 선거에서 연전연패하던 민주당으로서는 정치적 대반전의 계기를 마련할 수 있게 된다. '독도에 대해 일본에 할 말 못 하는 한국 대통령'의 이미지를 법원이 확인해준 것이기 때문에.

그렇게 집단 소송 참여자로 150명을 모았다. 그런데 기각됐다. 법원의 기각 논리는 실소를 자아내게 했다. 대통령 이명박이 '지곤조기' 발언을 한 사실이 없다는 입장을 내놓았고, 일본 외무성 역시 공보관 성명을 통해 한일정상이 독도 관련 대화를 나눈 적이 없다고 밝혔다는 드러난 사실, 즉 인정 사실만 담은 것이다. 누구의 말이 참이고 거짓인지 보도의 진실성에 대한 검증적 차원의 판단을 내린 것이 아니다. 게다가 재판부는 소송 쟁점을 '신문 보도와 직접 관련이 없는 제삼자, 즉 국민이 (이 보도로 인해) 피해를 보았다고 인정할 수 있는가'에 집중시켰다. 〈요미우리〉의 대한민국 대통령을 상대로 한 허위보도로 인해 대한민국 국민이 피해를 본 것인가 하는 점에 관한 판단만 내린 것이다. 이재명은 당시 "법원이 독도를 둘러싼 역사적 분쟁에서 판단을 회피한 것은 매우 유감스럽다"라고 밝혔다.

사법, 수사기관까지 모두 장악한 이명박 정부 안에서 야당 주말 부대변인 이재명의 투쟁은 상당한 파이팅을 과시했다. 《시사IN》 김은지 기자는 "진실은 오리무중이 되었지만, 사자성어 '지곤조기'는 확실히 대중의 뇌리에 남았다. 이후 이명박 정부가 역사 교과서에서 친일파 청산과 관련된 부분을 빼려고 시도하고, 이상득 의원이 미국 대사에게 '이명박 대통령은 뼛속까지 친미·친일이다'라고 말한 사실이 위키리크스를 통해 폭로될 때마다 '지곤조기'는 회자하곤 했다"라고 했다.

위키리크스는 2010년 말 25만여 건의 미국 외교 전문을 폭로한 인터넷 사이트다. 여기서도 이명박 정권이 감추려 한 '지곤조기' 사건이 거론된다. 위키리크스에 나온 외교 전문을 〈경향신문〉이 2012년에 입수해 살펴본 결과 이명박이 후쿠다에게 '기다려 달라'고 발언한 것으로 확인됐다. 지난 2008년 7월 16일 강영훈 주일 한국대사관 1등 서기관이 독도와 관련한 일본 교과서 문제에 대해 이명박이 후쿠다 총리에게 '기다려 달라'고 부탁했다고 말했다는 것이다. 미국 외교 전문이 거짓말을 했을까?

이 사건은 "민주당 안에서 싸울 줄 아는 몇 안 되는 정치인"으로 무명의 이재명이 각인되는 순간이었다.

전국적 성남시장의 길

이재명을 정치로 이끈 직접적 계기는 따로 있다. 2020년에 개원한 성남시립의료원이다. 병원은 공공시설 중 으뜸이다. 따라서 한 지역의 복지 척도는 공공병원의 유무로 보는 게 합리적이다. 유동 인구 100만이 넘는 성남에 공공 의료시설은 따로 없었다. 이재명을 포함한 2만명 못 되는 주민들은 2년의 준비기간을 거쳐 첫 주민 발의로서 시립의료원 설립 조례안을 시의회에 제출했다. 이는 2004년, 이재명이 시민운동가였을 때의 일이다. 그런데 본회의에서 황당한 사태가 벌어졌다. 당시 〈오마이뉴스〉 보도다.

성남시의회(의장 김상현)는 (2004년 3월) 24일 오후 제114

회 임시회를 열어 지난해 12월 주민 1만 8595명이 발의하고 성남시장이 상정한 '지방공사 성남의료원 설립 및 운영 조례안'을 자치행정위원회에서 본격 심의할 예정이었으나 타당성 조사 불충분 등의 이유로 심의 보류 결정을 내렸다.

이날 오후 1시 40분부터 자치행정위원회 회의실에서 비공개로 열린 회의에서 의원들은 '시민단체에서 조례안을 청구했다고 해서 무조건 상정해서 의원들에게 통과시키라는 것은 잘못'이라며 사전 타당성 조사 실시와 자료 제출을 성남시에 요청했다.

의원들의 자료 제출 요구로 본안 심의가 제대로 이루어지지 않자 방익환 자치행정위원장은 '성남의료원 설립이 필요한지를 판단할 수 있는 근거자료가 부족하고 집행부(성남시)의 적법한 사전 타당성 조사가 제대로 이루어지지 않아 이번 안건에 대한 심의를 보류한다'라고 밝히고 이날 오후 3시 50분 산회를 선포했다.

결국, 주민 발의에 의한 성남의료원 설립조례 제정은 본안 심의도 해보지 못하고 다음 회기로 넘겨졌다. 말이 그렇지 사실 47초 만에 날치기 폐기된 것이다. 시의회 다수당인 한나라당의 농간이었다. 이재명은 조례를 추진한 시민들과 더불어

본회의장에 들어가 강력히 항의했다. 온라인에서 자주 볼 수 있는 사진 중에 이재명이 찡하게 우는 사진이 있는데, 이때의 상황이다. 이재명은 당시 상황을 이렇게 회고했다. "조례 제정이 무산된 날 동지들과 사무실 바닥에 쭈그려 앉아 다 식은 도시락을 펼쳐놨지만, 누구도 수저를 드는 사람이 없

2년간 준비한 시립의료원 주민조례 발의 47초 만의 날치기 당시 이재명의 눈물

었다. 그때 누군가 흐느끼기 시작했고 잠시 후 모두가 엉엉 울기 시작했다."

시의회를 상대로 강력한 투쟁을 벌이던 와중에 시민 두 사람은 구속됐고 이재명 본인도 수배당하는 신세가 됐다. 상당기간 교회 기도실에 숨어 있던 이재명. 외곽에서 목소리를 높여봐야 소용없다, 호랑이굴에 들어가는 것만이 길이라고 판단했다. 그래서 정치에 뜻을 두게 된 것이다.

이재명은 2년의 준비 끝에 2006년 지방선거에 성남시장 후보로 나섰다. 낙선했다. 이재명만이 아니었다. 이재명과 함께 공천받은 열린우리당 후보 가운데 생환한 당선자는 전국 230명 중 고작 19명이었다. 경기도로 좁혀봐도 31곳 중 한 군

데만 승리했다. 열린우리당의 몰패였다. 노무현 대통령 국정 수행 지지율이 바닥이었던 데다 선거 종반 한나라당 대표 박근혜를 겨냥한 커터칼 테러 사건이 판을 굳히는 데 결정적 요인이 됐다. 첫 도전 실패이니 분루가 나올 정도는 아니었다. 더 열심히 노력했고, 다음 2010년 5회 지방선거에서는 두 손에 꽃다발을 들었다.

이재명은 2013년 11월 성남시의료원 착공 발파 버튼을 눌렀다. 이때 그는 날치기 조례 무산에 격정을 토하던 10년 전 시민운동가가 아니었다. 만감이 교차했을 것이다. 메르스가 창궐할 때인 2015년, 한창 공사 중이었지만 성남시의료원의 가치는 주목됐다. 한국 음압 병상 총수의 30%가 넘는 32개의 음압 병상이 설계됐기 때문이다. 그러니까 전국 최대 규모의 공공의료원이었던 셈이다. (이와 대조적으로 새누리당 도지사 홍준표의 경상남도는 2013년 서부 경남 공공의료를 책임지던 진주의료원을 강제 폐업해 도민들을 곤혹스럽게 했다.)

'성남시의료원'이라는 이재명 소신은 늘 의심받았다. 조례 제정 운동 당시 한나라당 시장 시의원들의 '적자 운영 우려'라는 반대 논리를 돌파해야 했다. 당선되자마자 결행했던 '모라토리엄' 선언과 결부 지어 "'적자 시'에서 매머드급 의료원이 온당하냐"는 새누리당 시의원들의 공세 또한 부담될 만했다. 그러나 이재명은 이렇게 응수했다. "세금 내는 시민이 당연히 받아야 할 당연한 권리입니다."

건강증진을 위한 스포츠센터, 공원은 많은 예산을 들여 운영해도 되는데, 건강회복을 위한 의료에는 왜 예산을 쓰면 안 될까요? 세금 내는 국민이 '내가 낸 세금으로 내 건강 지켜달라' 요구하는 건 정당합니다. 세금으로 하는 공공 의료서비스는 당연히 무상이고, 당연히 적자이며, 공짜가 아니라 바람직한 예산집행일 뿐입니다. 국민이 건강한 삶을 누릴 수 있도록 국민이 낸 세금을 아껴 국민 건강을 위한 공공의료 체계를 확립하는 것, 그것은 바로 국가의 의무입니다.

(이재명 페이스북, "성남시립의료원, 대한민국 공공의료…. 그리고 이재명의 정치 인생", 2015.6.19)

성남시의료원 또한 이재명의 경험에서 출발했다. 사고로 팔이 비틀어지고 후각까지 온전치 못하게 되었을 때 이재명은 공적 부조를 누리지 못했다. 치료 한 번 변변히 받지 못하는 현실에 개탄했다. (거듭 말하지만) 그는 온몸으로 공공의 부재를 절감했다. 노동경찰이 있었다면 얻어맞고 착취당하는 '소년공' 이재명을 편들었을 것이고, 성남시의료원이 있었다면 공장에서 팔이 다친 그를 치료했을 것이고, 청년 기본소득이 있었다면 대학생이 돼서도 등록금과 생활비를 벌러 다닌 그에게 최소한 사색할 틈이라도 줬을 것이다. 세금은 세금대로 걷어가고 도대체 공공은 납세자 즉 시민을 위해 무엇을 했는가. 그는 늘 물었고, 이제는 답할 위치에 서서 대안을 내놓고 있다.

그가 정치적 쇼맨십에 능해, 2020년 코로나19 국면에서 재난기본소득을 선제적으로 시행하고, 신천지 교주 이만희를 상대로 명단 제출, 강제진단 등의 단호한 처분을 내린 게 아니다. 공공적 권능을 도민이나 시민으로 위임받은 대리자로서 공동체 질서를 흔드는 모든 반동과 저항에 대해 관용하지 않겠다는 소명 의식에 따른 것이다. 결국 지도자는 공공의 권능을 어떻게 이해하느냐, 또 어떻게 선용하느냐에 따라 능력이 차등화된다. 공공의 부재를 뼈저리게 절감하지 않았다면 오늘의 '강력한 행정가' 이재명은 있지 않았을 것이다. 이제 소개할 격언은 '천하 싸움꾼' 이재명을 떠올리게 한다. "정의 없는 힘은 폭력이고, 힘없는 정의는 무능이다."

3부

타고난 행정가

이재명은 성남시장으로 재선된 뒤 자신을 '4년 계약직 공무원' '성남 1호 머슴'이라고 했다. '머슴'이라는 표현은 이 나라에 선거 민주주의가 도입된 이래 선거 시즌마다 소환됐다. 참고로 머슴은 노비와 아주 다르다. 〈경향신문〉 '여적'(2007. 8. 3) 코너 손동우 논설위원에 따르면, 노비는 1년 단위로 계약을 맺고 벼 5가마 안팎을 받는 일종의 저임금 비정규직 노동자와 같다. 반면 머슴은 주인에게 옷과 음식을 받으며 그의 종이 되는 것이다. 좀 더 종속적인 것이 머슴이다.

그러나 '머슴 드립'은 권위주의가 퇴조하면서 신선미가 많이 떨어졌고 지금은 거의 인용되지 않는다. 그러나 이재명은 고집했다. 성남시장 자리를 설명하는 가장 적확한 표현이 '머슴'이었던 모양이다.

> 분명한 사실은, 우리가 지배해줄 왕을 뽑는 것이 아니라 우
> 리를 대신해 공동체의 문제를 해결해줄 머슴을 뽑았을 뿐입
> 니다. 면서기도 시장도 대통령도 공무원일 뿐이고, 공무원
> 은 국민에 대한 봉사자 머슴일 뿐입니다. 나는 헌법에서, 공
> 무원은 국민에 대한 봉사자라고 배웠고, 봉사자로서 시민통
> 합에 최우선적 가치를 부여하고 또 노력했습니다.

그렇다. 이재명의 머슴론이 새로운 것은, 전통적 머슴론처
럼 힘과 돈 있는 주체에게 충성하지 않기 때문이다. 거꾸로 공
공의 규칙 밖에서, 특히 소수자 약자를 괴롭히며 갑질을 일삼
는 그네에게는 매섭다. '을'인 듯 보이는 공복이지만 '갑'의 일
면도 있다. 실로 추상같다. 그는 전혀 새로운 머슴인 셈이다.

요컨대 이는 마키아벨리즘을 떠오르게 한다. 통상 마키아
벨리는 "왕은 대중에게 사랑받기보다 두려움의 대상이 되는
것이 낫다"라는 지론의 철권통치 옹호론자로 평가된다. 아니
다. 마키아벨리는 그런 사람이 아니다. 그는 언제든 "결과가 수
단을 정당화한다"라느니 하는 뜻을 표한 적이 없다. "무질서한
상태로 방치되면 국가가 무너지는 만큼 단호하고 강력한 조치

를 통해 공동체를 보호해야 한다"라는 입장에서 약자에 각별한 애정과 관심을 드러낸다. 마키아벨리즘의 골간은 '군주의 강력함'이 아니라 '공공의 강력함'이다. 이재명은 '본질적 마키아벨리즘'의 표본이라고 해야 하지 않을까?

이재명은 2018년 성남시장 3선을 포기하고 광역단체장에 도전하기로 마음먹었다. 그리고 경기도지사직과 서울시장직 사이에서 고민했다. 그 이유는 권한 때문이었다. 2017년 6월 20일 성남시청 출입기자단과 만난 자리에서 이재명은 "서울시장은 행정적 모든 권한을 시장이 직접 집행한다는 측면에서 성남시의 확장판이라면, 경기지사는 정부와 기초단체의 가교적 역할의 감독기관으로 업무 범위는 넓어도 지사가 할 수 있는 역할은 많지 않다"라고 말했다. 구체적으로 말하자면 경기지사뿐 아니라 서울시장 외 다른 모든 광역단체장의 권한은 미약하다. 서울특별시장은 '수도의 시장'으로서 국무회의에 참석하는 등 정치적 위상이 남다르면서도 다른 모든 광역단체처럼 그 권한이 지방자치법에 국한되지 않고 '서울특별시 행정특례에 관한 법률'을 통해 우월적 특례를 적용받고 있다.

경기도는 명실상부한 대한민국 최대 인구 광역단체다. 사업체가 가장 많다. 인구 또한 그러하다. 서울보다는 면적이 17

배나 크기도 하다. 그러나 다른 광역자치단체와 다르지 않다. 성남시장만 못한 권한의 경기도지사를 해야 하나, 말아야 하나, 고민의 맥락은 이러했다. 그러다가 이재명은 경기도지사를 택했다. 이미 한국사회 기득권층과 단단하게 결속된 신천지 이만희를 단속하고, 재정 관료와 자본가의 반발을 무릅쓰고 재난기본소득을 관철하는 이재명의 힘은 경기도지사의 미약한 권한을 무색하게 한다. 그는 실로 '권력을 쓸 줄 아는 정치인'이다.

문재인 정부가 2019년 말 이른바 '조국 사태'로도 불리는 대검찰청의 노골적인 대통령 인사권 흔들기 상황에 직면했을 때를 복기해보자. 행정부 외청에 불과한 검찰이 다툼의 여지가 큰 사건임에도 수단방법을 가리지 않고 청와대와 법무부 등 자신의 인사권자 및 인사 추천권자를 향해 칼을 휘둘렀다. 간이 배 밖으로 나온 검찰이었다. '문재인 정부가 검찰 권력을 독립시킨 반증 아닌가?' 하는 관점이 있었다. 그러나 시간이 갈수록 '검찰에게 뭔가 약점이 잡혀 저렇게 속수무책으로 당하는 것 아닌가'라고 보는 시각에 무게가 실렸다. 그래서 한때 84%까지 치솟았던 문재인 정부 국정 수행 지지율이 출렁였다. 확실한 것은 절대다수 정치 저 관여층 국민에게 이 상황이 청와대와 검찰의 파워게임으로 비쳤다는 점이다.

소수이긴 하나 대한민국 검찰 내 정치 검사들은 집권자의 '선의'를 인정하지 않는다. 박근혜 시절 인사상 불이익을 당했고, 탄핵 국면을 계기로 특검에 합류해 박근혜를 구속하고, 삼성과 이명박을 털었던 윤석열과 그의 사단이 그러했다. 윤석열은 문재인 정부의 강한 신임을 기반으로 서울중앙지검장에 이어 검찰총장이 됐다. 이 과정에서 그에게 거의 모든 검찰 인사권이 위임됐고, 윤석열의 친정인 특수부가 그만큼 검찰 요직을 독식했다. 심지어 (공안검사를 중용하는 게 관행인) 공안부장 자리도 특수부 출신의 몫으로 돌아갔다.

그런데 '미운 오리 새끼'에서 하루아침에 '황금알을 낳는 거위'로 바뀐 이들은 태도가 돌변해 문재인 대통령 주변 인사를 순차적으로 탈탈 털기 시작했다. 그렇게 가속 페달을 밟던 중 돌연 검찰총장의 장모·아내의 비위 의혹 아울러 최측근 한동훈 검사장과 채널A 기자의 '검언유착' 의혹이 불거졌다. '권부 인사도 성역 없이 턴다'라던 그들의 결기는 갑자기 실종됐다. 잣대가 이중적이었다. 그래서 치명적이었다. 이 사건 전후로 '검찰개혁' 여론에 힘이 실렸고, 고위공직자범죄수사처(공수처) 설치, 검경 수사권 조정 그리고 여당의 총선 대승의 밑바탕이 됐다.

검찰개혁은 '좋은 검사'를 세워서 될 일이 아니다. 의혹 아니 수사 착수만으로도 죄인으로 낙인찍을 힘, 수사 단계에서 피의사실을 흘려 재판정에 오를 때쯤에는 만신창이가 되게 할 힘, 나아가 마땅한 혐의가 안 나오면 별건 수사를 동원하고 가족을 털어 끝내 백기 들게 할 힘, 뒤집어 김학의의 경우처럼 HD급 화질의 증거 동영상이 있어도 무죄로 풀어줄 힘, 이 힘들에 사사로운 욕망을 투사할 수 없도록 시스템을 바꾼 뒤여야 했다. 노무현 전 대통령의 비극적인 죽음 때도 간과한 것이 있다. 검찰은 검찰을 위해 봉사한다는 점. 최고의 관료집단, 검찰이 어떤 집단인지 문제의식을 온정주의, 진영논리 등으로 희석해서는 안 된다. 윤석열이라는 착시에 크게 당한 셈이다.

그렇다면 어떻게 해야 하는가? 검찰이 현직 법무부 장관의 집을 압수수색할 상황까지 갔을 때는 답을 찾기 쉽지 않다. 그런데 이재명에겐 이게 익숙한 일이다. 그는 박근혜 이명박 정권 때 "4일에 3일꼴로 압수수색 조사·감사 수사를 받았다"라고 밝혔다. 가장 선명하게 이들 정권과 적대했던 이재명인데 살아남은 것만으로도 그의 도덕성은 짐작할 수 있다. 이른바 '혜경궁 김씨' 사건으로 부인 김혜경마저 마타도어의 늪에 빨려들 때는 문재인 정부 집권기이긴 하나 경기도지사, 자택, 성남시청 집무실 등을 탈탈 털렸다. 마지막 대법원 심판대에까지 넘겨진 범죄 의혹은 (언제든 다시 시청할 수 있는) 2018년 지방선거 TV토론의 한 대목뿐이다. 압수수색 증거물 중에는 하나도 없다. 끝내 그마저도 사실상 무죄로 뒤집혔으니 그는 억울한 수사의 희생자라 할 수 있다.

여담이지만 이재명은 누가 집권하든 자신은 늘 제거 대상이라는 인식 속에 무고까지 대비해왔다. 2016년 5월 〈오마이뉴스〉 인터뷰에서는 이런 말도 했다. 그는 검찰과 싸운 것만은 아니다. "나 같은 사람이 불안을 느끼는 건데 (박근혜 정권) 국가정보원이 이탈리아 스파이웨어 개발사 '해킹팀'에서 도·감청 프로그램을 사 와 논란이 일었다. 거기까진 이해한다. 그 원격조정 프로그램에 아동 포르노를 남의 컴퓨터에 심는 기능이 있더라. 간첩 잡는 데 이게 왜 필요한가. (중략) 어느 날 압수수색을 했는데 내 핸드폰에서 그런 것이 나오면. 벌금 액수가 중요한 게 아니다. 입건되고 발표되면 정치생명 끝이다. 이상한 짓, 흉악한 짓, 나쁜 짓, 불법적인 짓 골라서 하는 걸로 봐서 이런 일도 하지 않을까 하는 종합적인 추측이 있다." 이런 부류의 공작은 어떤 여성 배우에 의해 '민간 차원'에서 가동됐다가 수

포가 되었다. 아무리 발동을 걸어도 대중에게 쉬 공감받지 못한다.

이재명은 공직사회 다잡기의 달인이라고 해도 과언이 아니다. 2020년 코로나19 방역 국면에서 재난지원금(재난기본소득)과 관련해 기획재정부와 빚은 갈등을 보면 그는 관료집단에 포섭되지 않는 정치인임을 확인할 수 있다.

전문적 지식과 경험이 가장 많다고 자부하며 경제 현상을 분석하고 대책을 수립하는 고위 경제관료나 전통적 경제전문가들은 과거의 지식과 경험에 기초하여 언제나 자신이 가장 옳다는 태도를 견지하기보다, 좀 더 낮고 겸손하며 개방적이고 유연하게, 그 많은 정책과 대책에도 불구하고 이 위기가 발생한 현실을 되짚어보고, 더 많은 사람 더 많은 현장의 목소리와 혜안에 귀 기울여야 합니다.

(이재명 페이스북, 2020. 3. 21)

점잖은 말이었지만 자기 도그마에 빠진 관료집단에 대한 강력한 질타다. 협력하되 주도권은 넘겨주지 않는 리더십, 이재명은 이를 견지하고 있다. 공직사회 장악은 사실, 독재가 아닌 민주정치의 단면이다. 국민이 누구에게 권력을 주었는가? 제아무리 전문성 있고 책임 의식이 투철해도 공직자는 국민(을 대리한 집권자)의 공복이다. 관료에게서 도움을 얻되, 휘둘리지 않는 것, 민주화 이후 선출직 공직자의 덕목이자 사명이다.

이재명과 부총리 겸 기획재정부 장관 홍남기 간에 재난지 원금 지급 방식에 관한 갈등은 매우 상징적이다. 수차례에 걸 처 중앙정부에 '보편지급'을 건의했지만 수용되지 않자 두 차 례에 걸쳐 경기도민에게만 지급한 선례가 있다. 이재명은 "모 두가 겪는 재난에 대한 경제 정책으로서의 지원은 보편적이어 야 하고 그것이 더 효율적이며 정의에 부합한다는 저의 소신 에는 변함이 없고, 향후 재난지원도 보편적이어야 한다고 믿 는다"고 했다.

유감의 근저에는 홍남기의 '근시안'적 태도가 있다. "어차 피 코로나19로 인한 경제 위기는 장기화될 것이고 지금의 경 제 재정 정책으로는 코로나 극복 후에도 기술혁명에 따른 디 지털화와 노동 소멸, 소득의 극단적 양극화와 소비 수요 절벽 에 따른 경제침체는 계속될 것이니, 뉴노멀에 맞는 질적으로 새로운 정책을 미리 고민하면 좋겠습니다. 홍남기 부총리님, 세계 최저 수준의 가계지원과 국가부채율, 세계 최고 수준의 가계부채율 의미를 잘 살펴보시기를 바랍니다. 경제와 가계를 살리는 확장재정정책용 국채발행으로 국채비율이 높아져도 여전히 OECD 평균의 절반에도 미치지 못할 것입니다. '경제 망치고 국채비율 지켰다'라는 평가보다 '국채비율 올렸지만, 경제와 민생 살렸다'라는 후대의 평가가 훨씬 의미 있지 않겠습니까?"

이에 홍남기는 대꾸하지 않았다. 이재명과 말싸움 붙어봐야 이득이 없다는 차원을 넘어 '대선주자 이재명'을 키워주는 우를 범할 필요가 없다는 계산 때문일 것이다. (나중에 주워 담았지만) 홍남기가 "(이재명이) 철없다"라는 데 동의한 것도, 현재 스코어 선거 민주주의 머리 위에 있는 관료주의를 상징한다. (사실 재난지원금 선별지급 관철은 홍남기 몽니의 소산만이 아니다. 2021년 11월 21일 문재인 대통령은 이와 관련해 "관료를 신뢰한다"라고 말했다. 그렇다면 대선후보가 된 이재명도 멈추어 설 수밖에 없다. 여기서 문 대통령의 판단에 대해서는 따로 언급하지 않겠다.)

다만 홍남기류의 관료는 '이재명 대통령' 시대에는 중용되기 힘들겠다. 기획재정부의 태세 전환이 필요해보인다. 전남 강진군 안풍마을을 찾아 농민 기본소득을 주제로 한 '국민 반상회'(2021년 11월 27일)에서 이재명은 "당은 제 페이스대로 많이 바뀌었는데 기재부는 죽어도 잡히질 않는다. 홍(남기 기획재정부) 장관은 이런 분들의 얘기를 제발 좀 들어달라. 공직자들에게 국민이 권한을 맡기는 것은 그 권한으로 일을 하라는 것인데 (기재부는) 왜 사용하지 않는가"라고 질타했다. 단단히 벼르고 있다는 신호다.

관료가 주창하고 정치권이 복창하는 세상, 여기에 균열을 내려는 지도자는 그렇다면, 이재명뿐이다. 이재명의 관료와의 투쟁은 비단 선별지급에 있는 게 아니다. 국민으로부터 권력을 위임받은 선출직 공직자의 합법적 권위를 사수하느냐의 문제였다.

이재명은 공직사회를 틀어쥐는 수단으로 부패 단속을 적극적으로 활용한다. 그 어떤 선출직 공직자도 그보다 투철하지 않다. 이재명은 성남시장 때부터 경기도지사 재임 국면까지 간부 공무원을 상대로 금전 거래를 주의하라고 명령했다. 앞서도 소개했듯 "돈이 마귀다. 관청 근처에는 마귀가 천사의 얼굴을 하고 왔다 갔다 한다"라는 평소 어록은 상징적이다. 특히 이 말은 듣는 공직자의 오금을 떨리게 한다. "검찰은 공무원 비리를 적발하는 것이 더 큰 공을 세우는 것이다. 업자들은 (이 생리를 잘 알아서) 횡령 등으로 검찰에 적발당하면 공무원들과 밥 먹은 것, 같이 논 것, 선물 준 것 등을 근거로 공무원 비리와 자신의 죄를 거래하려 한다"라고 했다.

그러면서 비위 공무원에게는 아예 "생존을 포기하라"라는 메시지도 전했다. 성남시장 시절 엄명한 사례를 들자면, 음주운전, 금품·향응 수수, 공금 횡령·유용, 성폭력, 성희롱·성매매의 5대 비위 행위에 적발되면 최장 45개월(3년 9개월)간 승진 제외를, 6급 이상의 부조리라면 보직 박탈을 공언했다. 이중 금품·향응 수수, 공금 횡령, 성폭력 행위 공무원은 더 강도 높은 페널티를 준다고 했다.

성남시장 시절부터 이재명은 공무원뿐만 아니라 시 예산으로 급여를 받는 근무자 전원을 대상으로 예외 없이 체납 여부도 조사했다. 복지기관이나 시립어린이집 등 시 예산으로 월급 등을 받는 이들까지 1만여 명을 대상으로 한 것이다. 체납이 확인되면 시민들은 부동산, 차량, 급여 압류 등 재산상 불이익 처분을 받는데 공복은 여기에 더해 승진 배제 등 인사상 불이익을 당했다. 이런 시도는 전례가 없었다고 한다. 성남시 소속 일부 공직자의 비리가 발생하는 등 공직사회가 이완됐을 때는 가차 없이 고강도 특별감찰에 나서기도 했다.

그는 성공한 정책은 계승 발전 확대했다. 그래서 성남시에서 성과를 낸 고강도 공직사회 다잡기는 경기도에서도 고스란히 실천하고 있다. 공직자를 단속할 수단을 쥐고 놓지 않겠다는 뜻은, 성남시장 취임식 이래 퇴임식 시점까지, 또 경기도지사 취임식 이후부터 굴곡이 없다. 일관됐고 추상같았다. 공직사회는 생살여탈권을 쥐고 정의와 원칙을 강조하는 이재명에게 반기를 들 수 없다. 그의 힘은 그래서 '원칙'과 '기본'이었다.

이 말에 힘이 살리기 위해서는 이재명은 스스로 깨끗해야 했다. 그렇다면 자신 다음, 측근이나 친인척, 선거 공신 등이 두 번째 핵심 관리 대상이 된다. 이들이 이재명 이름 팔아 시정 도정에 개입할 수 있기 때문이다. 따라서 이들을 온정적으로 방관하다가 사고가 난다면, 이재명 자신은 몰랐다 해도 도덕성·리더십이 붕괴하고, 나아가 수사·사법기관의 칼을 피할 수 없게 된다. 요컨대 공직자의 선의를 믿고 안이하게 대처하는 순간, 그것이 비수로 돌아온다는 것을 이재명은 누구보다 잘 알고 있었다.

그는 자신을 지킬 목적으로도 공직사회 기강 확립에 예외를 두지 않았다. 그는 선언에 그치지 않았다. "직무와 관련해 공무원들에게 시장의 친인척이나 측근 또는 선거 공신임을 내세우는 사람이 있을 때 해당 업무를 그 즉시 중단하고 시장실로 보고해 달라. 실명이든 익명이든 무관하다. 행정 이메일이 아닌 시장 개인 이메일로 보내면 시장만 확인할 수 있다"라고 했다. 이 덫에, 고인이 된 이재명의 형이 걸려들었다. '나 시장의 친형인데'라고 운을 떼며 인사에 관여하고 특혜를 요구했다. 심지어 민간기업 사업장에 가서 행패를 부렸다. 이재명은 가차 없었다. 형이 시청에 와서 시장 면담을 요구하며 연좌했을 때도 대꾸조차 하지 않았다. 그렇게 불구대천의 원수가 됐다. 안타까운 일이지만 후회는 없었다고 한다. 생사의 갈림길에서도 화해 못 했으니 이재명은 정말 독하디 독한 사람이다.

2016년 가을쯤 이재명을 취재하러 갔는데 취임과 동시에 성남시장실에 설치한 CCTV를 발견할 수 있었다. (그래서일까, 검찰은 2018년 이재명이 일했던 성남시청의 모든 자료를 털어갔다. 이것으로 기소한 게 없으니 그의 성남시장 시절 '비리 없음'은 입증된 것이나 다름없다.) 자신이 깨끗해야 따르는 이들에게 내리는 영이 선다. 이재명은 몸소 펼쳤다.

"내가 먼저 투명할 테니 당신들도 따라라."

이 메시지는 강력했다. 그리고 단호했다. 사실 공직사회를 떠올릴 때 생각나는 사자성어는 '복지부동'(伏地不動)이다. 엎드려 미동도 안 한다는 뜻이다. 공직자 재산 공개를 필두로 '중단 없는 개혁' 드라이브를 걸던 김영삼 대통령 초기에 그랬다. 그런데 표리부동하다면? 선출직 공직자의 잔여 임기가 회자

되고, 이런저런 시정 도정의 비밀이 적대적 야당과 언론에 건너갈 것이다. 레임덕은 그래서 순식간이다. 지위가 리더십을 보장해주는 게 아니다. 지위의 밑바탕이 돼야 할 명분, 그 명분으로 얻은 민심, 민심을 모으게 하는 강력한 공공성에 권위와 질서가 형성된다. 언제든 긴장과 견제의 끈을 놓치지 말아야 한다. 이재명이 그러했듯.

그러나 강온양면도 필요하다. 이재명은 환경미화원이나 방호원 등 경기도 현장 노동자의 취약한 근무 여건 개선을 위해 남다른 노력을 기울였다.

파격적인 여성 고위직 공무원 발탁 또한 주목해야 한다. 취임 2년 차였던 2019년 8월 경기도 5급 승진 예정자의 여성 비율이 역대 최고인 35.4%였다. 앞으로 그 비율은 더욱 늘어날 조짐이다.

하위 공무원에 대한 예우는 예우로 그치지 않는다. 여기에는 항상 대가가 요구된다. 이재명은 성남시장 시절, 종종 차량 대신 도보로 출퇴근하며 탄천 둔치의 화장실을 불시 점검해 청결도를 따졌다고 한다. 심지어 이런 일도 있었다.

관공서에 전화했는데 여러 부서에서 무성의하게 핑퐁 하거나 연결조차 안 된 경험들 있으시지요. 실은 저도 우리 직원

내선 번호로 전화했는데 옆에서 당겨 받지도 않아 답답한 적이 더러 있었습니다. 민간기업에서 주로 활용되는 '미스터리 쇼퍼' 방식을 우리 경기도 공직자들의 친절도 모니터링에 도입해봤습니다. 민원인으로 가장한 인물이 불시에 직원에게 전화도 하고 방문도 해서 얼마큼 친절하고 성의 있게 응대하는지 평가해본 겁니다. (경기도, 2020. 1. 13)

이런 시장 도지사를 둔 공직자는 피곤이 일상일 것이다. 그러나 이런 일단(一短)에도 불구하고 최고위 공직자의 눈이 퇴근 시간 이후에도 시퍼렇게 살아있다는 점은 공직사회의 윤리 의식과 책임성을 견인하는 일장(一長)이 된다.

뼈를 주지 않는 협상의 리더십

2019년 여름. 경기도의 강력한 단속으로 계곡 불법영업은 종지부를 찍었다. 상인들이 이재명에 치를 떨 만했다. 그래서 2심 판결에서 이재명이 지사직을 잃게 될 처지에 놓였을 때 '그럼 그렇지' 하며 이듬해 무난할 장사도 꿈꿨을 것이다.

그런데 포천시 이동면 백운계곡 상인들은 이재명 구명 활동에 나섰다. 그해 10월, 상인들은 "우리는 이재명 경기도지사를 간절히 원합니다"라는 플래카드를 내걸고 대법원의 무죄취지의 파기환송을 촉구했다. 이들은 백운계곡 일대에서 수십 년간 불법 시설물을 설치해 영업해오던 사람들이다. 이재명은 트위터를 통해 "아… 이분들 계곡 영업 단속당한 분들이신데"라고 글을 남겼다. 전혀 예상하지 못했다는 반응이다. '혹시 경기도에서 그분들에게 구명 요청을 한 것은 아닌지' 이재명의 최측근 김용 전 경기도 대변인에게 물어보니 "전혀 그렇지 않다"라고 했다. 하긴 상인들에게 어설프게 도움을 구했다가는 역풍을 초래할 수도 있었을 것이다. 상인들의 호소는 전적으로 그들의 본의였다.

이보다 앞서 이재명은 8월 12일 확대간부회의에서 "도내 하천을 불법점유하고 영업하는 행위가 내년 여름에는 한 곳도 없도록 해야겠다"라고 밝혔다. 사실 이 같은 경고는 새로운 것이 아니다. 경기도 어느 계곡이든 "계곡에서의 영업 행위, 어떤 이유에서든 불법입니다"라는 글귀의 플래카드가 안 걸린 곳이 없었기 때문이다. 그러나 이를 비웃듯 불법 계곡 상행위는 계속됐다. 전임 도지사 훨씬 이전부터 걸려 있던 터라 이미 색깔마저 바랜 플래카드는 한낱 종이호랑이였다. 행정기관의 단속, 경찰의 수사가 있어도 근절되지 않았다.

이재명, 자신은 한다면 한다고 했다. 계곡 정비 공언 2년 만에 경기도 계곡은 어떻게 됐나? 말 그대로 자연 상태로 복원됐다. 수십 개 좌판, 그늘막, 장사를 위한 구조물이 기본이던 계곡은 이제 흔적도 볼 수 없다. 한철 장사하던 상인들, 혹시 저항하지 않았을까? 생존권을 앞세운 이들이 포크레인 앞에서 드러

눕는 일, 없었을까? 수십 년 이어진 이권 아닌가? 그렇다면 틀림없이 이를 옹호할 유착 공무원도 있었을 것이다. 언제 어떻게 철거할 것이라는 내밀한 정보도 유통됐을 것이다. 그래서일까, 이재명은 계곡 정상화를 지시하고는 직접 철거 현장으로 향했다. 이게 중요하다. 뿌리가 깊숙이 내린 계곡 상권인데 집무실에서 내린 철거 지시로 근절되겠는가? 궂은 꼴을 당할지 모를 일이었지만 발길을 옮긴 이재명은 진두지휘했다. 상인들에게는 "내 멱살을 잡아도 좋다"라고도 했다. 이렇게 시작된 계곡의 계곡 되기, 1600여 곳에서 전개됐다. 끝까지 말을 듣지 않은 다섯 군데는 강제 철거했지만, 나머지 99.7%는 스스로 정비했다.

〈경기일보〉의 2019년 9월 16일 자 사설(道, 여름 한철 '불법과의 전쟁' 수려한 계곡 하천으로 남았다.)의 한 대목이다. "이 지사는 이걸 '공정'이라 표현했는데, 우리는 '기본'이라고 평하려 한다. '상인들의 생계가 달렸다'라며 외면하던 행정, '사유지니까 문제 안 된다'라며 두둔하던 행정, '지역 유지라 곤란하다'라며 감싸주던 행정. 그 모든 행정이 '불법은 불법일 뿐'이라는 '기본' 정신 아래 정상으로 되돌아왔다. 이것이 개혁 아닌가. 생활 주변에 널려 있는 관습으로부터의 탈피가 곧 개혁이다.

그 작지만 확실한 표본을 지나간 여름이 남겨놨다."

이재명은 무수한 이익과 욕망이 서린 구조물을 어떻게 깨끗하게 해체했을까? 철거과정에서의 분쟁을 최소화하면서. 8월 23일 양주시 석현천, 장군천, 돌고개천, 갈원천 일대 업주 및 주민과 만나 나눈 대화는 지금도 온라인상에서 '대타협'의 표본으로 회자한다. 주민 대표들은 진즉에 이재명을 큰 소리로는 압도하기 힘든 상대인 줄 알았던 것일까?

초장부터 절충안을 내놓으며 타협을 시도했다. "하루아침에 삶의 터전을 철거하는 것은 너무하다. 유예기간을 주고 단계적으로 진행할 수 없냐?"라고 했다. 이재명은 "수십 년간 벌어진 불법행위는 사실 수십 년간 유예해온 것이다. 이해는 하지만 그렇다고 봐줄 수 없다. 현 상황에서 가능한 방안을 찾는게 현실적"이라고 답했다. '유예는 곧 후퇴'라는 원칙을 마음에 새겨온 터다.

모든 개혁이 그러하다. '옳지 못함'이 규모상 열세일 때면 항상 '현실'을 앞세워 타협을 걸어온다. 대원칙을 망각해 그들에게 빈 곳을 허용하는 순간 주도권은 자연스럽게 그들에게 넘어간다. 개혁의 뼈대를 지키는 방향에서 그들이 수긍할 방법을 찾아야 한다. 이것이 이재명이 개혁을 주도하고 달성한 방식이다.

　이재명이 대원칙을 지키며 상생의 해법을 제시하는 장면이다. "지금 당장 어려움이 있지만, 계곡이 잘 정리되면 오히려 많은 사람이 찾게 될 것이다. 이번 작업이 파이를 키우는 계기가 될 것이다." 이재명이 조금도 양보할 기색을 보이지 않자, 즉 절충안이 힘을 얻지 못하자 급기야 이해당사자인 상인들이 나선다. 얼굴이 붉어졌다. 올봄 권리금까지 주고 들어온 상인은 "경기도의 협박 때문에 철거를 시작했다. 다 부숴라, 아니면 2000만원 벌금 때린다고 했다. 지금 2000만원이 없고 감옥 갈까봐 부쉈다"라고 울분을 표시했다. 누군가는 "애먼 데 철거하고 없앤다고 표가 올라갑니까?"라고 직격하기도 했다. 이재명은 미간조차 동요하지 않았다. "표 생각하면 이런 거 안 해야죠. 제가 도지사 더 하려고 하는 것이 아닙니다. 표 의식 안 하니까 하는 것"이라고 도리어 점잖게 대꾸했다.

　주민들, 상인들은 결국 자기들이 만든 프레임에 이재명을 끌어들이려고 했다가, 결국 이재명의 프레임에 빨려 들어가고 말았다. "계곡에서 온갖 불법 구조물을 철거하겠다"라는 것을 전제로, 계곡 밖 위반건축물의 합법화, 계곡 진입로 설치, 공용 가로등 전기요금 지원, 집라인 설치, 유원지 개발, 지상 자율 관리 요구 등의 요구안을 내놓을 때는 과감하게 확약했다. 양주시 경기도 관계자에게 즉석에서 업무지시를 내렸다. 그런데 누군가 그린벨트 해제까지 요구한 모양이다. 화기애애한 분위기를 깬다는 부담도 있을 텐데 이재명은 "주제에서 벗어났다"며 말을 끊었다. 끝날 무렵에는 "제가 내뱉은 말은 다 지킨다"라고 천명했다. 이렇게 면담은 명쾌하고 내실 있게 종료됐다.

누군가를 협상을 흥정이라고 말한다. 그러나 '성공한 협상'의 첩경은 흥정이 아니다. 대원칙을 유지하면서, 자기 프레임으로 상대를 끌어들여 목적한 바를 관철할 때 가능한 것이다. 그러나 이익이 극심하게 충돌할 때는 '디테일'한 실리를 누가더 많이 챙겨 가느냐가 관건일 것이다. 개혁 저항 세력에게 발목 잡혀 진도가 못 나간다면 실패 이후의 모든 뒷감당은 개혁 주도 세력에게 떠넘겨질 것이다.

시간은 언제나 개혁 주도 세력의 편이 아니다. 국민은 개혁의 골든타임이 지나면 여지없이 개혁 저항 세력의 활동공간을 허용한다. 그래서 개혁은 아무나 하는 것이 아니다. 힘과 신뢰를 지녀야 한다. 계곡 정비는 개혁가 이재명의 진가를 확인시켜 준 리트머스 시험지였다.

보수가 이재명을 지지하는 이유

직권 남용·공직선거법 위반 등의 혐의로 기소돼 1심에서 무죄를 선고받았던 이재명이 2019년 9월 8일 항소심 즉 2심에서 선거법 위반으로 벌금 300만원 형, 즉 지사직 상실형을 선고받았을 때다.

충격적인 결과가 나오고 그 이튿날, 경기도의 양대 일간지 사설은 매우 의미심장했다.

"이 지사, 평정심으로 도정 차질 우려 불식시켜야"_〈경인일보〉 사설
"이재명 도지사 2심 선고, 도정 공백 없어야"_〈경기일보〉 사설

〈경인일보〉 사설을 요약해본다.

이재명 도지사는 '새로운 경기—공정한 세상'을 슬로건으로 1년여 도정 수행에서 지역화폐 발행, 수술실 CCTV 설치, 하천 계곡 불법영업 철퇴 등의 구체적 성과를 거두었다. 도내 대학생 학자금 대출 지원 수요는 전년 대비 무려 162%에 이르고 신생아 가정에는 출산장려금으로 지역화폐 50만원을 제공해 지역경제 활성화까지 도모하는 등 도민들에 큰 인기를 얻고 있다. 개발이익 도민 환원제와 공정거래 감독권의 지자체 이양은 전국적인 주목을 받고 있다. 지난 4월 한국매니페스토실천본부가 주관한 전국 시도지사 공약 실천계획서 평가에서 경기도의 민선 7기 공약 실천계획서가 최우수(SA) 등급을 받아 정치인 출신 행정가의 능력도 검증받았다. (중략) 개인적으로는 정치생명이 걸린 대법원 최종심에 최선을 다해 대응해야 할 것이다. 또한 경기도지사로서 1천 300만 도민을 위한 도정에 사소한 공백도 허용하지 않는 직무 태도를 보여주어야 한다. 이 지사의 대범한 평정심을 기대한다.

다음은 〈경기일보〉 사설 요약이다.

이 지사에 대한 최종 판결은 대법원에서 결정되겠지만, 현

상황에서 경기도민이 가장 염려하는 것은 경기 도정의 공백이다. 이 지사는 지난 5월 1심 무죄 선고로 도정 구심력을 빠르게 회복하여 '새로운 경기' '공정한 세상'이라는 기치 아래, 청년 기본소득, 산후조리비, 무상 교복 등 3대 복지정책을 도입하였을 뿐만 아니라 최근에는 지역화폐 법제화, 통일경제특구 입법화, 공공택지 개발 이익 환원, 지역화폐 법제화, 기본소득형 국토보유세 도입, 남북교류 협력사업 제도 개선, 수술실 CCTV 설치 확산 등을 강력하게 추진하고 있다. 이외에도 연방제 수준의 강력한 자치분권 시행, 기본소득 지방정부 협의회 구성을 통한 전국 사업화 등에도 상당한 열정을 투입하고 있어 도민은 물론 전국 차원의 관심 역시 대단하다. 이 지사는 올해 들어 10차례 국회에서 정책 토론회, 심포지엄, 간담회, 협의회 등을 개최했을 정도로 도정에 집중했다. 이 지사에 대한 사법적 최종 판단은 대법원에 의하여 결정되겠지만, 우리로서는 이 지사가 공직자로서 또한 전국적 명성을 지닌 정치인으로서의 소명 의식을 가지고 경기 도정에 대한 동력 상실 없이 최선을 다하기를 요청한다. 이런 이 지사의 도정에 대한 헌신은 경기도 발전은 물론 도지사 자신의 정치적 리더십 제고에도 이바지할 것이다.

도정 공백의 최소화 요청이 핵심 논지이지만 항소심 판결에 대해 안타까움을 넘어 '이재명의 경기 도정이 멈춰서는 안 된다'라는 바람이 짙게 깔려 있다. 권력은 기본적으로 자력(磁力)을 갖고 있다. 그래서 언론마저 끌어당긴다. 하지만 그 자력이 약해지면 떨어져 나간다. 그리고 보다 강력한 자력을 내뿜는 미래 권력으로 끌려간다. 언론만이겠는가. 모든 '심판받지 않는 권력'도 그러할 것이다. 그런데 어째서 경기지역 양대 일간지는 정치생명이 종식될지 모를 '항소심 당선 무효형' 지사에게 이런 격려 어린 사설을 낼 수 있을까?

3기가 되는 동안 민주정부는 늘 언론과 불편했다. 물론 무익한 갈등만은 아니었다. '언론과 권력이 긴장 관계일 때 얻을 수 있는 공익이 많다'라는 하나 마나 한 이야기를 하려는 게 아니다. '독재적 리더십'에는 약하면서 '민주적 리더십'에는 할 말, 못 할 말 다하는 고약한 이중잣대, 그 본질이 여실히 드러났다는 점을 말하려는 것이다. 자본에 반려견처럼 꼬리를 흔드는 민망한 자태는 또 어떤가. 그런데 언론은 반성하지 않았다. 그래서 민주정부와 언론의 적대적인 환경은 심화했다. 언론은 더욱 뻔뻔해졌다. 민주정부는 이런 언론에 대해 처음엔 소송으로 맞서다가 이제는 방치하다시피 하며 내성을 키워가는 중이다. 언론은 반응하지 않는 권력 앞에 '불통'이라는 주홍글씨를 찍으며 계속 도발한다. 결국 시민이 나서 이들 적폐 언론과 전선을 구축한다. 언론은 이 시민을 싸잡아 '친문(문빠)'으로 낙인찍는다. 그러다가 시민과 민주정부의 옹호를 받던 인플루언서 중 공격대상이 발생하면 흡사 '국공합작'을 방불케 하는 보혁 공동전선이 가동돼 '한 놈만 때리는' 공격을 이어가게 된다. 나자빠질 때까지. 조국 전 법무부 장관의 사례가 상징적이다.

민주정부와 긴장 관계를 형성하는 대한민국 언론은 단언컨대 '권력 감시'라는 대원칙에 충실하며 진실을 전하고 논지를 펴던 결기 있는 존재가 아니다. 그랬다면 시민들이 국정농단에 분개해 촛불을 들기 전까지 도대체 뭐했나? 우리는 주목해야 한다. 이명박 박근혜 정부 당시 언론이 '보도하지 않음'으로써 또 '우호적인 보도만 함'으로써 그들에게 굴복한 점을.

수사와 기소 광풍을 거친 이재명은 언론과 어떤 관계일까? '변방 사또' 때는 그릇된 보도에는 종종 소송으로 대응했지만, 도지사로 정치적 위상이 격상되고 난 뒤엔 태도를 달리하고 있다. '조폭 연루설'이라는 스캔들 감도 안 되는 억측을 보도한 SBS 〈그것이 알고 싶다〉에 대한 소송 취하가 대표적이다. 어떤 맥락일까? 민주 진보진영 비주류 정치인이 보수정당이 하듯 고소장으로써 언론을 굴복시켜봐야 훗날 틈 보였을 때 그들의 역공을 감당하기 힘들다는 점 때문일 것이다.

언론만이 아니다. 모든 민주정치는 항상 '심판받지 않는 권력'에 휘둘릴 가능성을 내재한다. 이재명은 그래서 '정당성 확보를 위한 투쟁'으로써 자기의 진지를 지킨다. 이 투쟁은 우선 자신이 하고자 하는 바의 정당성을 축적하되, 국면이 용이하지 않으면 상대편의 부당성도 확보한다. 예컨대 종교단체에 대한 공공의 통제는 잘해야 본전인 아주 위험한 행정행위지만, 이재명은 코로나19 국면에서 좋은 본보기를 세웠다. 신천지의 본진을 털거나 교주 이만희 체포를 호령했던 일이 그렇다. 신천지 이만희의 부당성을 확보해서 자신의 강제 방역의 정당성을 축적한 행위가 그랬다. 이 국면을 거치며 이재명은 보수 주자 황교안을 제치고 차기 대권후보 2위에 올랐다.

선출직 공직자 중 종교 지도자의 압박을 가벼이 여기는 사람은 없지만, 이재명은 다르다. 한 개신교계 언론인에 따르면, 경기도 지역 개신교 지도자 중에는 이재명에게 흰소리하는 사람이 거의 없다. 해봐야 눈길 한번 안 주기 때문이다. 선출직 공직자는 모름지기 유권자가 위임함으로써 권력을 가진 만큼 (오만해서는 안 되겠으나) 누구에게도 휘둘려서는 안 된다. '강한 이재명'의 원천은 여기에 있다.

많은 이가 특정 대통령을 진영논리로써 좌·우파로 규정한다. 그런데 '우파'로 낙인찍힌 박정희를 보자. 그는 남로당의 이력이 주홍글씨처럼 박혀 있다. (그래서 미국은 그를 죽는 날까지 견제했다.) 게다가 고교평준화, 의료보험제도 등 좌파 정책을 도입했다. 아울러 북한과 적대적 공존을 택했고, 굳이 북한과 전쟁을 벌여 흡수 통일할 생각이 없었다. 박정희는 이론적 맥락에서 우파가 아니다. 아니다. 그렇다면 '좌파'로 규정된 노무현은 어떤가? 노무현은 미국의 침략전쟁에 (비전투병이나마) 군사를 보냈다. 독소조항이 있음에도 한미FTA까지 추진했다. 박근혜의 한나라당과 연립정부를 구성할 생각도 했다. 노무현은 현실적 상황에서 자신의 거부층마저 끌어안기 위해 애썼다. 그리고 나은 정치, 좋은 정치로 보답하려 했다. 하지만 당대에는 큰 지지를 얻지 못했다.

요컨대 좌·우파 대통령은 없다. 일찌감치 '좌파'로 낙인찍힌 이재명도 특정 이념에 귀속된 정치를 하지는 않는다. 그래서 보수주의자에게 소구력이 있다. 상징적 여론조사 결과로 2020년 9월 둘째 주(8~10일) 전국 만 18세 이상 1,002명에게 물은 '앞으로 우리나라를 이끌어갈 정치 지도자, 즉 다음번 대통령감으로 누가 좋다고 생각하는지'가 있다. (한국갤럽) 이재명은 국민의힘 지지층에서 윤석열과 동률인 9%로 공동 1위에 오른 바 있다. 홍준표, 안철수, 유승민도 제쳤다. 물론 국민의힘 지지층 48%가 선택을 유보했지만, 보수 유권자 안에서의 그의 만만찮은 경쟁력을 입증한다. 놀라운 결과다. 선거 공약을 밥 먹듯이 파기한다며 국민의힘을 줄곧 '희대의 사기 집단'이라고 명명하면서도 그 당 지지자에게 가장 많은 지지를 받는 아이러니는 독보적이다.

그는 '보수로부터 지지를 받는 방법'을 안다. 성남시장 재임 시절인 2016년 20대 총선에서 더불어민주당이 분당 의석 두 개를 모두 가져갔다. 분당구가 신설되고 치러진 15대 총선 이래 처음이었다. 또한 문재인 대통령은 분당에서 전국 득표율 (41.1%)보다 높은 41.5%를 득표했다. 분당이 어떤 곳인가? 보수정당에는 '천당 밑에 분당'이라는 말이 있을 정도로 정치적 지향이 뚜렷하던 곳이다. 개발단계부터 부촌이었다. 중앙일보는 "이렇게 된 데는 이재명 전 성남시장의 역할도 컸다는 게 주민들의 얘기"라고 전했다. 심지어 이재명의 "정치적 기반"이라고도 표현했다. 그는 약자의 편인 듯 보여도 부자의 적은 아니었다. 경기도지사 취임 1년 만인 2019년 7월 매일경제가 발표한 대기업·중소기업 각 50곳 등 100개 기업을 대상으로 한 자체 설문조사에서 '기업 하기 좋은 환경을 위해 가장 큰 노력을 기울인 민선 7기 광역자치단체장' 1위에 오르기도 했다.

기실 이재명은 스스로 보수라고 했다. 그래 보인다. 지난 19대 대선 당시 "야당 지지층 중 50%는 문(재인) 전 대표를 지지하고, 25%는 나를 지지한다. 하지만 지지층을 보수·진보 정체성에 따라 분류해보면 상황은 다르다. 문 전 대표보다 중도 보수층 지지율이 더 높게 나온다. 지지층 확장성이 크다는 증거"라고 했다.

2016년 12월 13일 자 〈한국경제〉에 실린 이 인터뷰에서 기자는 추가로 "진보좌파라는 평가에도 불구하고 중도 보수층 지지가 높은 이유는 뭐라 보나?"라고 물었다. 이에 대한 답이다. "내 성향은 진보가 아니라 보수에 가깝다. 난 현 체제나 질서를 바꾸자는 쪽이 아니다. 경제 안보 통일 노동 어느 분야건 현재 헌법이나 법률의 테두리에서 좋아질 수 있다고 믿고 있고, 성남 시정을 통해 그것을 입증해왔다.

경제문제도 그렇다. 난 재벌을 해체하자고 한 적이 없다. 다만 5%도 안 되는 지분을 갖고 공정하고 합리적 경쟁을 가로막는 재벌체제에 대해 문제를 제기하는 것이다. 공정한 경쟁이 가능한 기업환경을 만들어주자는 게 왜 진보인가. 불법과 편법을 동원한 기득권자들이 보수란 탈을 쓰고 있는 것이 가장 큰 문제다."

이제 답을 제시해야 하겠다. 판·검사, 기자, 종교인, 재벌 총수 등 '심판받지 않는 권력'은 '공고한 권력' 앞에서 순한 어린 양이 된다. '공고한 권력'은 비단 국민에 대한 진정성만으로 완성되는 게 아니다. 물샐틈없는 권력 장악이 전제된다.

대선주자 이재명의 캐릭터는 가히 독보적이다. 민주정부 전·현직 대통령의 장점과 강점을 고루 내재하면서 '철권 리더십 소유자'에게나 기대할 수 있던 '강력함'까지 장착했으니 전대미문의 것이라 하겠다. 그래서 일생 민주 진보정당 후보 기표란에 붓두껍을 가까이 가져가 본 적이 없던 보수적 유권자에게도 열린 마음으로 평판 받지 않을까 가늠한다. 이재명을 두고 '대선후보로서 감정조절 능력에 하자가 있는 것 아니냐'라고 평가절하하며 '확장성'에 선을 그었던 유시민 노무현재단 이사장도 "앞으로 상당한 지지율 기반을 구축할 것"이라고 추켜세웠다.

2020년 4월 17일 노무현재단 유튜브 〈유시민의 알릴레오〉에서 유 이사장은 "코로나19 과정에서 신속하고 전광석화 같은 일처리, 단호함으로 매력을 샀다. 앞으로 상당한 지지율 기반을 구축할 것이다"라고 했다.

좀 더 들어보자. "경기도에 개고기 관련 불법 구조물과 불법 산업폐기물 추적단을 만들어 밝혀내고 고발하는 게 이재명 지사의 매력이다. 배달의민족 경우도 경기도가 앱 만들겠다고 하니 바로 무릎 꿇었다. 국가의 일이 어떤 권위를 가져야 하는지 보여주는 것이다. (이재명을 두고) '인품이 훌륭하다'든가 덕이나 품격 등에 대해 말하는 사람은 없다. 지지자들도 '이재명이 일 잘해' '뭔가 바꾸려면 저렇게 해야 해'라고 말한다. 고리타분하게 이론을 내서 '국가가 개입해도 되냐' '시장에 맡겨야지' 이런 얘기 안 통한다. 법적으로 권한을 판단해보고 누가 행정소송을 제기하더라도 다툴 만하다 싶으면 밀어붙인다. 정부를 운영하는 사람한테 굉장히 필요한 자질이자 특성이다."

경제학자이기도 한 유시민은 '신자유주의'가 소멸하고 복지국가가 대두되는 이때, '큰 정부' '적극적인 정부'를 넘어 '강한 정부'가 필요하다는 점을 간파하고 그 대안으로서 이재명을 저울질한 것이다. 주로 진보좌파 영역에서나 동의가 되고 논의되던 복지국가의 큰길, 이재명이 하면 보수마저 설득이 될 것이라는 기대는 나만의 것일까?

'공고한 권력'은 지지율 관리만으로 이뤄지지 않는다. 민주진보진영 표 결집만으로 가능하지 않다. 권력을 물샐틈없이 장악해야 한다. 그리고 유권자를 위해 선용해야 한다. 아울러 미래에 대비한 비전을 품어야 한다. 다음 장에서 다룰 내용이 기도 하다.

'스마트한 강력함', 이는 진보를 완연하게, 보수를 너그럽게 하는 첩경이다. 이재명 정치의 척추가 그러하다.

4부

필생의 숙제,
기본소득

보수도 뛰어든 기본소득 논의

정치가를 꿈꾼 적은 없다. 대학을 가기 전까지는 공장에서 노동자 생활을 했다. 산재도 당하고, 장애인도 되고, 폭력도 많이 당하고, 돈도 많이 떼였다. 그게 제 운명인 줄 알았다. 그러다 대학생이 되고 나서 많은 사람이 어려움을 겪는 이유가 개인의 운명이거나 본인이 부족해서 그런 것만은 아니고, 불공정의 산물일 수 있다는 생각을 했다. 좀 바른 세상, 공정한 세상을 만들고 싶었다. 그래서 인권변호사가 됐고, 시민운동도 했고, 도지사가 됐다. (월간 《신동아》, 2020년 7월호)

'천민자본주의가 맹위를 떨칠 때 공공적 권능의 강화는 불가피하다.' 이것이 법률가, 시민운동가, 행정가의 길을 차례로 걸으며 굳힌 이재명의 소신이다. 횡행하는 온갖 부조리에 내내 내상을 입으면서도 이를 팔자로 알고 살던 그였는데, 마침내 사회 구조 속 '불공정'을 간파하고 이를 바로잡는 데 운명을 걸기로 했다. 그러나 상대는 반만년 동안 질서처럼 고착된 기득권이다. 절망할 수 없었다. 그래서 이에 균열이라도 내보기 위해 그가 꺼내든 곡괭이가 있었으니 바로 '기본소득'이다. 그는 이것을 일발필살(一發必殺)의 무기라 생각하고 있다.

기본소득은 '모든 국민'이 정기적으로 일정액의 현금을 받는 것이다. 어쩌다 한 번이 아니라, 때에 따라, 10만원이든 50만원이든 100만원이든 같은 현금으로, 대재벌 삼성 이재용 부회장부터 거지왕 김춘삼까지 모든 국민이 빠짐없이 받는 것이다. 무상급식 논란 때도 그랬지만 기본소득은, 거론되는 순간부터 비웃음을 샀다. "한정된 예산으로 모든 이에게 무상으로 복지를 베푸는 것은 낭비이자 소모 아닌가?" 하는.

모든 국민에게 일정액의 현금을 정기적으로 준다? 계산기를 굳이 꺼내지 않아도 천문학적 규모의 예산이 소요됨은 어렵지 않게 짐작된다. 5000만 국민에게 월 10만원씩 지급한다면 5조원이 된다. 열두 달이면 60조이다. 만약 매월 전 국민에게 100만원씩 지급한다면 600조원의 예산을 필요로 하는 셈이고 이는 2021년 국가예산(558조)을 훌쩍 상회한다.

낭비일까? 아니다. 기본소득은 강바닥에 버려진 4대강 사업 예산과 차원이 다르다. 소비가 다른 소득을 낳고 마침내 또 다른 소비를 부른다. 즉, 경기의 선순환을 가져온다. 이를 가늠할 척도로 승수효과(multiplier effect)를 알아야 한다. 기본소득은 승수효과에서 성패가 갈린다. 승수효과가 낮으면 기본소득은 실패하는 것이다. 그래서 저축을 막아야 한다. 돈이 지급됐는데 시장에서 돌지 않는다면, 여지없이 저축됐다고 보는 게 타당하다. 그렇다면 '기술'이 들어가야 한다. 지급할 기본소득을 연 매출 10억 이하 중소상공인 영세자영업자에게 집중적으로 소비하게 하고, 기한 내에만 쓸 수 있도록 유도하는 것이다. 코로나19 발생 직후인 2020년 3~4월 지급된 경기도 재난기본소득이 이러했고, 큰 성과를 도출해냈다.

이재명이 각별한 관심을 두는 것과 무관하게 기본소득 도입은 지구적 대세다. 향후 4차 산업혁명 국면에서 인간의 단순노동이 인공지능, 로봇에 의해 전담된다면 일자리 및 소득의 축소는 명약관화해진다. 기계가 사람 대신 소비할 수 없다면, 국민에게 현금을 지급해서라도 돈을 쓰게 해야 한다. 그렇게 해서 경기를 유지하게 해야 한다. 기본소득에 있어 선택의 여지가 없다는 가장 확실한 근거는 (이재명과 정치적 지향이 다른) 보수진영도 동조하는 데 있다. "보수가 선제적으로 기본소득을 도입하자"라는 〈중앙일보〉 전영기 당시 논설위원의 칼럼 일부다.

> 기본소득은 포퓰리즘 논란에다 재정건전성 문제 때문에 보
> 수적인 통합당 풍토에서 금기시됐다. 그렇지만 판도라의 상
> 자처럼 한 번 열린 기본소득을 마냥 외면할 수 없는 노릇이
> 다. 그러다간 집권 기회를 영원히 놓칠 수 있다. (2020. 6. 1)

물론 반론도 없지 않다. 4차 산업혁명 시대에도 노동의 패
턴만 달라질 뿐 고용이 줄어 노동자들이 상시적 빈곤에 내몰
릴 가능성은 작다는 이야기다. 한지원 노동자운동연구소 연구
위원은 〈매일노동뉴스〉에 기고한 글에서 "인공지능 발전으로
자동화가 확대되고 있는 것은 분명하다. 하지만 산업사회에서
고실업을 지속해서 유지하는 산업혁명은 존재하지 않는다. 자
본주의적 기술발전은 노동을 절약(노동생산성 상승)하면서 동
시에 노동을 확대(생산량 증대)해야 지속할 수 있기 때문이다.
(중략) 산업혁명은 생산성과 생산량을 동시에 증가시켜야 이
뤄지는 것이다. 우리가 19세기 이래 산업혁명이라 부르는 모
든 변화가 그랬다"라고 했다.

정보통신정책연구원 이호 부연구위원 분석이 좀 더 실질
적이다. "4차 산업혁명은 내 일자리를 없애지 않는다. 단지 내

가 일하는 방식을 바꾸거나 혹은 내가 이전에 생각하지 못했던 전혀 새로운 직업을 만들어 낼 뿐"이라고 했다.

그러나 확 와닿지는 않는다. 4차 산업혁명 이후에 '새로운 일자리'가 출현해 고용률을 유지할 것이라는 전망 아닌가. 그런데 그 일자리가 '양과 질을 담보하는 일자리'라고 누가 장담할 수 있겠는가. 아울러 2020년 기준 1970년 대비 1/4로 줄어든 저출산의 현실은 '납세자'의 급격한 축소를 예고한다. 확장재정 외의 답은 거짓말이다.

국민의힘(당시 미래통합당) 비상대책위원장이 된 김종인은 중앙 정치 무대에서 기본소득 화두를 사실상 처음 꺼낸 주인공이다. 2020년 6월 3일 '미래통합당 초선의원 공부 모임'에서 "보수가 지향하는 자유는 어떻게든 사수해야 하는 가치"라면서 "말로만 형식적 자유라는 것은 인간에게 아무 도움이 되지 않는다"라고 하더니, "종교·언론·자유·공포로부터의 자유, 또 궁핍으로부터 자유도 있어야 한다는 이야기도 있다. 물질적 자유를 어떻게 극대화하느냐가 정치의 기본적 목표"라고 언급했다. 또 "불공정은 계속해서 늘어나고, 이런 걸 어떻게 시정하고, 약자를 어떻게 보호하고, 물질적 자유를 만끽하게 해야 하느냐가 중요하다"라고 설명했다.

김종인은 행사 후 기자들에게 "길을 가다가 빵집을 지나는데 김이 모락모락 나는 빵을 보고 먹고 싶은데 돈이 없어 먹을 수 없다. 그럼 그 사람한테 무슨 자유가 있겠냐. 그런 가능성을 높여야 자유는 늘어나는 것 아니겠나"라고 부연했다.

이 발언을 하기 4년 전, 그는 더불어민주당 비상대책위원회 대표로서 2016년 6월 21일 국회 교섭단체 대표연설에서 이처럼 기본소득을 언급했다. 때는 20대 총선 직후였다.

최근 세계적으로 불평등 격차를 해소하는 방법의 하나로 '기본소득'(basic income)에 대한 논의가 시작됐다는 것을 주목해야 합니다. 미국의 실리콘밸리에서도 '기본소득'에 대한 실험이 추진되고 있고, 핀란드에서는 내년에 무작위로 선정된 1만여 명 국민에게 매달 500~700유로의 '기본소득'을 지급할 계획을 세우고 있습니다. 얼마 전 월 300만원의 '기본소득' 지급과 관련한 스위스 국민투표가 있었습니다. 부결되었지만, 초기 논의 단계에서 23%의 국민이 '기본소득' 도입에 찬성했다는 것은 자본주의 시장경제도 모든 것을 시장에 맡겨서는 안 된다는 세계적 추세를 반영하는 것입니다.

개념적으로 봤을 때 유럽식 기본소득은 혁신적 좌파 복지

정책이 아니다. 거칠게 말해 저작권이 우파에게 있는 것이다. 이게 무슨 말이냐? 기초연금과 아동수당 등 기존의 연금과 수당을 모두 통폐합해서 기본소득으로 대체하는 방안이다. 일종의 조삼모사 같은 셈이라고나 할까. 이렇게 된다면 각종 복지 수당을 일정액의 기본소득으로써 '퉁'칠 수 있는 것이다. 이렇게 하는 궁극적 이유가 궁금하지 않나? 똑같은 액수를, 정기적으로, 온 국민에게 지급하는 이유 말이다. 그렇다. 지급 창구가 단순해진다. '작은 정부' 구현이 가능해지는 것이다. 그래서 우파의 정책이다. 유럽식 기본소득은 그래서 좋은 게 아니다. 한국의 기본소득 논의도 초기에는 유럽을 모델로 삼았다. 2021년부터 모든 국민에게 월 30만원씩 줄 수 있다는 민간 싱크탱크 LAB2050의 '비책'도 실은 아동수당과 기초연금을 폐지하고 비과세 감면 정책을 없앤다는 전제였다.

질기게 따라붙는 '재원 마련 대책'

우선 농어촌에 사는 농민, 장애, 청년, 청소년, 노인, 보육 어린이 같은 취약계층에게 연 100만원씩 주려고 합니다. 여기엔 28조원이 들어요. 4대강 사업에 막 퍼부어버리거나 대기업에 연구·개발 예산으로 지원하던 세금을 기본소득에 쓰는 거죠. (《한겨레21》, 제1152호, 2017. 3. 6)

19대 대선후보 때부터 이재명은 대한민국 대선후보 중 최초로 기본소득을 공약으로 내걸었다. 생소한 개념이었고 첨예한 '무상복지 논란'이 가라앉기 전 시점이었다.

막 던진 공약이 아니었다. 성남시장으로서 '성남시 청년 배당'을 통해 그 가능성을 타진했다. 청년 배당은 경기도 성남에 3년 이상 거주한 만 24살 청년에게 직업·소득·자산에 상관없이 연 100만원을 지급하는 것이었다. 적용대상이 성남에서 경기도 전역으로 확대된 점만 다를 뿐, 경기지사가 된 이후에도 정책은 연속됐다. 물론 이 기본소득 정책은 온전하지 않다. 연 100만원 지급이니만큼 거의 '생색내는 정도'이다. 게다가 '전 국민 대상'이 아니다. 이재명은 대통령이 되면 전체 국민의 절 반 정도인 2800만명의 국민에게 연간 100만원씩 지급하겠다 고 공약했다. 추산컨대 예산은 28조원이었다.

문제는 기본소득 공약 실현에 필요한 재원이다. 대선주자 이재명에게는 대안이 있었다. 강력한 '카드', 국토보유세가 그 렇다. 국토 즉 부동산으로 인해 발생하는 불로소득에 과세하 겠다는 것이다. 이재명은 19대 대선 당시 대한민국의 토지 자 산가치가 6500조원 규모인데 세금으로 징수하는 규모는 불과 9조원. 즉 0.001% 정도만 걷고 있는 형국이라고 지적했다. 자 동차세의 경우 시가의 2%를 걷는 것과 대조해 턱없이 적다.

생각해보라. 토지와 자동차 중 부자가 보유한 비율이 높은 게 무엇인가? 당연히 부유층이 주류를 이룰 토지다. 이 토지 소 유자에 대해 증세한다면 조세저항이 상대적으로 적을 것은 불 문가지다. 이재명은 토지에서만 기존 9조에서 15조를 증세해 24조를 걷자고 주장했다. 그래봐야 경제협력개발기구(OECD) 회원국 평균인 0.3~0.4% 정도라는 것이다. 이것은 2017년 때 이야기다. 그러면 기본소득 재원은 상당 부분 확보된다.

다음 장벽은 보수정당, 자본 편향 언론이다. 이들은 한목소리로 '증세는 엄청난 저항을 부른다'라고 지레 겁준다. 로마와 아스테카 등 동서양 여러 제국의 멸망, 대헌장 제정과 프랑스혁명의 사례까지 가져온다. 그러나 착각이다. 부유층이 서민과 빈곤층에게 과세 부담을 떠안기고, 또 탈세 등이 만연해 공평 과세 원칙이 흔들렸을 때나 돌출되는 게 조세저항이다.

'이재명 방안'에 따르면 국토보유세 적용대상은 토지보유 상위 5% 이내 즉 집 100채 이상, 임야 수십만 평을 보유한, 특히 비업무용 토지를 수백조원대로 가진 재벌들이다. 저항이 가능하겠나? 또 공감을 얻을 수 있겠나? 사실 국토보유세를 통한 이재명식 기본소득 재원 마련 구상은 새롭지 않다. '부유세'를 걷어 각종 복지예산에 조달하겠다는 역대 진보정당의 '큰 그림'과 다르지 않기 때문이다. 이 대목에서 '누구 구상이냐'가 중요하지는 않다. 집권여당 대선후보 이재명의 강력한 카드가 됐다는 점, 즉 실현 가능성이 매우 커졌다는 점에 주목해야 한다.

이재명은 2018년 경기도지사가 되자마자 기본소득위원회를 설치하고 기본소득제 추진에 나섰다. 앞서 짚었지만, 경기지사는 대한민국 최대 인구가 속한 광역단체의 장인 데 반해 그 권한은 실로 초라하다. 일단 조세 부과권이 없다. "지방정부에 조세 결정권을 주고, 특히 토지에 대한 지방세 부과권을 인정하면 기본소득제도 가능하다"라며 중앙정부에 떠보기도 했다. 하지만 돈줄을 틀어쥐고 권력을 극대화하는 기획재정부가 화답할 리 만무했다.

중앙정부의 관료 이기주의 벽 앞에서 좌절해야 할까? 이재명은 실험을 유보할 생각이 없어 보인다. "현재 재원에서 복지 축소나 증세 없이 이를 위해 조세 감면 제도의 일부를 손볼 수가 있다"라고 했다. 조세 감면 제도는 어떻게 손볼 수 있다는 것일까?

우리나라는 지금 56조원 정도의 조세를 감면해주고 있다. 그 가운데 절반 정도인 25조원을 순차적으로 감면 대상에서 제외해 나가면 1인당 연간 100만원까지도 재원을 만들 수 있다. 우리나라 소득구조는 매우 불평등하다. 90%는 거의 차이가 없지만, 상위 10% 이내의 사람들이 큰 부를 갖고 있다. 소득 불평등 또는 자산 불평등이 지금 경기침체의 원인이기 때문에 감면 제도를 바꾸는 것에 국민적 합의를 이뤄낼 수 있을 것이다. 《《신동아》 2020년 7월호)

그러나 국토보유세, 조세 감면 축소 등 재정적 묘수만으로는 안 된다. 전면적 기본소득은 전 국민 증세를 전제한다. 즉 세목 신설이 불가피하다. 기존 세금에 일부 세율을 추가하는 정도로는 안 된다. 이재명은 기본소득 목적세 신설을 강구하고 있다. 세금 제도가 부의 재분배를 위해 존재하듯 기본소득 목적세는 '상위 10%에게는 무겁게 90%에게는 가볍게' 과세할 방침이다. 즉 90%의 국민은 납부액보다 수령액이 많을 것이다.

개인에 대한 과세는 비중이나 강도가 세지 않을 것이다. 이재명식 기본소득 시행을 위한 증세의 핵심 청구 대상은 기업이다. 이재명의 눈에 당장 들어온 기업은 구글(유튜브), 페이스북, 네이버, 다음 등이다. 이들은 고객이 만든 창작물로 조회를 유도하고 그 기반에서 광고 수익을 챙기고 있다. 이재명은 데이터 생산자인 국민을 위해 조세로써 보답하라고 요구할 방침이다. 이산화탄소를 많이 배출해 이득을 취하는 기업에 탄소세 납부로써 공동체에 진 채무를 갚게 하는 방안도 검토하고 있다. 인간의 일자리를 잠식하는 인공지능 로봇에 과세하는, 즉 노동자 고용을 줄이고 자동화 비율을 확대하는 기업을 상대로 한 일명 '로봇세'도 강구 중이다.

이재명은 국민 설득을 자신한다. 2020년 6월 24일에 올린 글이다. "(2018년 기준) 국민총생산 중 사회복지 지출은 OECD 평균이 21.8%인데 우리는 10.9%에 불과한 저부담 저복지 사회입니다. 고부담 고복지의 북유럽 사회는 고사하고 OECD 평균만 이르려 해도 최소 연 200조원(1919조원의 11%)을 증세해야 합니다. 세금 자체는 안보와 질서, 복지에 쓰여 납세자에게 도움 되지만, 낭비된다는 불신 때문에 혐오와 저항이 생깁니다. 세금이 나를 위해 쓰인다고 확신하면 저항할 이유가 없습니다. (중략) 소멸성 지역화폐로 기본소득을 지급하면 복지 확충 외에 경제성장 효과를 내고 성장 과실을 대부분 차지하는 고액 납세자도 만족합니다."

조세저항을 너무 가벼이 여기는 것은 아닐까? '탁상공론'을 의심하는 시각에는 2020년 4월 13일 페이스북 글이 좋은 답변이 될 수 있으리라. "국민은 세금이 엉뚱한 데 낭비된다고 생각하기 때문에 저항하는 것이지 내는 세금이 자신에게 되돌아온다고 신뢰하면 증세에 반대할 이유가 없습니다."

기본소득은 어느 정도가 적정할까? 이재명은 (최종적으로는) 월 50만원이 알맞다고 말한다. 2020년 기초생활보장 수급자의 기초생활수급액인 52만원을 고려했다. 그래서 만약 그 이상이면 노동 의욕이 감소된다고 봤다. 물론 시작부터 전면적 '월 50만원'은 아니다. 기본소득의 경제 효과가 입증되고, 국민적 동의를 수렴하며, 증세를 한 뒤의 일이다. 관련해 이재명의 '기본소득 멘토' 강남훈 한신대학교 교수는 2021년 10월 6일 김용민TV에 출연해 "1인당 연간 25만원에서 시작해서 100만원으로 증가하는 방안"을 내놓았다. 1년에 단돈 만원이라도 기본소득은 "시작이 반"이 될 것이다.

보수의 오랜 거짓말, 선별복지

'재원을 어떻게 마련할 것인가'의 문제를 넘으면 '어려운 사람만 지원해야 한다'라는 구호로 띠를 두른 '복병', 선별지급론을 만나야 한다. 둘은 다르지 않다. 이재명은 "조세저항에 지레 절망해 재원 마련 대책 수립을 외면하는 사람들은 '있는 돈을 어디에 쓸지'에만 고민하게 되고 마침내 선별지급에서 답을 찾으려 한다"라고 했다.

그는 2020년 6월 24일 SNS에 "'모두에게'보다 일부 어려운 사람만 지원하는 것이 효율적이라는 주장은 기존에 확보된 재원을 쓸 때는 맞는 말이지만, 새로운 재원을 만들어야 할 때는 틀린 말"이라고 했다.

'자신에게 혜택이 없는 데다 추가로 세 부담을 안겨주는데 이를 흔쾌히 여길 납세자는 없기 때문'이란 것이다. "10명에게 1천원씩 나누기 위해 1만원을 능력에 따라 걷기는 쉬워도, 어려운 한 명에게 1만원을 주기 위해 5명이 2천원씩 걷기는 쉽지 않다. 기본소득은 모두에게 지급되는 복지경제정책으로 증세하기 쉽지만, 소수만 혜택 보는 선별복지나 고용보험을 위한 증세는 쉽지 않다"라고 했다.

선별지급론은 부유층과 자본가의 오랜 거짓말이다. 낸 세금에 비하면 턱없이 적은 수혜였지만 2020년 코로나19 국면에서의 재난기본소득(또는 재난지원금)에 많은 국민은 감격했다. [5월 19일 오마이뉴스-리얼미터 여론조사에서 "도움됐다"라는 견해는 71.9%였다. 통계에서 잡히지는 않았지만, 고액 납세자라고 다르지 않았을 것이다. 참고로 2020년 5월 말 마무리된 1차 재난지원금의 경우 지급대상 2171만 가구 가운데 92.6%가 받아갔다. 전 경기도민에게 지급한 재난기본소득의 경우 1차 97.4%, 2차(2021년 2월) 97.2%가 수령했다. 중앙정부로부터 지급대상에서 배제된 이른바 12%의 경기도민의 경우 3차(2021년 10월) 91.6%가 타갔다. 잇단 여론조사에서 '전 국민 보편지급' 지지 비율은 항상 높지 않지만 수령률은 압도적인 편이다.]

이에 반해 선별지급은 소득이 많은 국민이 그렇지 못한 국민의 뒷감당을 해야 하는 꼴이다. 고소득자는 과연 제도의 유지를 바랄까? 그렇지 않을 것이다. 선별지급론은 그래서 보편적 복지 또는 그에 따르는 재정 정책을 끝내 중단시키려는 단계적 꼼수다.

이완배 〈민중의소리〉 기자는 김용민TV 〈경제의 속살〉 (2020. 3. 31)에서 스톡홀름대 사회정책연구소(SOFI) 발테르 코르피 교수의 '재분배의 역설' 논문을 소개했다. 내용은 이렇다. "저소득 선별복지에 집중하는 나라일수록 저소득층에 돌아가는 혜택이 점점 줄어든다. (수혜 비율이 저소득층만 못한) 중산층의 이탈과 조세저항 때문이다. 중산층은 '왜 내가 낸 세금은 나한테 안 돌아오는가'라고 하며 반대한다. 이로써 정부는 선별복지를 위해 투여해야 할 세금을 확보하지 못해 점점 그 규모를 줄인다. 그리고 복지에 소극적인 정부가 차기에 집권하게 된다. 이로써 복지 규모는 더욱 축소되고 끝내 폐지된다." 그래서 출현한 세력이 있다. '증세 동맹'이다. "'세금 많이 내면 그 혜택이 돌아온다'라는 메시지를 심어주자"라는 세력이다. 이들은 "선별적 복지는 고소득 중산층을 복지혜택에서 배제하기 때문에 부유층의 저항과 복지정책 반대를 부르게 된다. 반면 보편적 복지를 펼치게 되면 혜택이 모두에게 돌아가게 되고 복지국가 또한 실현된다."

스웨덴은 이 원리에 기초해 세계 최강 복지국가로 발돋움했다. 기본소득의 전제인 '동일대상 동일혜택'은 간단한 듯 간단하지 않게 설계된 것이다.

이재명은 2020년 4월 13일 SNS를 통해 기본소득이 경제의 지속 성장을 담보하는 것 외에 "구성원 모두의 인간적 삶을 보장하며, (중략) 지급 대상자의 노동 회피를 방지하고, 문화예술 행위처럼 경제적 생산성은 낮아도 만족도가 높은 새로운 일자리를 늘릴" 수 있다고 기대했다. 그러나 기본소득 논의는 출발점조차 찾기 힘들었다. '현금 퍼주기'는 노인 기초연금 때, '전국 보편적 서비스'는 무상급식 때 논란을 촉발했기 때문이다. 그런데 코로나19라는 전대미문의 상황이 초래됐다.

'코로나 슈퍼 전파자' 전광훈 사랑제일교회 목사로 인해 2020년 8월 중순부터 극심한 타격을 입은 서울 장위시장 소상공인. 이들의 매상 자료를 보면 2020년은 천당과 지옥을 오간 해였다. 지옥은 짐작되는데 천당이라니? 맞다. 코로나 이전 시점보다 더 강력한 매출 증대 효과가 있었던 5~6월이 그랬다. 때는 1차 재난지원금 지급 즉 보편적 지원이 이뤄진 시기다. 역대 이만한 경기 부양 효과를 낸 적이 없다고 상인들은 입을 모았다.

한편 9월 2차 재난지원금이 지급됐다. 그런데 (이해찬 직전 민주당 대표가 기획재정부를 압박하다시피 하며 보편지급을 관철한 1차와 달리) 선별지급이었다. 이낙연 후임 대표는 진즉에 보편지급을 반대했다. 명목이 달랐다. 취약계층에 대한 핀셋 긴급 지원이었다. 1차만 못한 효과를 예상한 탓일 것이다. 경기 부양 등의 경제 효과는 기대조차 하지 않았다. 비유하자면 죽지 말라고 산소마스크를 씌우는 것이지 잘 살라고 영양주사를 놓는 게 아니었다.

4차 추경을 통해 집행된 예산은 9조 조금 못 되는 7조 8000억원 규모. 국민 1인당 15만원을 지급했다면 이보다 못한 7조 5000억원으로 해결됐을 것이다. 이재명은 당내 비아냥에도 불구하고 '단 10만원이라도 지급하자'라고 했다.

선별지원은 나름의 장점이 있지만, 위기 극복에 가장 중요한 연대감을 훼손하고 갈등을 유발하며, 민주당과 문재인 정부에 심각한 부담을 줄 것임이 여론에서 드러나고 있습니다. 준비된 재난지원금이 8조원이라면 국민 1인당 10만원씩 3개월 시한부 지역화폐 지급으로 가계 지원, 자영업 매출 증대, 기업생산증가, 국민연대감 제고 효과를 보고, 나머지로

는 선별 핀셋 지원하는 절충적 방안도 검토해주시기 바랍니
다. 코로나19로 인한 미증유의 재난은 장기화할 것이고 3차
4차 재난지원은 피할 수 없으므로 차제에, 보편지원을 하되
내년 소득세 정산할 때 일정 기준 고소득자는 감면세액에서
환수하는 방법까지 미리 검토하기를 제안합니다.

그러나 무시됐다.

요컨대 보편지급은 선심성 지원이 아니다. 저소득층만 혜
택을 독점하지 않는다. 아니 고소득층에게 가장 많은 혜택이
돌아간다. 이재명이 9월 28일에 남긴 말이다. "경제 기득권자
들도 좀 길게, 넓게 봐야 합니다. 그들에겐 당장엔 손해 같아도
정부지출을 늘려 가계부채를 건전화하고, 이를 지역화폐로 지
급하여 돈이 강제로 돌 수 있게 해야 합니다. 이게 종국엔 기득
권자들에게도 도움이 되는 길입니다. 오죽하면 빌 게이츠나
마크 저커버그 같은 성공한 CEO들도 기본소득을 주장하겠습
니까."

코로나19 위기를 기본소득 실험의 장으로

코로나19로 맞게 된 이 역사적 위기 국면에서 좌절하며 수동적으로 대처할 것이 아니라, 위기를 기회로 만들며 새로운 시대를 준비해야 합니다. 산업혁명 이후 자본주의 위기를 복지제도로 극복해 왔듯이, 기술혁명과 인공지능, 대량실업과 과도한 이윤 집중으로 상징되는 4차 산업혁명 시대에는 뉴 패러다임의 정책이 필요합니다.

2020년 3월 25일. 이재명은 "경기도가 도민 여러분께 재난기본소득을 지급합니다"라는 제목으로 도민에게 보고한다. "곳곳에서 '병으로 죽기 전에 굶어 죽겠다'라는 신음이 터져 나오고 있습니다"로 시작했지만, 이재명은 '재난'과 '기본소득' 중

'기본소득'에 방점을 두고 있었다. 즉 현안 대응이 아닌 미래 전략 차원에서 마련한 대책임을 웅변한다.

이재명의 기본소득 철학은 '공유'이다. 계속 읽어보자.

새로운 시대의 새로운 정책은, 바로 우리 사회 공동자산으로부터 생겨난 공동의 이익을 모두가 공평하게 취득하는 기본소득입니다. 가보지 않은 길은 두렵고 망설여지기 마련입니다. 그러나 가야 할 길이라면 더 빨리 가는 것이 고통을 줄이고 더 많은 희망을 만들어낼 방법입니다. 한 번도 겪어보지 못한 파도가 크고 거칠지만 우리는 반드시 넘어야 합니다.

만약 '투자할 돈이 넘쳐나는 저성장 시대'의 정부가 친자본 성향이라면 공공적 책무를 찾으려 하지 않을 것이다. 코로나19 국면에서는 "법인세 감면 혹은 대기업 현금지원 조치 외에 무엇을 더 연구해야 하는가. 이것으로도 '최선'"이라 자평할 것이다. 그러나 이재명의 눈은 '기술혁명으로 소득과 부의 과도한 집중과 대량실업을 걱정해야 하는 4차 산업혁명 시대'의 현실에 주목한다. "기본소득은 복지정책을 넘어 세계경제기구들이 주창하는 포용경제의 핵심 수단이고, 지속 성장을 담보하는 유일한 경제 정책"이라고 했다.

하지만 이재명에게 돈이 없었다. "조세 결정권이 전혀 없고 지방채 발행권이 제한된 도 입장에서 모든 도민의 기대에 부응하고 만족할 만한 대안을 만들기 어려운" 처지였다. 정부의 배려로 재난관리기금(3405억원), 재해구호기금(2737억원) 등을 활용할 수 있어도 도민 1인당 5만원을 넘기 어려운 꼴이다. 그렇다고 꿈을 유보할 수 없었다. 기본소득을 실험할 적기이기 때문이다. 그래서 1360만 도민에게 10만원씩 지급하기로 하고, 필요 재원 1조 3642억원 중 재난관리기금, 재해구호기금을 뺀 나머지 돈을 자동차구입채권 매출로 조성된 지역개발기금에서 내부 빌렸다. 그리고 보름 후, 흡사 전광석화로 지급했다.

이재명에게 일부 고소득자와 미성년자를 제외하거나 미성년자는 차등을 두자는 건의도 있었던 것 같다. 그러나 이재명은 고집스럽게 모든 형식을 기본소득 개념에 맞췄다. 특히 '미약한 효과'가 기본소득 논의 진척에 도움이 안 된다고 판단한 듯 3개월이 지나면 소멸하고 연 매출 10억 미만의 상점에서만 소비할 수 있도록 지역화폐로 지급했다. 가계 지원 효과에 더하여 기업과 자영업자의 매출 증대라는 '일거양득'의 효과를 노렸다.

강남훈 교수가 〈한겨레〉 인터뷰에서 기대했듯 "경기도의 결정을 계기로 시민들이 기본소득을 체감할 수 있게 되고, 기본소득에 대한 사회적 논의도 더욱 발전"했을까. 일단 경기회복 효과는 뚜렷했다. 경기연구원이 경기도가 지급한 경기도 재난기본소득 효과를 분석했다. BC카드 매출자료를 토대로 한 결과다. 2019년 같은 기간 매출을 100%로 가정했을 때 도내 재난기본소득 가맹점 매출은 도 재난기본소득이 지급되기 시작한 15주 차(4월 6~12일) 118.2%로 시작해 8주 평균 44.5% 증가했다. 이후 정부 재난기본소득 지급이 시작된 21주 차에는 120%로 일시적으로 늘었다. 그렇다면 "복지정책을 넘어서는 경제 정책이자 방역 정책"이라 할 수 있을 것이다.

중앙정부와 이재명의 경기도는 같은 코로나19 재난 공공지원금임에도 각기 다르게 호칭한다. 정부는 '재난지원금', 경기도는 '재난기본소득'으로 말이다. "인간은 사회적 동물이고 소통 수단인 언어에는 표현 이상의 의미가 함축"되어 있고 "언어가 프레임으로 작동하는 정치영역에서는 더 그렇다"라는 점을 모를 리 없는 이재명, 왜 홀로 '재난기본소득'이라고 했을까? 이재명은 2020년 4월 26일 SNS에서 그 뜻을 풀이했다. 예상대로 '기본소득'과 '지원금' 사이에는 상당한 격차가 있었고, 그 간격만큼 철학도 달랐다.

'지원'의 주체는 정부이고, '소득'의 주체는 국민입니다. 지원에는 시혜나 복지의 의미가 강하지만 소득은 당당함과 권리의 의미가 들어 있습니다. 소득은 미래지향적이지만 지원은 일회적 휘발적인 느낌이 강합니다. 국민주권 국가에서 정부는 주권자인 국민을 대신하는 것이고, 모든 정부 재원의 원천은 국민이 내는 세금입니다.

재난지원금과 달리 재난기본소득은 국민이 어려움에 부닥쳤을 때 공공의 부조를 '당연한 것'으로 규정한다. 그에게 복지 또한 그러하다.

복지는 가난한 자들을 돕기 위한 자선이나 시혜가 아니라 주권자의 인간다운 삶을 위해 헌법이 부여한 국가의 의무이자 국민의 권리입니다. 국민은 자신의 더 안전하고 더 나은 삶을 위해 세금을 내고 대리인을 선출해 권력을 위임한 후 공동체의 안전보장과 질서유지, 번영을 위해 일하도록 명령합니다. 정부의 모든 재원은 국민의 것이고, 정부는 국민을 '위해' 일하기보다 국민의 일을 대리합니다. 그러므로 국가적 재난으로 모든 국민이 위기를 당했을 때 정부의 재원과 권한으로 국민의 무너지는 삶을 보듬고, 침체한 경제를 살리며,

미래의 불안을 제거하는 것은 정부의 임무며 국민의 당당한 권리이고, 이를 위한 재정 지출은 국민이 대상으로서 도움받는 지원이 아니라 주체인 국민이 당당하게 권리로서 요구할 소득입니다.

성남시장 시절 대장동 공공개발이 그러했듯, 공공의 이득을 배당 형태로 주민에게 돌려주는 것은 다른 정치인에게는 생소해도 이재명에겐 상식이다.

일자리에서 얻는 소득이 아닌 정부를 통해 얻는 소득을 '이전소득'이라고 한다. 국민 개인의 총소득 중 이전소득이 많은 나라는 당연히 선진 복지 강국일 것이다. OECD에 따르면 한국의 2016년 세전·세후 지니계수 개선율은 11.7%이다. 통계가 발표된 27개국 중 26위였으니 최하위인 셈이다. 지니계수 개선율은 국가별 소득 불평등도를 나타내는 가장 객관적인 지표다. 문재인 정부가 들어선 이후인 2017년에는 12%를 돌파해 상승 추이를 나타냈으나, 여전히 OECD에선 최하위 그룹이다. 참고로 1위는 북유럽의 복지국가 핀란드(48.8%)였다. 핀란드는 기본소득 실험에 있어 선구자라는 평가를 듣는다. 2017년 1월부터 실업자 2000명을 선정해, 조건 없이 2년간 매월 560유로(74만원 상당)씩 지급했다. 2017년 1월 당시 실업률이 9.2%로 올라간 상황에서 새로운 공적 안전 시스템을 구축하기 위해서였다.

핀란드 · 스위스 기본소득 실험은 실패?

갑자기 핀란드 이야기를 꺼낸 이유가 있다. 기본소득에 난색을 보이는 이들은 약방의 감초처럼 핀란드의 기본소득 실험을 결과로 든다. "핀란드에서 2년간 기본소득을 실험한 뒤 지난 5월 그 결과를 발표했는데, 삶의 만족도는 조금 좋아졌고, 고용 효과는 별로 없었다"라는 것이다. 실제로 그러할까? 그렇지 않다. 〈연합뉴스〉는 2020년 6월 4일, "엄밀히 말해 핀란드 정부의 평가는 '고용 촉진 효과는 작았지만, 삶의 질 증진 면에서는 효과가 나타났다'라는 것"으로 실험 결과를 요약했다. "2018년 10~12월 기본소득을 받은 2000명과 받지 않은 5000명을 대상으로 벌인 설문조사에서 수령자들은 비 수령자와 비교해 자기 삶의 질을 보다 긍정적으로 묘사"했다는 것이다.

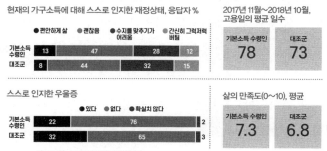

핀란드 기본소득실험 결과
작은 고용효과들, 경제적 안정과 정신적 웰빙이 더 나아짐

현재의 가구소득에 대해 스스로 인지한 재정상태, 응답자 %

● 편안하게 삶   ● 괜찮음   ● 수지를 맞추기가   ● 간신히 그럭저럭
　　　　　　　　　　　　　　 어려움　　　　　　버팀

기본소득수령인	13	47	28	12
대조군	8	44	32	15

2017년 11월~2018년 10월,
고용일의 평균 일수

기본소득 수령인	대조군
78	**73**

스스로 인지한 우울증

● 있다   ● 없다   ● 확실치 않다

기본소득수령인	22	76	2
대조군	32	65	3

삶의 만족도(0~10), 평균

기본소득 수령인	대조군
7.3	**6.8**

· 설문조사는 2018년 말경에 실시되었다.
기본소득실험 결과들은 2018년 초 활성화 모델 도입으로 인해 해석하기가 까다로워졌다.

ⓒ기본소득한국네트워크

　이재명도 《신동아》 2020년 7월호에서 핀란드 실험을 실패로 단정한 견해에 이론을 제기했다. "실업수당 75만원을 받은 사람보다 동일한 금액을 기본소득 형태로 받은 사람이 유급 노동을 6일 더 했다. 그게 기대한 만큼은 아니었다. 중요한 것은 기본소득을 받은 이들이 봉사활동 등 공익활동을 더 많이 했고, 삶의 만족도가 높아졌다는 점이다. 월 30만원 기본소득을 주는 단계만 돼도 가구당 100만원 정도의 소득이 생기기 때문에 급여는 낮아도 자아실현을 할 수 있는 노동에 나설 수 있다. 문화예술 분야, 귀농 등에 더 쉽게 참여할 수 있다. 기본소득이 있으니 생산성은 낮지만, 삶의 만족도가 높은 일을 할 수 있고, 개인과 사회 전체 삶의 질이 높아질 수 있다."

구체적으로 "기본소득을 받은 사람들은 그렇지 않은 사람들보다 삶의 만족도가 높았고, 타인과 사회에 대한 신뢰도 높았"고 "반면 스트레스, 우울, 슬픔, 외로움은 덜했다"라는 분석이다. 더 주목되는 부분은 "기본소득이 노동 의지를 꺾는 것이 아니라 삶의 질을 높이면서 노동 유인의 효과까지 가져오는 것이 확인"된 것이다.

이완배 기자는 〈경제의 속살〉(2020. 3. 12)에서 핀란드의 기본소득 실험을 이렇게 풀이했다.

기본소득 실험을 한 핀란드 정부는 이명박 정부와 철학이 닮았다. 그들의 관심은 '기본소득으로 고용을 늘릴 수 있느냐' 하는 점이다. 한국의 보수는 '돈을 주면 누가 일을 하는가'라고 묻는다. 그런데 핀란드 보수는 '기본소득을 지급하면 고용이 늘지 않을까'라고 생각했다. '기본소득 즉 공돈을 지급하는데 왜 취업하는가'라는 의문이 드는가. 핀란드는 앞서 실업자에게 그간 70만원씩 실업수당을 지급했다. 그런데 실업자들이 일자리를 얻으려 하지 않았다. '일자리를 얻으면 실업수당 끊길 텐데 귀찮게 일하느니 실업수당이나 받으며 놀자' 이런 심리가 강했다는 것이다. 그래서 핀란드 우파정권은 '실업급여와 같은 액수로 기본소득을 보장할 테니 일자리를 가져보라'라며 유인한 것이다. 만약 취업하면 소득은 70만원＋알파(취업한 직장의 급여)가 될 수 있기 때문이다. 그렇게 2년 동안 실험했다. 그런데 취업률이 별로 안 높아졌다. 그렇다면 실패한 것인가?

기본소득에 반대하는 한국 보수는 핀란드 외에 스위스도 실패사례로 거론한다. 기억할 것이다. 2016년 6월 '월 290만원 기본소득안'이 부결된 것. 팩트체크가 필요하다.

이완배 기자의 해설을 요약해봤다. 스위스 당국은 연 3600만원, 결혼하면 연 7200만원의 기본소득안을 제시했다. 여기에 국민 다수가 반대표를 던졌다. 이유는 한국 보수언론이 말하듯 '부실한 재원 마련 대책 우려' 이런 게 아니다. 기본소득을 받는 대신, 원칙적으로 다른 복지를 포기해야 한다는 전제 때문이다.

스위스 방안은 실업수당, 기초생활 수급을 기본소득으로 통치는 것이다. 이는 '작은 정부' '저부담 저복지'를 선호하는 유럽 우파 시장주의자의 설계도와 맞아떨어진다. 스위스의 실업수당은 실직 전 소득의 80%에 최장 18개월 지급이다. 그 80%의 급여액이 300만원에 육박하는 이도 많다. 그런데 기본소득

300만원 준다? 나머지 복지를 없애고? 스위스 상당수 국민은 손해로 인식한 것이다. 정리하자면 '복지 천국' 스위스의 사례를 들어 '복지 빈국' 한국에서의 불가 논리로 적용할 수 없다.

이완배 기자는 1990년생으로 2016년 미국 지방선거에서 캘리포니아주 스톡턴시에서 최초의 흑인 시장으로 당선된 마이클 터브스 이야기도 다뤘다.

이 도시에는 극빈자가 많았다. 범죄도 만연했다. 그런 스톡턴시에서 2019년 2월 기본소득을 실험한다. 무작위 125명에게 18개월간 월 60만원씩 지급한 것이다. 8개월쯤 지나 중간 조사를 했더니 놀라운 결과가 발견됐다. 실험대상인 빈곤층에게 전에 없던 '인간다운 자부심'이 생겨난 것이다. "난생처음 자녀에게 생일선물을 사줬고 이로써 부모 자격을 가졌다"라고 고백한 이가 있었다. 게다가 기본소득을 받는 실업자 중 구직 단념자는 2%에 불과했다. 노동 의욕을 저하하지 않았다.

이완배 기자는 캐나다 한 도시의 사례도 살폈다. 이 도시는 1974년부터 5년 동안 모든 시민에게 최저소득을 보장했다. 앞선 실험과 살짝 다른 양태다. 기준 소득을 연봉 3000만원으로 설정하고 그보다 못하면 시에서 맞춰준 것이다. 5년 시행 후 주민의 삶은 엄청나게 변해 있었다. 괄목할 부분은 주민 자녀의 학업 성적이 좋아졌다. 또 주민은 훨씬 건강해졌다. (노동 시간을 줄인 것도 아니었다.) 아울러 가정폭력 신고 수마저 확 줄었다. 주민의 정신병원 찾는 횟수가 크게 줄었다. 기본소득이 시민의 육체만이 아닌 정신까지 건강하게 만든 것이다.

그렇다. 기본소득 성과의 정수는 '삶의 질'이다. 핀란드의 기본소득 실험으로 확인된 것은 '삶의 질 개선'이다. 그렇다면 어찌 '실패한 실험'이라고 단언할 수 있겠는가? 재원 부족, 포퓰리즘, 노동 의욕 저하 등 기본소득에 관한 우파적 반론은 설득력 없는 인상비평에 그치는 것이다.

유럽식 기본소득과 이재명식 기본소득의 차이

어디까지나 기본소득의 출발점은 우파다. 신동근 더불어민주당 의원은 2020년 5월 말 텔레그램 대화방에서 "이재명 지사는 본인의 의도와는 상관없이 진보좌파가 결코 포기할 수 없는 불평등 완화(해소) 대신에 경제 활성화(살리기), 경제성장이라는 우파적 기획에 함몰됐다고 봐야 한다"라고 지적했다.

이에 대한 대꾸인지는 알 수 없으나 《신동아》 2020년 7월호 인터뷰에서 이재명은 기본소득에 당파성을 개입시키지 말라고 못 박았다. "정책은 현장에서 실용성이 있고 효율성이 높아야 한다. 정치이념으로는 이상적인데 비용이 많이 드는 가성비 낮은 정책은 하면 안 된다. 좌파든 우파든 양파든 상관없이 가장 유용하고 효율적인 정책을 조립해서 만들어 쓰면 된다. 지금 제가 우파라고 의심하거나 복지정책의 전형을 흩트리는 사람이라는 비난이 내부에서 나와 전선에 혼란이 오고 있다."

사실 신동근 의원은 경제성장 논리를 앞세워 복지를 희생하자는 스위스식 기본소득을 염두에 둔 것 같다. 여기서 우리는 밀턴 프리드먼이라는 경제학자를 알아야 한다. 그를 〈딴지일보〉 논객 '도비공'은 사실상 '신자유주의의 아버지'로 규정했다. 그리고 "오늘날 주류 경제학 중에서도 극단적인 시장주의자, 이른바 신자유주의자들에게 프리드먼은 이데올로기의 창시자일 뿐만 아니라 무엇을 해야 할지 구체적 지침까지 일러주는 전략가"라고 소개했다. 한국의 거대 양당 대권주자 중 가장 좌측에 진지를 구축하고 있는 이재명이, '신자유주의의 아버지'의 정책을 도입한다고 하니 사실 놀라운 일이긴 하다.

이재명은 프리드먼과는 다른 결의 기본소득임을 밝힌다. 앞서 언급한 대로 기존 복지정책의 유지를 전제하기 때문이다. 6월 24일 페이스북에서 "기본소득은 국민동의 하에 새 재원을 만들어야 하므로 복지 대체는 기우입니다. (미약한) 복지는 확대해야지 대체 축소할 것이 아니"라고도 했다. 6월 9일 CBS라디오 〈김현정의 뉴스쇼〉 인터뷰에서는 "(기본소득은) 우리(정치가·행정가)가 불쌍한 국민을 돕기 위해 돈을 나눠주는 게 아니고, 경제 선순환을 위해서 재정 지출을 어디에다 하는 게 가장 효율적이냐(를 따져) 나온 경제 정책이기 때문에, 기본소득을 '돈 없는데 어떻게 주란 말이냐, 최소한 생활비는 줘야 하는데 그렇게 줄 돈이 어디 있느냐' 이렇게 이야기하면 안 된다"라고 말했다. 그러면서 "(기본소득은) 복지 차원이 아니고 경제 정책, 그 자체"라고 강조했다. 기본소득이 경제 정책이라면 복지정책의 폐지는 곧 복지 축소가 된다. '복지 축소'는 이재명 사전에 없는 말이다.

복지 축소 우려를 수습한 이재명, 이번엔 새로운 전선과 마주하게 된다. '전 국민 고용보험'이 더 시급하다는 논리다. 전 국민 고용보험제는 임시·일용직 노동자, 하청·파견 노동자, 특수고용 노동자, 플랫폼 노동자 등 비정규 노동자와 영세자 영업자와 같은 고용과 생계 불안이 남아 있는 이들을 고용보험의 틀 안으로 끌어들이는 것이다.

박원순 서울시장은 생전, 2020년 6월 7일 자신의 페이스북을 통해 "전 국민 기본소득은 24조원으로 실직자와 대기업 정규직에도 똑같이 월 5만원씩 지급해 1년 기준 60만원을 지급할 수 있다. 전 국민 고용보험은 실직자에게 월 100만원씩

1년 기준 1200만원을 지급할 수 있다"라며 "끼니가 걱정되는 실직자도 매월 5만원, 월 1000만원 가까운 월급을 또박또박 받는 대기업 정규직도 매월 5만원을 받는 것인가, 아니면 경제적 어려움에 부닥친 실직자에게 매월 100만원을 지급하는 것인가"라고 물었다.

이 주장은 NGO '내가만드는복지국가'와 결이 같다. 같은 날 나온 성명에 따르면 "현실적으로 기본소득의 급여 수준이 현재의 실업 부조보다 높지 못하면서, 소요 재정 규모는 지금까지 어떤 복지 프로그램과 비교할 수 없을 만큼 거대하다"라며 "일자리를 잃거나 소득이 감소한 사람들에게 필요한 지원액이 현재 실업 부조 수준보다 훨씬 높아야 한다는 점을 참작하면, 지금 불안정 취업자에게 실질적으로 필요한 소득안전망은 기본소득보다는 '전국민 고용보험제'이다"라고 했다. 우파의 선별적 지원 주장 또한 큰 틀에서 보자면 같은 저수지에서 물을 끌어오는 셈이다.

이재명은 반박한다. "기본소득이 전 국민 고용보험과 충돌하지 않는다"라고. 6월 24일 페이스북에서 밝힌 대로 "일자리 유지를 전제로 일시 실업에 대한 단기 대증요법인 전 국민 고용보험도 필요하고, 일자리가 사라지는 4차 산업혁명 시대의 장기 근본 대책인 기본소득도 필요합니다. 이 두 가지는 충돌하는 것도 택일적인 것도 아닙니다. 납세자와 수혜자가 분리되는 전 국민 고용보험 재원은 증세로 만들기 어렵지만, 납세자와 수혜자가 일치하는 기본소득 재원은 증세로 마련할 수 있습니다"라고 했다. 전 국민 고용보험을 주장하는 처지에서는 기본소득과 고용보험이 양자택일의 문제이지만, 이재명에게는 각기 다른 트랙의 사안이다.

'이재명표 기본소득'은 민주당 대선 경선 국면에서도 집중 견제 대상이었다. 정세균 후보는 "'가성비'가 낮고, 불평등 해소에도 도움이 안 된다는 점에서 우리에게 필요하지도, 적절하지도, 바람직하지도, 지속 가능하지도 않다"라고 지적했다. 이낙연 후보도 "부자건 가난한 사람이건 똑같이 (돈을) 나눠주는 것이 양극화 완화에 도움이 될 리가 없다"라고 했다. '부자에게도 줄 이유가 없다'와 '재원 마련 대책이 허술하다'라는 고정관념에서 헤어나오지 못하고 있다. 그들은 국무총리 및 당대표 시절 재정 관료들과 더불어 '선별지급'을 강변했다.

다른 나라에서 전국적 단위로 실시한 전례가 없는 형편에서 당내에서도 단단하게 자리한 비토층을 뚫고 나가야 하는 이재명의 과제가 크다. 그러나 이 벽이 이재명의 의지를 굽히

긴 어려울 것 같다. 기본소득은 복지이면서도 성장, 아울러 이재명의 정치적 명운이 걸린 정책이니까. 실로 그는 20대 대선 국면에서 내건 '대전환'의 고리가 바로 기본소득임을 감추지 않고 있다. 기본소득의 궁극에 대동세상이 있다. 일을 중단하면 당장 생계를 고민해야 하는 한국 특유의 척박한 노동 현실에서 악덕 사용자의 몰염치는 고정불변이다. 그래서 아파도, 고달파도, 수치심을 느껴도 일손을 놓을 수 없다. '얼마나 충분한지'가 변수이겠지만 기본소득이 확대된다면 '먹고 살기 위해 이 짓을 해야 하는가' 하는 성찰 즉 존엄한 삶에 대한 고민도 비례해 커질 것이다. 고로 노사 나아가 갑을, 곧 기득권 대무산계층을 대칭적 관계로 바꿀 수 있다. 그래서 갑질이 일소되는 세상, 곧 노무현이 만들고자 했던 "모두가 먹는 것 입는 것 이런 걱정 좀 안 하고 더럽고 아니꼬운 꼴 좀 안 보고 그래서 하루하루가 좀 신명 나게 이어지는 그런 세상"의 길로 가게 될 것이다. 이재명에게 기본소득은 전시성 공약이 아니다. 정체성이고 운명이다. '이재명 집권' 때에 언제가 되든 기본소득은 반드시 실현될 것이다.

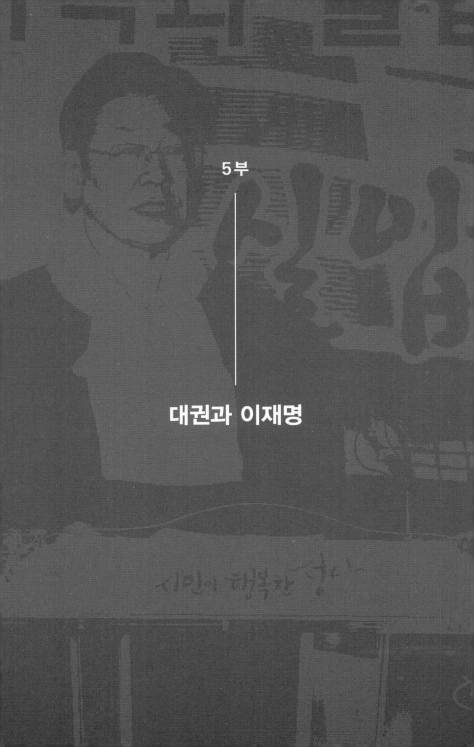

5부

대권과 이재명

2017년 도전사 그리고 후유증

저 이재명은 학연·지연 정치적 세력, 정치적 후광 하나 없이 오로지 이 맨몸 하나로 여기까지 왔습니다. 저는 세상을 움직인 것이 힘이 아니라 마음이라고 생각합니다. 가진 게 없어서 공장에 다니다가 팔이 비틀어지는 산재 사고로 장애인이 됐습니다. 이 부당한 일을 겪고도 보상받지 못했고 여전히 우리 가족들은 또 제 이웃들은 지금도 여전히 절망하고 기회를 얻지 못하고 자신이 노력한 결과물을 충분히 자신의 몫으로 갖지 못합니다. 이런 나라를 고치고 싶었습니다. 이런 나라를 고쳐서 모두가 희망을 품는 공정한 나라로, 죄지은 자는 처벌을 받고, 법 앞에 만인이 평등하고, 각자가 이바지한 만큼의 몫이 보장되고, 콩을 심으면 콩이 나는, 팥을 심으면 팥이 나는 상식적인 나라를 만들기 위해서 죽을힘을 다해 뛰어왔습니다. 앞으로도 이 길을, 내 삶의 목표를 절대 포기하지 않을 겁니다. 여러분의 손을 잡고 반드시 공정한 나라, 함께 사는 대동세상을 향해서 함께 이기겠습니다. (2018년 6월 11일. 경기도지사 선거 김포시 연설)

흙수저. 변방사또. 경기도지사 이재명에게 붙은 별명이다. 정치인으로서 그의 성장사는, 곧 무수한 기득권과의 대결사(史)라고 해도 과언이 아니다. 그의 힘은 위기와 약점을 회피하거나 이에 위축되지 않는 데 있다. 도리어 이를 기회와 강점으로 승화시킨다.

문재인	안희정	이재명
93만6419표(57.0%)	35만3631표(21.5%)	34만7647표(21.2%)

2017년 4월 3일. 더불어민주당 19대 대통령선거 후보자 선출 경선에서 이재명은 탈락했다. (지금은 '우파'로 갈아탔지만) 유재일 정치평론가는, 경선 직후 지하철로 귀가하는 이재명의 팬클럽 '손가혁'('손가락혁명군'의 약자) 회원의 표정을 이렇게 소개했다. "이재명은 억울함이 쌓인 극단주의자들의 구심점이었다. 손가혁은 '울분'에 쌓인 사람들이었고 삶과 정치에서 좌절이 누적된 사람들이었다. 고척돔 마지막 경선장을 떠나올 때 지하철에서 세상을 잃은 듯 서글피 우는 손가혁 (회원의) 지나치게 누런 이와 삶의 고단함이 묻어 있는 손으로 눈물을 훔치는 사람을 봤다. 나를 흘낏 보고 모든 걸 체념한 듯 계속 우는 사람은 손가혁 이전에 사람이었다."

손가혁 중에는 '급 상승주' 이재명을 이용해 단타 승부를 보려던 이들도 있었지만, 8할은 눈물을 훔치던 그들로 추정된다. 일생 하류에서 맴돌다 보니 말도 행동도 대개 투박했다. 욕설과 막말로 얼룩진 트위터 계정 '정의를 위하여'(일명 '혜경궁 김씨')의 실제 계정주도 이 일원이 아니었을까 추정해본다.

　실제 김성수 시사·문화평론가는 김용민TV〈관훈라이트 클럽〉(2019. 9. 9)에 나와 "(트위터 '혜경궁김씨' 계정주는) 정동영 지지자였을 가능성이 상당히 크고, 훗날 이재명 지지자로 편입"됐다는 제보를 전했다. 익히 알려진 대로 정동영 지지자들은 정치역정 내내 정동영에게 각을 세워온 친노, 친문 세력과 감정적 이격(離隔)이 크다. 그러나 어디 이들뿐이랴. 이재명의 지지자는 비노, 비문에 국한되지 않는다.

　정부 수립 이후 70년 동안 고착돼온 '가진 자' 중심의 질서, 즉 자본 연대의 지배구조는 갈수록 공고해지기만 한다. 1987년 직선제 개헌 이후 세 차례의 정권교체는 진영만 바뀌었을 뿐 시대의 교체가 아니었다. 이재명은 그런 의미에서 진정한 흙수저인 8할의 손가혁으로부터 '레짐 체인지'의 시대적 당위를 한 몸에 안고 있었는지 모른다. (그 손가혁 중 목소리 큰 일원은 "탈당 및 독자 출마"를 주장했고 정도가 아니라고 판단한 이재명은 이를 거부했고 손가혁과 손절했다.)

2017년 이재명의 대선 출마 선언문을 읽어보자.

역사상 가장 청렴 강직한 대통령이 되겠습니다. 윗물이 맑아야 아랫물이 맑습니다. 대통령이 부패하면 관료도 부패하고, 대통령이 불공정하면 차별과 반칙 특권이 활개칩니다. 성남시장이 된 후 시정에 개입하려는 형님을 막다가 의절과 수모를 당했습니다. 평생을 부정부패와 싸우고, 인간적 고통을 감수하며 청렴을 지킨 이재명만이 부정부패를 뿌리 뽑을 수 있습니다.

둘째, 약자를 위한 대통령이 되겠습니다. 대통령은 강자의 횡포로부터 다수 약자를 지키라고 권력을 부여받았습니다. 그런데 그는 강자 편을 들어 약자를 버렸습니다. 세월호 학생들을 구하지 않았고, 국민의 노후 자금을 빼내 삼성 이재용의 불법 상속을 도왔습니다. 이런 강자를 위한 권력, 비정상의 권력을 청산하겠습니다.

셋째, 친일 독재 부패를 청산한 첫 대통령이 되겠습니다. 과거청산을 하지 못한 우리에게 이번 대선은 천재일우의 기회입니다. 친일매국 세력은 쿠데타, 광주학살, 6.29선언으로 얼굴만 바꿔 이 나라를 계속 지배해왔습니다. 이 악순환의 고리를 끊겠습니다.

넷째, 금기와 불의와 기득권에 맞서 싸우는 대통령이 되겠습니다. 소년 노동자의 참혹한 삶을 탈출하여 영달을 꿈꾸던 저는 '광주사태'라 매도되던 민주화운동의 진실을 보면서 불의에 맞서 공정한 세상을 만드는 삶을 결정했습니다. 판검사 대신 인권변호사가 되었고, 시민운동가로서 구속 수배를 감수하며 부정과 싸웠고, 친인척 비리를 차단하려 가족과 싸웠고, 정치생명을 걸고 종북몰이와 싸웠고, 시민을 위해 대통령과도 싸웠습니다. 희생을 감수하며 끊임없이 싸워 이겨 온 저만이 거대 기득권 삼성 재벌과도 싸워 이길 수 있다고 단언합니다.

다섯째, 약속을 지킨 대통령이 되겠습니다. 저는 지키지 못할 약속을 하지 않았고, 약속은 반드시 지켰습니다. 공약 이행률은 96% 전국 최고이며, 저는 때와 장소에 따라 말을 바꾸지 않습니다.

사실 한국의 민주 진보 진영의 가장 큰 성찰 지점은, 집권기에 개혁의 변죽만 울리고 우리 사회의 구조적 병폐에 제대로 메스를 가하지 못한 데 있다. 왜 그럴까? 사실상 반만년 집권해온 수구 사대주의 기득권 세력의 '힘' 때문일 것이다. 자본, 언론, 관료의 힘이 한쪽에 쏠린 '기울어진 운동장'에서 사방의 화살을 맞아가며 기성의 질서를 흔들 주자의 출현은 기대하기 힘들다. 전혀 없진 않았다. 노무현은 그 가능성을 타진한 첫 주인공이라고나 할까? 영남당 호남당으로 갈린 정치 구도에서 호남당을 택했던 그, 〈조선일보〉에 머리 숙이고 고분고분해야 한다는 상식을 깼던 그. 그는 고인이 됐지만, 그의 정신은 한국 정치의 상식체계 일부가 됐고, 친구 문재인에 의해 정권까지 복원됐으니, 그도 이젠 명실상부한 '성공한 정치인'이다. 그러나 기득권은 여전히 그를 죽인 자들의 손에 있다.

이재명과 노무현은 중첩지점이 많다. 우선 비주류성이다. 노무현은 대통령이 되기 전까지 '메인 스트림'이 아니었다. (아무나 못 하는) 판사 경력이 '고등학교 졸업이 학력의 전부'로 매도됐다. 영남이 사회의 모든 기득권을 독식할 때 홀로 호남이 주류를 이룬 민주당 안에 들어가 '아웃사이더'가 됐다. (그가 대권후보를 거머쥘 때 그를 흔들던 상당수가 호남 패권주의자들이었다. 물론 호남 출신 중 노무현을 지지한 이들도 적지 않았다.) 이러다 보니 대선 경쟁자 이회창과 그의 지지자로 대표되는 주류세력은, 만화 줄거리만도 못하다며 막판까지 '노무현 당선 시나리

오'를 머릿속에 두지 않았다. 당선 이후라고 노무현을 가만 놔
둔 게 아니다. 집권기 내내 수구 기득권 집단과 악전고투를 벌
이게 했다. 정권을 되찾은 뒤에도 여전히 그를 위협으로 여기
고 집요한 괴롭힘을 이어갔다. 그리고 2009년 5월, 부엉이바
위에서 그를 떠밀었다.

이재명은 어떤가. 스스로 '흙수저'를 자임했듯 양지의 삶과
멀었다. 볕을 받았다면 '아주 잠깐의' 직업 변호사 시절일 텐데
이때마저 그의 시간은 성남의 노동·시민운동가로서 투쟁하고
수배되며 감옥 가는 궂은 일상의 연속이었다.

2010년 선출직 공무원 즉 성남시장이 되고서는 처음 2년
을 제외하고 나머지 기간 수사와 재판에 시달리며 안온한 일
상을 박탈당했다. 2017년 대선에서 민주당 정권이 창출된 이
후에도, 경선 과정에서 문재인 대통령의 경쟁자로서 ('문재인 1
위' 구도를 흔들어 보려) 과도한 공세를 퍼부은 게 '천형'이 돼 '반
문재인' '반노무현'의 딱지를 이마에 붙이게 됐고, 문 대통령의
지지자 전체로 대표될 수 없는 '극문' '문파'를 자처하는 이들
에게서 실제 자상을 입지 않았을 뿐 살육에 가까운 공세에 시
달리곤 했다. 그리고 검경의 무차별적 수사로 재판정에 서기
도 했다. 하지만 위기를 기회로 삼는 특유의 돌파력으로 마침

내 대법원으로부터 무죄 판결을 받기에 이른다.

　'비노' '반노'로 오해받아 왔지만, 누구 못지않게 노무현과 닮은 삶과 진정성, 지향점을 가진 이는 이재명이다. 노무현이 시대의 고착된 구조적 부조리에 맞서 제 몸을 부딪쳐 금 가게 한 인물이라면, 이재명은 그 금의 틈을 벌려 해체하려 하고 있다. 모든 이익과 욕망, 기득권으로 결정(結晶)된 세상을 갈아엎고 '억강부약'(抑强扶弱)의 세상을 건설하기 위해. 만약 그의 정치적 목표가 실패한다면 세력과 조직, 전략 때문이 아닌, 자신의 출발점과 초심을 상실한 데서 비롯된 것이리라.

10년, 영혼까지 털린 수사

앞서 언급했듯, 그는 선출직 공직자 생활 10년 중 처음 2년을 뺀 나머지 기간 내내 정치적 명운을 건 사법 투쟁을 전개해왔다. 싸움을 걸어온 쪽은 중앙정부였다. 수사와 재판을 받는 선출직 공직자들은 대개 개인 비리에 연루된 경우다. 그래서 수사와 재판은 단기에 원포인트로 끝난다. 그런데 개인 비리가 없었던 이재명은 어째서 털리고 또 털리며 그들에게 불관용의 대상으로 낙인찍혔을까?

2015년 2월 3일, 이재명은 서울중앙지검에 종북 혐의로 불려 나왔다. 그때 했던 말이다. "이미 2012년부터 4년간 연례 행사로 (검찰이 나를) 수사하고 있습니다. 성남지청 한 번, 수원

지검 한 번, 서울중앙지검까지 모두 세 번째 소환입니다. 감사원·경찰 합동 조사도 한 번 받았습니다. 수년간 조사하고도 결론이 없습니다. 그리고 매년 수사를 빙자해서 종북몰이하고 있습니다. 이제는 끝장내야 합니다. 이번 수사로 나라 망치는 종북몰이 끝내고 싶습니다." 당시 이재명은 종북 혐의를 받고 있었다.

이듬해인 2016년 10월 4일, 이번엔 서울중앙지검에 나왔다. 통상 최고 지방검찰청으로 통하는 중앙지검에서 소환할 땐 '이렇다' 할 또 '무겁다' 할 죄목으로 부르는 게 상식이다. 그런데 이재명에 대해선 그렇지 않았다. "검찰이 오늘 소환해 수사하겠다고 한 내용은 전혀 문제가 되지 않을, 그야말로 허접하기 이를 데 없는 고소·고발 사건들입니다. 양식을 가진 검찰이라면 각하해 마땅한 사안들입니다."

그렇다면 어떤 범죄 혐의가 있어서 불려 나온 것일까? "'위안부 합의에 대해 잘못했다, 대통령이 잘못한 것이다'라고 이야기한 것이 대통령의 명예를 훼손했고 공무원의 정치적 중립 의무를 위반했다는 것이었습니다. 또 '상품권 깡이 있었다'라는 일부 언론 보도에 대해서 '그것은 일베에서 조작된 것이다'라고 했더니 '일베의 명예를 훼손했다'라고 고발한 것도 혐의 내용에 있습니다." 실소가 터져 나오는 죄목들이다. 당연한 귀결이지만, 어느 것 하나 기소된 게 없었다. 법률가이기도 한 이재명의 탄탄한 방어력 때문만이 아니다. 검경의 수준이 바닥이었다. (이런 추론도 해본다. '이재명 죽이기'를 하달한 '상부'의 터무니없는 지시를 희화화할 목적으로 일선 검사들이 그를 소환한 것은 아닌지.) 수사는 이재명에게 더 위협이 되지 않았다.

이런 와중에 이재명을 괴롭힌 정권은 무너지고, 2017년 5월 문재인 정부가 들어선다. 이재명은 이듬해 지방선거에서 경기도지사가 됐다. 그런데 이 시점으로부터 이어지는 이재명에 대한 공격과 압박은 지난 6년 치를 모두 합한 것, 그 이상이었다.

검찰과 경찰은 어떻게 이재명을 털었을까. 상상을 초월한다. 후임 은수미 성남시장은, 김용민TV 〈관훈라이트클럽〉(2019. 9. 23)에 나와서 이렇게 이야기했다. "(자신이 2018년 7월) 시장이 되고 나서 거의 14개월 동안 하루에 한두 건씩 검경에서 (이재명 지사에 대한) 자료를 요청하는 거예요. 예컨대 이재명 지사가 브라질에 출장했을 때 성남으로 국제전화한 명세서를 달라, 이재명 지사의 어머님이 시청에 출입한 CCTV 기록을 달라는 요청까지 받았어요. 그리고 성남시 공무원들 거의 수십 명이 조사받으러 갔었어요." 그렇다면 검찰이 기소한 2018년 12월 이후에도 여죄가 없는지 털었다는 것이다. 여죄는 없던 것 같다. 추가 기소된 바 없으니 말이다.

가혹하고 잔인해 국민의 공분을 샀던 조국 전 법무부 장관에 대한 강제 수사도 이재명에 비하면 아무것도 아니었다. 김용 전 경기도 대변인은, 김용민TV〈용터뷰〉(2019. 10. 17)에서 "조국 장관은 11명의 검사와 수사관이 들이닥쳤다고 하는데 성남시청과 이재명 지사 자택에 50명이 왔다"라고 밝혔다. 그야말로 탈탈 털렸다.

2018년 11월 19일, 경찰의 선거법 위반 등 기소 의견 송치가 있고 이재명이 경기도청 신관 앞에서 입을 열었다. "진실보다는 권력을 선택했다, 그런 생각이 듭니다. 국가 권력 행사는 공정함이 생명입니다. 명백한 허위사실을 공표한 김영환에 대해서는 그렇게 관대한 경찰이 이재명 부부에 대해서는 왜 이리 가혹한지 모르겠습니다." 그렇다. 당시 검경에는 이재명을 상대로 '한 건' 하는 사람은 인사상 프리미엄이 있을 것이라는 풍문이 돌았다고 한다. 취재 결과, 문재인 대통령과는 무관했다.

조국에게 그러했듯, 이재명도 가족을 털었다. 이재명의 발언을 계속 들어본다. "경찰이 이재명의 아내에 대해서는 6명의 전담 수사관을 편성하고 또 미리 친절하게 오늘 기소 예정이라는 것을 이틀 전에 영화 예고편 틀듯이 틀어줬습니다. 정말로 불공평하다는 생각이 듭니다. 때리려면 이재명을 때리시고 침을 뱉어도 이재명한테 뱉으십시오. 죄 없는 무고한 제 아내, 가족들을 싸움에 끌어들이지 않았으면 좋겠습니다."

다년간의 피소 경험 때문이었을까? 이재명의 이 말에는 여유가 있었다. 지난 정부처럼 정권 탓을 하기 어려운 환경임에도. 이런 언급도 했다. "경찰이 지금 이재명 부부에 대해서 기울이는 노력의 10분의 1만 삼성바이오 분식회계 사건이라든지 기득권자들의 부정부패에 관심을 두고 정말로 집중했더라면 아마 나라가 지금보다 10배는 더 좋아졌을 것입니다."

그들의 목적하는 바는 '이것'이라고 짚었다. "저들이 바라는 바, 이 저열한 정치 공세의 목표는 이재명이 일을 못 하게 하는 것입니다. 그래서 지금보다도 더 도정에 더 집중해서 도정 성과로 그 저열한 정치 공세에 대해서 답을 해 드리도록 하겠습니다."

이재명에 대한 수사는 수사기관이 '혐의점'이 확실해 나섰다기보다는, 그 배후에 엄청난 '힘'이 추동된 것임을 보여준다. 이재명이 임기의 상당 부분을 재판에 얽매게 함으로써 다음 경기도지사 재선 도전 때엔 '무능론'을 유포시키고, 그래서 좌초시키려는 강력한 의지가 읽히는 것이다. 그렇다면 어떤 '힘'이 이재명을 곤경에 빠뜨리게 했는지 능히 짐작될 것이다. 그래서 이재명은 대법원 판결까지 '업무 성과'를 내는 데 진력했다. 그것은 자신을 죽이려는 세력에 대한 대답이자 저항이었다. 도정에 전념할 시간을 할애할 수 없어 주말, 심야를 이용해 재판을 준비하다가 시간이 모자라고 서러워서 눈물을 흘리기까지 했다고 한다.

이재명에 대해서는 수사기관만 턴 게 아니다. 사실 수사기관은 개념화된 범죄만 다룬다. 어느 세상에서 범죄만으로 악소문이 생성되나? 크게 네 가지 '조폭 연루설'과 '여배우 불륜설' '패륜 트위터 차명 계정주설' '형수 욕설 의혹'이 이재명의 이미지를 깎아내리는 데 큰 역할을 했다. 설은 특성상 명징한 '허위'로 판단되기 쉽지 않다. 그러나 이재명은 대부분은 '허위' 또는 '더는 문제 삼기 힘든 낭설'로 규명했다.

우선 '조폭 연루설', SBS는 이 지사 취임 직후인 2018년 7월 21일 〈그것이 알고 싶다〉에서 성남 국제마피아파, 코마트레이드와 이재명 도지사, 은수미 성남시장의 관계를 파헤치면서 이 지사가 변호사 시절 성남 국제마피아파 변론을 맡았고 성남시장이 된 이후 특혜를 베풀었다며 유착 의혹을 제기했다. 사실이라면 범죄임은 물론 조폭과 결탁한 정치인의 낙인도 박힌다. 그러나, 방송 직후부터 부실한 취재가 도마 위에 올랐던 이 사건 보도는 경찰에 의해 입건조차 되지 않음으로써 '설'로 수명을 다했다.

다음은 '여배우 불륜설'. 이는 배우 김부선 씨가 줄기차게 주장해오던 바다. 즉 자신과 이재명이 불륜 관계였다는 주장이다. 지금도 그는 사실이라 강변하고 있으나, 뒷받침할 아무런 증거를 제시하지 못하고 있고 나아가 거짓 증거를 제시하면서 스스로 고립된 형편이다. '바닷가에서 함께 찍은 사진이 있다'라는 주장에 입증을 요구하니 카메라가 외국에 있다는 둥, 딸이 없앴다는 등 변명을 늘어놓았다. 그러더니 자신의 페이스북 소개 사진에 이재명과 닮은 중년 남자의 사진을 올렸는데 금세 한 지역 언론사 기자의 사진임이 드러나 빈축을 샀다. 또 이재명이 바닷가에서 자신을 찍어준 사진이 있다며 증거를 내밀었는데 촬영자는 조카로 확인됐다. 결정적으로 이재명 성기에 큰 점이 있다는 주장을 펼쳤지만, 이재명이 자청한 진단을 통해 허위사실로 규명됐다.

나는 '점 사건'을 천운이 따른 일이라고 평가한다. 사실이 아니어도, 여성이 자기 얼굴을 드러내놓고 남성과의 불륜을 운운할 땐, 지목된 상대로선 대응할 방법이 없다. 젠더 관련 의혹에만 발동되는 유죄추정원칙 때문이다. '(폭로 내용은 사실이) 아니다'라고 대꾸하면 '파렴치하다'라는 세간의 평판만 강화된다. 잘못 반박하면 '2차 가해'로 몰린다. 몸부림치면 칠수록 수렁에 빨려 들어가는 형국이라고나 할까. 사실 '있다'라는 증거는 있을 수 있어도, '없다'라는 반박 증거를 무슨 수로 제시할 수 있겠는가?

음모론적 추론을 하나 해본다. 이재명은 아내 김혜경 씨와의 각별한 애정을 TV 프로그램에서 과시한 바 있다. 이런 인식의 틀에서 이재명을 '불륜남'으로 만들어 그를 양두구육(羊頭狗肉)의 이중인격자로 매도하려는 공작은 아니었을까? 여성 유권자에게 부정적 인식을 심으려는 목적으로. 이럴 때 김혜경 씨가 '우리 남편은 불륜을 저지를 사람이 아니다'라고 해명할 기회도 차단하려는 술수가 가동된 것은 또한 아니었을까? 그녀를 패륜적 트위터의 차명 계정주('혜경궁 김씨')로 분칠하려던 음험한 움직임을 보면 말이다.

'패륜적 트위터 차명 계정주설'도 따져보자. 이는 경찰로부터 기소 의견 송치까지 났다. 범죄 인정 단계까지 갔던 사안이다. 그러나 2018년 12월 검찰에 의해 기소중지 즉 무혐의로

멈췄다. 오해의 출발점은 '@08_hkkim'이라는 해당 계정 이름이다. '혜경김'으로 추정되는 'hkkim'의 계정명이 이재명 부인 김혜경 씨의 이름에서 따온 것이라는 주장에서부터 힘이 실렸다. 여기에 계정에 등록된 정보가 모두 김혜경의 것이거나 추정된다는 추가 주장이 덧붙여졌다. 그리고 이 계정을 이재명이, 아니면 이재명의 부인이, 또는 부부가 함께 써왔다는 설로 확대됐다.

그러나 김어준 〈딴지일보〉 총수 분석대로 '@08_hkkim'이 가입한 2012년에는 트위터가 이메일 인증 없이 자유롭게 SNS를 할 수 있는 정책을 펼쳤던 시기였다. 당시만 해도 이명박 정권은 이재명을 매우 불편하게 여겼고 그를 수사의 표적으로 삼았던 터다. 게다가 국가정보원이 트위터를 통해 정권에 비우호적 인사를 상대로 공작을 벌이던 시기와 맞물린다.

생각해보자. '공작 세력이 이재명 가족을 빙자한 가짜 계정을 만들어 악의적으로 이용할 궁리를 하지 않았을까' 하는 의심, 과연 터무니없는 추측일까? 검찰은 기소 여부를 결정할 때, 범죄 주체가 특정되고 사실이 증거로서 입증돼야 기소한다. 법원에서 '무죄' '기각' 등으로 되치기당할 수 있기 때문이다. 그렇다면 2012년에 가입한 '@08_hkkim'의 등록 이메일 작성자가 누구인지 특정할 수 없는 것이다. 또한 "트위터 글의 일부에선 김혜경 씨의 신상과 부합하지 않는 글과 정황이 다수 존재했음"도 들었다. 검찰은 추가 증거가 나올 때까지 기소중지라고 했는데 이 지사가 다른 건으로 기소돼 대법원 상고심 판결을 받은 시점에 이르러도 새로운 범죄 사실이나 단서가 발견되지 않고 있다.

논란이 야기될 당시, 주목되는 사건이 있었다. 트위터 계정 '@08_hkkim' 건이 불기소될 당시, 고 정두언 전 새누리당 의원은 감탄을 금치 못했다. tbs라디오〈색다른 시선 김종배입니다〉(2018. 12. 12)에 나와서 "(이재명 지사는) 아주 대단한 싸움꾼"이라고 촌평했다. 문재인 대통령 아들 특혜 취업설에 대한 재론 가능성 등의 카드로 으름장을 놓은 것이 일종의 '신의 한 수'로 작용했다고 본 것이다.

〈조선일보〉도 이런 맥락에서 이재명 지사 협박에 결국 문 대통령이 백기를 든 것이라고 설명했다. 이를 두고 이재명은 분명히 선을 긋는다. (문 대통령 아들 사건 거론은) 법리를 기계적으로 따진 것에 불과하다는 것이다. 정두언과 〈조선일보〉의 평가, 이재명의 반박, 이게 무슨 맥락의 이야기일까? 우선 전제할 것이 있다. 문 대통령 아들을 끌어들인 이재명 측 의견은 '변호인 의견'이다. 실제 해당 계정(@08_hkkim)은 문 대통령 아들에게 비위가 있다는 식으로 주장을 폈고, 경찰이 이를 허위사실 공표라며 범죄로 규정했고 기소 의견으로 송치했다.

이에 대해 이재명 변호인 측은 '문 대통령 아들 특혜 취업 의혹이 허위라고 판단한 경찰, 그렇다면 먼저 수사로써 입증해야 하지 않는가'라고 하면서 '그런 다음에야 당신들이 의심하는 계정주 김혜경에게 책임을 묻는 게 순서 아닌가'라고 되물은 것이다. 정리하자면 '문 대통령 아들 의혹이 사실'이라고 주장하는 게 아니다. 경찰에게 '왜 무리하게 이재명 부인을 음해하려 드는가'라고 반문하는 것이다. 덮어씌울 거면, 문제가 된 발언의 범죄 사실부터 규명하고 난 뒤에 하라는 이야기이다. 만약 검찰이 고 정두언과 〈조선일보〉의 말에 움찔해서 불기소로 결정했다면 @08_hkkim 계정 수사가 무리했고 무도했음을 스스로 드러내는 것이다. 그래서 이 수사를 가능케 했던 '힘'이 참으로 간악하고 가증하다. (거듭 언급하지만, 확인 결과, 그 '힘'은 문 대통령이 아니다.)

그리고 '형수 욕설 의혹'. 이것은 (되풀이되는 사안인데) 이재명의 형과 이재명 사이의 갈등 관계에서 출발한다. 형은 성남시장인 동생의 이름을 팔아 온갖 이권 및 인사 개입을 하려고 했다. 동생은 이를 단호하게 차단했다. 그 갈등에서 비롯된 것이 '형수 욕설 의혹'이고, 대법원까지 간 '정신병원 강제 진단 논란'이다. 이재명의 진술이다. "2012년 초부터 형님은 국정원 김모 과장 및 성남 새누리당 간부들과 어울려 매일같이 시정을 비방하고 '종북 시장 이재명 퇴진'을 주장하면서 저와의 통화와 면담을 요구하므로 비서실장과 감사관이 대신 만났는데, 비서실장에게는 4명의 공무원 인사를 요구하고, 감사관에게는 관내 대학교수 자리 알선을 요구하며 인사 개입 및 이권 청탁을 했다."

이재명은 형의 시정 개입을 용인하지 않았다. 그러자 앙심이 폭발한 형은 시장실로 찾아와 농성을 벌이는 등 소란을 피웠다. 그래도 말을 듣지 않자 모친을 찾아가 '집과 교회에 불을 질러 죽인다'라고 위협했다. 그러자 이재명은, 형이 했던 말 '어머니를 죽이고 싶다. 내가 나온 (특정 신체 부위)를 칼로 쑤셔 버리겠다'라는 발언을 인용하며 전화로 '어떻게 이런 말을 (아들인 형이) 할 수 있느냐'는 뜻으로 형수에게 격한 어조의 항의를 했다. 다시 이야기해 '칼' 운운 발언은 이재명이 한 것이 아니라, 그의 형이 한 말에 대해 이재명이 인용하며 비판한 맥락이다. 이 의혹들은 결국 법정에서 다툴 단계까지 가지는 않았지만, 이재명을 쌍욕이나 해대는 수준 이하의 인간으로 낙인

찍고 '무한 혐오'하게 하는 기제로 악용됐다.

형과의 험악한 관계에는 '전사'(前史)가 또 있다. 형이 김병량 성남시장 인수위원회 부위원장을 맡고는 부정 특혜를 저지르더니 2001년 언론에 의해 비판받았던 모양이다. 시민단체 간부인 동생 이재명을 시켜서 그 언론을 상대로 항의 성명을 내게 하려고 했던 터였고. 그러나 이재명은 거부했다. 이것이 형과의 인연이 틀어진 계기였다.

형은 점점 이상해져 갔다. 2005년경에는 어머니에게 돈 5000만원을 요구했다가 거절당하자 패륜적 폭언을 일삼았다. (이른바 '칼' 발언 이전의 일이었다.) 2010년 시장선거 당선 후에는 성남시 인사와 정책을 조언하겠다며 연락을 해왔다. 이재명은 형의 꿍꿍이를 간파한 듯 연락을 취하지 않았다. 형이 들려주겠다고 한 인사와 정책에 대한 조언이 부정 청탁과 다름없을 것이라는 추정 때문이었다. 형은 이후, 끊긴 동생과의 연락선에 더 미련을 두지 않고, '시장 친형'임을 내세우며 공무원들에게 지시와 요구·협박을 일삼았다. 이때 이재명은 팀장급 이상에게 (형과의) 전화 통화 금지를 지시한다. 형은 폭발했고 성남시장실로 찾아왔다. 만나주지 않자 시장 면담을 요구하고 그 앞에서 농성을 벌인다.

형은 훗날 '박사모' 성남지부장, '황대모(황교안을 대통령으로 만드는 모임)' 회장 등을 맡으며 동생을 공격하는 활동을 벌이다가 2017년 11월 2일 세상을 떠났다. 이재명은 형이 자신이 고분고분하지 않은 시점부터 (지난 정부) 국가정보원 직원을 만났다고 밝힌 바 있다. 이 때문일 것이다. 이재명은 그 이후로 온갖 억측과 모함에 시달리며 피투성이가 돼 갔다.

이제부터는 2018년 12월 기소로 재판정 심판대에 오른 이재명의 혐의를 살펴보자. 우선 1, 2심에서 무죄로 판단된 것들이다. 우선 '친형 강제 입원'에서 비롯된 직권남용 건을 보자. 이재명이 성남시장 재임 시절인 2012년 4월부터 넉 달간 보건소장, 정신과 전문의 등에게 친형 고 이재선 씨에 대한 정신병원 강제 입원을 지시해 문건 작성, 공문 기안 등 '의무에 없는 일'을 하게 한 혐의다. 이재명은 "형을 강제 입원케 하려 한 것이 아닌 진단·치료 절차를 검토하라고 포괄적 지시를 내린 것"이라고 말했고, 법원도 '직권남용 아님'으로 일관되게 판단했다.

형은 이미 2000년대 초부터 선지자 또는 해탈 부처를 자처하고 나섰다. 조울증에 해당하는 조증 투약 치료는 이때부터였다. 형수는 조증이 2007년부터 왔다고 추후 증언했다. 증세는 점점 악화됐다. 2012년 4월, 어머니가 마침내 정신보건센터에 형의 조울증 정신감정을 의뢰했고, 이재명도 시장의 처지에서 정신보건법 제25조(시장·군수·구청장에 의한 입원)에 근거해 강제 진단을 검토하라고 지시했다. 형도 그해 12월 스스로 정신감정 기회를 요청했다. 그리고 2013년 2월에 우울증 진단을 받았다. 용인 모 정신과 의원이 발부한 '상세 불명의 우울 에피소드' 진단이 그렇다. 그런데 그다음 달인 3월 16일, 형은 고의로 교통사고를 냈다. 스스로 목숨을 끊으려 한 것이다. 다행히 중상으로 생을 지킬 수 있었다. 2013년 3월 16일. 이날이 매우 중요하다. 검찰은 기소할 때 공소장에 "이재선(이재명의 형)은 2013년 초순(3월 16일) 교통사고로 인한 후유증으로 우울증 등 정신병을 앓기 전까지 정신질환으로 진단이나 치료를 받은 사실이 없다"라고 밝힌 바 있다. 2000년대 초부터 2013년 2월까지의 전사를 송두리째 부정한 것이다. 이 공소장은 결과적으로 이재명의 유죄가 아닌 이재명의 무죄를 입증하는 실마리가 됐다. 마침내 형은 2014년 11월 21일 형수와 조카의 요청으로 국립부곡정신병원에 강제 입원당했다.

이 논의에 앞서 이재명이 왜 진단 치료 절차를 검토하라고 했는지를 따져야 한다. 그는 직권남용이라는 시비에 휘말리기까지 또 가족과의 단절을 감수하면서까지 형의 시정 개입을 차단했다. 만약 직권남용 시비에 휘말리기 싫어 형이 무슨 짓을 하고 다니든 내버려 뒀다면, 그간 수단과 방법을 총동원해 이재명을 거세하려던 수사당국이 과연 그를 직무 유기범 나아가 비리의 공범으로 엮지 않았을까? 형 논란으로 인해 이재명이 갖은 시비에 휘말렸을 때 누가 묻지 않았는데도 '이재명의 슬픈 가족사'라는 제목의 소명 글을 여러 차례 올리던 모습이 기억난다.

재판정에 올랐고, 1, 2심에서 무죄가 된 기소 내용 두 번째다. 2018년 6·13 지방선거를 앞두고 이재명은 "성남시장 시절 분당구 대장동 즉 판교권 개발사업과 관련한 수익금이 발생한 사실이 없는데도 선고공보와 선거유세 등에서 '개발 이익금 5503억원을 고스란히 시민의 몫으로 환수했다'라는 취지의 허위사실을 공표했다"라는 이유로 재판에 넘겨졌다. 이 발언은 '개발 이익금이 (중략) 환수될 예정이다'라고 해야 정확하다. 그렇다면 '과장 아니냐'라고 되물을 수 있다. 이에 이재명 측은 실시계획인가 조건, 사업협약서, 부제소특약 확약서(소송 제기하지 않겠다는 각서) 등을 제시하며 개발이익이 환수되지 못할 가능성이 제로에 수렴된다고 밝혔다. "민간이 차지할 개발이익을 성남시민 몫으로 환수하고 확보한 게 맞다"라는 것이다. 말하자면 입금이 안 됐을 뿐이지 입금은 시간문제이고, 입금이 불발돼 '환수됐다'라는 단정적 표현이 거짓으로 바뀔 변수는 전혀 없다는 이야기다. 재판부도 수긍했다. "일부 과장된 표현을 사용했다고 볼 수 있는 부분이 있지만, 이익을 얻었다는 것 자체는 허위라고 보기 어렵고 피고인이 허위인식을 가졌다고도 보기 어렵다"라고 판결했다. 검찰은 한마디로 '복불복' 기소를 했다. 추정컨대, '환수됐다'라는 표현을 곱게 보지 않는, 즉 문구를 기계적으로 해석하는 '안티 이재명' 판사가 사건을 맡아 정치적 판결 내리기를 기대했다. 그러나 이 꼼수도 이재명의 환수를 위해 탄탄히 구축한 행정적 장치에 눌리고 말았다.

마지막으로 분당 파크뷰 특혜분양 사건과 관련한 '검사 사칭' 사건이다. 앞서 언급했던 사건이다. 2004년 12월 이재명은 검사 사칭을 한 공범으로 벌금 150만원 형이 확정됐지만 2018년 경기도지사 선거 당시 TV 토론회에서 "사칭은 KBS PD가 했다"라고 주장했다. 검찰은 이를 두고 이재명이 허위사실을 공표했다며 기소했다. 이재명의 발언은 사실 '억울함'의 토로다. 즉 의견의 표명인 셈이다. 뒤집어서 사실을 표명한 것이라면 문제일 수 있다. 법원도 의견의 표명으로 판단했다.

다만 여기서 중요한 부분이 있다. "TV 토론회에서는 즉흥적 답변으로 전체적인 발언 취지를 고려해야 한다"라고 내린 판결이다. 이재명의 '검사 사칭 부인' 발언도 본인이 먼저 '주장'한 게 아니었다. 누군가의 질문에 즉흥적으로 즉 수동적으로 답변한 것이다. 2심에서 유죄가 나와 지사직 상실형에 처하게 한 혐의, '형 강제 진단 의혹 관련' TV 토론회 발언도 이런 양상이었다. 본인이 적극적으로 주장하는 게 아닌 남의 질문에 대해 답하는 것, 즉 소극적으로 대응했다는 점, 답변 시간이 제한돼 있어 모든 이야기를 정돈되게 말할 수 없다는 점을 참작하면 해당 발언을 '적극적 허위사실 공표'로 볼 수 없다는 것이다. 그래서 대법원까지 갔던 그 혐의는 이미 판결 전부터 무죄를 예고했다.

그리고 대법원 판결

1심 판결이 퍼펙트한 무죄로 끝났을 때, 2심, 3심도 여지없겠구나 싶었다. 그도 그럴 것이 1심(수원지검 성남지원 형사1부 최창훈 부장판사) 판결이 너무나 탄탄했고, 변론(나승철 변호사 등)은 '진공청소기'처럼 샅샅이 법리와 진실을 훑었으며, 검찰은 헛발질의 연속이었다.

헛발질의 결정타는 이것이었다. 이재명에게 유리한 녹음 파일인데 이를 수사 중 확보한 검찰이 끝내 감춘 것이다. 어떤 파일이냐. 〈동아일보〉 보도에 따르면, △형과 한 의사가 조증약(조울증 치료제의 일종) 처방을 없던 일로 하자며 말을 맞추는 통화 △그 의사가 형에게 조증약을 준 것으로 추정되는 자리에 의사의 정신과 후배가 동석했다고 시인하는 통화 △어머니가 형에게 정신질환 치료를 여러 차례 요청하는 내용의 통화 △2012년 당시 경남 고성군, 성남시의회, 롯데백화점 수내점 등에서 형이 난동을 부린 녹취 △이재선이 지인 2명에게 각각 2013년 자살 교통사고를 냈다고 고백하는 통화 등이다. 검찰은 '사생활이 담긴 내용'이라며 공개를 거부했다. 그런데 그 '사생활이 담긴 내용'에 사건의 실마리가 풀릴 진실이 담겨 있었다.

그런데 2심은 황당했다. '벌금 300만원 형'을 선고한 것이다. '벌금 300만원 형'은 명실공히 중형이다. (이재명의 경우, 경기도지사직을 내려놓고, 38억원의 선거보전금을 내놓아야 한다. 이재명은 그래서, 이 사안의 경우 인용 또는 파기환송만 결정할 수 있는 대법원의 결정 권한을 넓혀야 한다고 주장했다. 선거법상 100만원 이상의 벌금형은 정치·경제적 생명을 좌지우지하는 판단인 만큼 사형 등극형 판단에만 쓰이는 형량 감경을 선거법에도 적용할 수 있어야 한다고 강조한 것이다.)

이재명은 나중에 회고하기를, 2심 선고를 받고 한동안 자리에 멍하게 앉아 '이건 뭐지?'라는 말을 되뇌었다고 한다. 다음 광경은 이러하지 않았을까? '대법원 가서도 이렇게 골탕 먹는 것 아닐까?' 하는 불안과 공포로 굳어진 전신. 대법원의 무죄 취지 파기환송심 결과가 날 때까지 아마 여러 경우의 수가 이재명의 심사를 복잡하게 했을 것이다.

2심 판사는 원래 노경필 부장판사였다. 그러다가 '대구 향판' 임상기 부장판사로 바뀌었다. 당시 법원은 2심 법관 중 한 명과 이재명 측 변호인 중 한 명이 사법연수원 동기 관계로 확인돼 재판부를 변경했다고 밝혔다. 근거는 '법관 등의 사무 분담 및 사건배당에 관한 예규'였다. "재판부 소속 법관과 선임된 변호사가 사법연수원 동기일 경우 재배당 요구를 할 수 있다"라고 돼 있는 내용이다. 그런데 '해야 한다'가 아니라 '할 수 있다'이다. 안 해도 된다. 그런데 전격 교체됐다. 그날이 2019년 6월 12일. 평소 이재명에 대해 악의적 비난을 일삼던 판사 출신의 한 변호사는 이 사실과 관련해 "노경필 부장에서 임상기 부장으로 바뀌었다고? Nice ^-^"라고 했다. 2심에서 이재명에 대한 정치적 사형선고가 내려졌을 때, 이 'Nice^-^'라는 단어는 머릿속에서 한참을 맴돌더니 '법리 아닌 무언가의 힘이 작동한 게 아닌가' 하는 의구심마저 들게 했다.

비단 재판부의 수상한 변경, 이에 대한 '안티 이재명'의 'Nice^-^'라는 수상한 반응만이 아니다. 억지 춘향에 다름 아닌 수상한 2심 판결도 그렇다. 훗날 임상기 재판부의 2심 판단은 대법원으로부터 "법리를 오해하여 판결에 영향을 미친 잘

못"이 있다는 지적을 들었다. 맞다. 대법관 다수의 판단도 그랬지만 법에 대해 문외한인 나조차 납득할 수 없었다.

　판결의 문제는, 이재명이 "그런 적 없다"라고 잘라 말한 것을 허위사실 공표로 판단한 것이다. 단언컨대 2심 재판부는 이재명의 '그런 적 없다'를 제멋대로 해석했다. 이재명은 '친형 강제 입원시키려고 한 적 없다'라고 말한 것이었다. 그런데 재판장 임상기는 이를 '강제 입원'이 아닌 '강제 진단하려 한 적 없다'라는 뜻으로 받아들인 것이다. 2심은 이재명이 '그런 적 없다'라고 축약해 말한 것은 유권자에게 자신이 형님을 해코지한 적이 없었다고 오해하게 할 계략을 내재한 것이란 이야기다. 그야말로 이재명 흉중에 '마구니'가 끼었다는 이야기다. 관심법 판결, 궁예 판결이다. 결국, 임상기는 이재명이 하지 않은 말을 멋대로 추론하고 또 이재명이 말을 악의적으로 축약했다고 멋대로 해석하고는 허위사실 공표, 아니 '적극적'(!) 허위사실 공표로 못 박아 유죄 판결을 내렸다. 사안이 복잡해서였을까, 아니면 이재명을 구렁텅이에 가둬야 한다고 생각해서였을까, 대법원 판결이 나는 단계까지 많은 언론은 "이재명이 강제 진단하려 한 적이 없다고 말했다가 2심까지 유죄 판결을 받았다"라고 오보를 냈다.

2019년 10월 1일 국회에서 열린 '허위사실공표죄 제도 이
대로 좋은가?' 토론회에 나온 서범석 변호사의 예시가 눈에 띄
었다. 박근혜 정권 당시 KBS 〈개그콘서트〉의 한 코너였던 '민
상토론'의 대사를 인용한 것이다. 사회자 박영진이 정치적 이
슈에는 전혀 관심이 없는 극 중 유민상을 정치적 견해가 강렬
한 사람으로 몰아 불이익에 떨게끔 골탕 먹이는 플롯이었다.
정치적 견해를 밝혔다가는 손해 보던 시대를 통렬하게 풍자하
는 개그였다. 그 일부분이다.

　　질문자: 유민상 씨, 역대 대통령 중에서 싫어하는 분을 말씀
　　　　　　해주세요.

　　유민상: 아니, 제가 이런 자리에서 그런 이야기를 어떻게 합
　　　　　　니까?

　　질문자: 아, 그러면 다른 자리에서는 말할 수 있다는 건데, 싫
　　　　　　어하는 분이 있기는 있군요. 그러면 싫어하는 분이
　　　　　　구체적으로 누굽니까?

　　유민상: 아니 그게 아니라, 어떻게 한 사람을 꼭 찍어서 말할
　　　　　　수 있겠어요?

　　질문자: 한 사람이 아니라 여러 명이라는 말씀이군요. 그러
　　　　　　면 누구누구인가요?

유민상: 아니 그게 아니라, 제가 어떻게 전직 대통령님에 대해 이렇다 저렇다 말할 수 있냐고요.

질문자: 아, 그러면 전직 대통령은 말할 수 없지만, 현직 대통령에 대해선 말할 수 있다는 거군요. 현직 대통령에 대한 의견은 어떠신가요?

유민상: 정말 저에게 왜 그러세요. 저는 그냥 나가겠습니다.

질문자: 아 이번 선거에 나오신다는 말씀이군요. 어느 지역구로 나오시나요?

서 변호사의 해설이다. "이재명 사건을 보면, '형님을 정신병원에 입원시키려고 하셨죠?'라는 질문에 대하여 '(저는) 그런 일 없습니다'라고 답변한 부분이 문제 되고 있습니다. 답변자의 측면에서 보면, 질문자가 입원 관련 사실을 물으면서 직권남용 의혹을 드러내려는 의도가 있다고 인식하였을 것으로 보이고, 이에 대비하여 전략적으로 짧게 의혹을 부인하는 답변을 하면서 추가 질의를 기다렸던 것으로 보입니다. 앞서 말씀드린 합동토론회의 속성, 특히 공방이 즉흥적·계속해서 이루어진다는 사실이 전제된 속성을 고려할 때, 질문자의 주관적 해석 가능성을 우려하여 이를 사전에 차단하려는 전략적인 짧은 답변을 한 것을 허위사실 공표로까지 해석하는 것은 지나친 측면이 있다고 생각됩니다. 앞서 말씀드린 합동토론회 관련 대법원 판례도 합동토론회 발언에 대해서는 연설이나 인쇄물 등과 달리 공방이 즉흥적·계속 이루어진다는 점을 고려하여 허위사실공표죄 성립을 엄격하게 제한적으로 인정하고 있는 것으로 보입니다."

대법원의 판단 또한 이러했다. 여담인데 이 판결문은 소장 가치가 있고, 어떤 부분은 외우고 싶을 지경이다. 선거운동의 자유, 표현의 자유에 관한 한 기념비적 판결이다. 2020년 7월 16일 김명수 대법원장의 판결문(다수 의견)을 전재해본다.

이 사건은 현재 경기도지사로 재직하고 있는 피고인에 대한 직권남용권리행사방해, 허위사실 공표에 의한 공직선거법 위반 사건입니다. 제1심은 이 사건 공소사실 전부에 대하여 범죄의 증명이 없다고 보아 무죄를 선고하였습니다.

원심은 제1심과 달리 친형 관련 허위사실 공표에 의한 공직선거법 위반 공소사실 중 형에 대한 강제 입원 절차 관여 부분을 유죄로 판단하였고 나머지 공소사실에 대하여는 제1심과 마찬가지로 무죄를 선고하였습니다. 피고인은 이러한 원심판결 중 유죄 부분에 관하여 상고를 제기하였고 검사는 무죄 부분에 관하여 상고하였습니다.

이 사건 주요 쟁점은 형에 대한 정신병원 강제 입원과 관련하여 상대 후보자가 후보자 토론회에서 한 질문에 대해 피고인이 이를 부인하면서 일부 사실을 진술하지 않은 답변을 공직선거법 제250조 제1항에서 정한 허위사실공표죄로 처벌할 수 있는지입니다.

먼저 공직선거법 제250조 제1항의 규정 취지는 선거인의 공정한 판단에 영향을 미치는 허위사실을 공표하는 행위 등을 처벌함으로써 선거운동의 자유를 해치지 않으면서 선거의 공정을 보장하기 위한 것입니다. 선거 과정에서 유권자에게 허위사실이 공표되는 경우 유권자가 올바른 선택을 할 수 없게 되어 민의가 왜곡되고 선거제도의 기능과 대의민주주의 본질이 훼손될 염려가 있기 때문입니다.

대의민주주의 체제에서 국민은 선거 과정에서 제공되는 정치적 정보와 의견의 교환, 토론을 통하여 형성된 의사를 선거에 반영하여 국민주권과 주민자치의 원리를 실현합니다. 선거가 금권, 관권, 폭력에 의한 타락성으로 전락하는 것을 방지하고 선거운동의 기회균등을 담보하기 위해서는 선거의 공정성이 확보되어야 하며 이를 위해서는 어느 정도 선거운동에 대한 규제가 있을 수 있습니다. 그러나 선거의 궁극적인 목적은 국민의 자유로운 의사를 대의기관의 구성에 정확하게 반영하는 데 있습니다.

자유 선거의 원칙은 비록 우리 헌법에 명시되지는 않았지만, 민주국가의 선거제도에 내재하는 법원리이고 이를 실현하기 위해서는 선거 과정에서 충분한 정보의 전달과 자유로운 의견의 소통이 이루어져야 합니다. 선거의 공정성은 이러한 자유 선거의 원칙을 실현하는 수단으로 기능하는 것이므로 선거의 공정성을 크게 해치지 않는 한 선거운동의 자유를 최대한 보장하여야 하고 선거의 공정성을 위하여 선거운동의 자유를 제한하는 경우에도 필요한 최소한도에 그쳐야 하며 그 본질적 내용을 침해해서는 안 됩니다.

공직선거법은 후보자 토론회를 선거운동 방법의 하나로 규정하고 있고 이는 헌법상 선거공정제에 기초하여 고비용 정치구조의 개선과 선거운동의 공정성 확대를 위하여 도입되었습니다. 후보자 토론회는 후보자에게는 별다른 비용 없이 효율적으로 유권자에게 다가갈 수 있고 유권자에게는 토론 과정을 통하여 후보자의 정책, 정치이념, 통치 철학, 중요한 선거 쟁점 등을 파악하고 각 후보자를 적절히 비교 평가하여 올바른 선택을 할 수 있도록 도와주는 중요한 기능을 하고 있습니다.

이러한 후보자 토론회에 참가한 후보자들은 토론할 때 진실에 부합하는 주장과 의견을 제시하고 다른 후보자에게 질문하거나 다른 후보자의 질문에 답변할 때는 분명하고도 정확한 표현을 사용함으로써 유권자가 각 후보자의 자질, 식견과 견해를 명확하게 파악할 수 있도록 하는 것이 원칙입니다.

한편 후보자 토론회는 선거의 공정과 후보자 간 균형을 위하여 참여기회의 부여나 참여한 후보자 등의 발언 순서, 발언 시간 등 토론의 형식이 엄격하게 규제되어 있습니다. 이러한 공정과 균형을 위한 기본조건이 준수되는 한 후보자들은 토론과정에서 최대한 자유롭고 활발하게 의사를 표현하고 실질적인 공방을 주고받을 수 있어야 합니다.

후보자 토론회는 후보자 등이 직접 한자리에 모여 치열하게 질문과 답변, 공격과 방어, 의혹 제기와 해명 등을 할 수 있는 공론의 장입니다. 후보자 상호 간의 토론이 실질적으로 활성화돼야만 유권자는 더 명확하게 각 후보자의 자질, 식견과 견해를 비교 평가할 수 있습니다.

그리고 토론의 경우에는 미리 준비한 자료에 의하여 일방적으로 자신의 의견을 표현하는 연설 등과 달리 후보자 사이에서 질문과 답변, 주장과 반론에 의한 공방이 제한된 시간 내에서 즉흥적·계속적으로 이루어지게 되므로 그 표현의 명확성에 한계가 있을 수밖에 없습니다.

특히 토론회에서 후보자 등은 다른 후보자의 질문이나 견해에 대하여 즉석에서 답변하거나 비판하여야 하는 상황에 있으므로 상대방이 아닌 자신이 처한 상황과 관점에서 다른 후보자의 발언 의미를 해석하고 대응합니다. 이에 대하여 다른 후보자도 즉시 반론하거나 재질문 등을 함으로써 그 진실 여부를 밝히고 견해의 차이를 분명히 하여 유권자가 그 공방과 논쟁을 보면서 어느 후보자가 공직 적격성을 갖추고 있는지 검증할 수 있게 하는 것이 선거 과정에서 바람직한 절차입니다.

설령 후보자 등이 부분적으로 잘못되거나 일부 허위의 표현을 하더라도 토론과정에서의 경쟁과 사후 검증을 통하여 도태되도록 하는 것이 민주적이고, 국가기관이 아닌 일반 국민이 그 토론과 후속 검증과정을 지켜보면서 누가 옳은지 그른지 판단하는 것이 또한 바람직합니다.

물론 일정한 한계를 넘는 표현에 대해서는 엄정한 조치를 취할 필요가 있지만, 그에 앞서 자유로운 토론과 성숙한 민주주의를 위하여 표현의 자유를 더욱 넓게 보장하는 것이 더 중요합니다. 표현의 자유가 제 기능을 발휘하기 위해서는 그 생존에 필요한 숨 쉴 공간, 즉 법적 판단으로부터 자유롭고 중립적인 공간이 있어야 하기 때문입니다.

선거의 공정을 위하여 필요하다는 이유로 부정확하거나 바람직하지 못한 표현들 모두에 대하여 무거운 법적 책임을 묻는 것이 해결책이 될 수도 없습니다. 선거운동 방법으로 후보자 토론회가 가지는 중요성에도 불구하고 후보자 간 균형을 위한 엄격한 토론 형식과 시간적 제약, 토론 기술의 한계 등으로 인하여 토론이 형식적·피상적인 데 그치는 경우도 적지 않습니다.

이러한 현실적 한계에 더하여 국가기관이 토론과정의 모든 정치적 표현에 대하여 그 발언이 이뤄진 배경이나 맥락을 보지 않고 일률적으로 엄격한 법적 책임을 부과한다면 후보자 등은 자신의 발언에 대해 사후적으로 법적 책임을 부담하게 될지도 모른다는 두려움 때문에 더더욱 활발한 토론을 하기 어렵게 됩니다.

이는 우리 사회의 중요한 공적·정치적 관심사에 대한 치열한 공방과 후보자 검증 등을 심각하게 위축시킴으로써 공개되고 공정한 토론의 장에서 후보자 사이에 상호 공방을 통하여 후보자의 자질 등을 검증하고자 하는 토론회의 의미가 몰각될 위험이 있습니다.

또한 선거를 전후하여 후보자 토론회에서 발언을 문제 삼아 고소·고발이 이어지고 이로 인한 수사권의 개입이 초래된다면 필연적으로 수사권 행사의 중립성에 대한 논란을 피할 수 없습니다. 그리고 선거 결과가 최종적으로 검찰과 법원의 사법적 판단에 좌우될 위험에 처함으로써 국민의 자유로운 의사로 대표자를 선출한다는 민주주의 이념이 훼손될 우려도 역시 있습니다.

공직선거법 제250조 제1항의 행위태양인 공표란 사전적 의미대로 여러 사람에게 널리 드러내어 알림, 즉 공개발표를 뜻합니다. 그러나 그 수단이나 방법의 여하를 불문하고 의사소통이 공연하게 행해지는 모든 경우를 허위사실공표죄로 처벌한다면 헌법상 정치적 표현의 자유 및 선거운동의 자유가 지나치게 제한되는 결과가 발생합니다.

그리고 결국 공직선거법이 선거의 공정성 확보라는 수단을 통하여 달성하고자 하는 목적인 국민의 자유로운 의사와 민주적인 절차에 의한 선거를 실행하는 데 장해를 초래할 위험이 있습니다. 그러므로 후보자 등이 후보자 토론회에 참가하여 질문, 답변하거나 주장, 반론을 하는 것은 그것이 토론회의 주제나 맥락과 관계없이 일방적으로 허위사실을 드러내어 알리려는 의도에서 적극적으로 허위사실을 표명한 것이 아닌 한 허위사실공표죄로 처벌할 수 없다고 보아야 합니다. 그리고 이를 판단할 때는 사후적으로 개별 발언들의 관계를 치밀하게 분석 추론하는 데 치중하기보다는 질문과 답변이 이루어진 당시의 상황과 토론의 전체적 맥락에 기초하여 유권자의 관점에서 어떠한 사실이 분명하게 발표되었는지를 살펴보아야 합니다.

어떠한 표현이 공표된 사실의 내용 전체의 취지를 살펴볼 때 중요한 부분에서 객관적 사실과 합치될 때는 세부적으로 진실과 약간 차이가 나거나 다소 과장된 표현이 있더라도 이를 허위사실 공표라고 할 수는 없습니다. 특히 후보자 토론회의 기능과 특성을 고려할 때 토론회에서 후보자 등이 선거인의 정확한 판단을 그르치게 할 수 있을 정도로 다른 후보자의 견해나 발언을 의도적으로 왜곡한 것이 아니라 합리적으로 보아 가능한 범위 내에서 다른 후보자의 견해나 발언의 의미를 해석하고 이에 대하여 비판하거나 질문하는 행위는 허위사실 공표 행위로 평가할 수 없다고 보아야 합니다.

이런 법리는 다른 후보자의 질문이나 비판에 대해 답변하거나 반론할 때도 마찬가지로 적용되어야 합니다. 공직선거법은 허위의 사실을 사실의 왜곡과 구분하여 규정하고 있으므로 적극적으로 표현된 내용에 허위가 없다면 법적으로 공개

의무를 부담하지 않는 사항에 관하여 일부 사실을 묵비하였다는 이유만으로 전체 지수를 곧바로 허위로 평가하는 데는 신중해야 합니다.

그리고 토론 중 질문, 답변이나 주장, 반론하는 과정에서 한 표현이 선거인의 정확한 판단을 그르칠 정도로 의도적으로 사실을 왜곡한 것이 아닌 한 일부 부정확 또는 다소 과장되었거나 다의적으로 해석될 여지가 있는 경우에도 허위사실 공표행위로 평가되어서는 안 됩니다. 이 사건에서 피고인이 토론회에서 한 형에 대한 정신병원 강제 입원 발언은 상대 후보자의 질문 또는 의혹 제기에 답변하거나 해명하는 과정 그리고 제기될 것으로 예상되는 의혹이나 질문에 대한 선제적인 답변을 하는 과정에서 나온 것입니다.

그 발언 중 일부는 의혹을 제기하는 상대방 후보의 질문에 대하여 단순히 이를 부인하는 취지의 답변을 한 것으로 평가할 수 있을 뿐 이를 넘어서 어떤 사실을 적극적이고 일방적으로 드러내어 알리려는 의도에서 한 공표행위라고 볼 수는 없습니다.

또 다른 발언도 피고인과 상대방 후보 사이에 공방이 이루어진 경위, 토론의 주요 쟁점과 전체적인 맥락 등을 살펴볼 때 그 발언이 토론회의 주제나 맥락과 관계없이 일방적으로 허위사실을 드러내어 알리려는 의도로 적극적으로 반대 사실을 공표한 것이라고 보기 어렵습니다.

피고인으로서는 상대 후보자와 토론회에서 한 질문이나 토론회를 전후하여 제기한 주장의 취지나 의도를 직권을 남용해 불법으로 강제 입원시키려고 한 사실이 있느냐로 해석한 다음 그러한 평가를 부인하는 의미로 답변하였다고 볼 수 있고 상대방 질문의 의무를 의도적으로 왜곡한 것이라고 단정하기도 어렵습니다.

피고인이 형에 대한 강제 입원 절차에 관여한 사실을 언급하지 않은 채 발언을 하였다고 하더라도 피고인이 그와 같은 사실을 공개할 법적 의무를 부담하고 있지 않은 이상 상대 후보자의 공격적 질문에 대하여 소극적으로 회피하거나 방어하는 취지의 답변 또는 일부 부정확하거나 다의적으로 해석할 여지가 있는 표현을 한 것을 두고 적극적으로 반대 사실을 공표하였다거나 전체 진술을 허위라고 평가할 수는 없습니다.

이러한 피고인의 발언을 사후적인 분석과 추론을 통하여 적극적으로 허위의 반대 사실을 공표한 것과 마찬가지로 평가한다면 표현의 외연을 너무 확장함으로써 형벌 법규에 따른 책임의 명확성, 예측 가능성을 해칠 우려가 있습니다. 따라서 피고인의 발언을 공직선거법 제250조 제1항에서 정한 허위사실공표죄로 처벌할 수 없습니다.

그렇다면 피고인이 토론회에서 형에 대한 정신병원 강제 입원과 관련하여서 한 발언을 두고서 원심이 허위사실 공표에 해당한다고 본 것은 공직선거법 제250조 제1항의 법리를 오해하여 판결에 영향을 미친 잘못이 있습니다. 한편 검사의 상고 이유를 살펴보면 원심의 판단에 검사 주장과 같이 자유심증적인 한계를 벗어나거나 정신보건법, 그리고 공직선거법상 허위사실의 의미 그리고 허위사실 공표의 9호에 관한 법리를 오해한 잘못이 없습니다. 그러므로 검사의 상고 이유는 받아들이지 않습니다.

이 판결문에서 "표현의 자유가 제 기능을 발휘하기 위해서는 그 생존에 필요한 숨 쉴 공간, 즉 법적 판단으로부터 자유로움, 중립적인 공간이 있어야" 한다는 부분에 한동안 눈길이 멈췄다. 그리고 이내 '법어가 어쩌면 이렇게 아름답게 빛날 수 있을까'라는 탄성을 쏟아내게 했다.

실시간 시청률 조사회사 ATAM은 KBS 2TV, MBC TV, SBS TV 등 지상파 3사와 JTBC, MBN, TV조선, 채널A 등 종편 4사, YTN과 연합뉴스TV 등 보도 채널 2사가 생중계한 이재명 경기도지사 상고심 재판 시청률이 12.5%로 나타났다고 밝혔다. 같은 회사가 조사한 지상파 3사 등 8개 채널의 전 대통령 박근혜 국정농단 1심 선고 재판(2018. 4. 6) 실시간 시청률 16.72%보다 못하지만, 그 이후 박근혜 관련 재판 중계가 10% 미만을 점유한 것과 대조한다면 관심도가 상당했음을 알 수 있다. 그도 그럴 것이 무죄 판결을 받으면 이재명의 대권 행보에 크게 힘이 실릴 것이라고 (기대하지 않았던) 언론들이 설레발을 떤 터다.

법리를 떠나 나는 2심 판결이 나온 순간부터 이재명에 대한 '정치적 극형'이 법률적 비례원칙에 어긋나고, 또한 2심이 말한 '당선되고자 할 목적'으로 '허위사실'을 '공표'했다는 주장의 허점을 짚었다. 앞서 소개한 '허위사실공표죄 제도 이대로 좋은가?' 토론회에서 몇 마디 거들었다. 다음과 같은 세 가지 예시를 들어 말이다.

노옥희 울산 교육감 후보

2018년 지방선거 TV 토론회에서 노옥희 울산 교육감 후보는 스스로 '한국노총 공식지지 후보'를 밝혔다가 검찰에 의해 공직선거법상 허위사실공표죄(제250조)로 기소됐다. 검찰 공소 요지 설명은 이랬다. "피고인은 한국노총 공식지지를 받던 후보가 아니었고, 소속 노동자들의 지지 의사를 확인한 적도 없다." "노동자 개별적으로는 다른 후보를 지지하기도 했던 점을 고려하면, 결국 피고인은 당선될 목적으로 특정 단체 지지를 받는다는 허위사실을 공표했다." 이에 재판부는 "원심판결에서 노 교육감이 한국노총 노동자의 폭넓은 지지를 받은 점이 인정됐으며 문제 발언 이후에도 한국노총의 문제제기가 없었던 점, 울산 한국노총 소속 92개 단위 노조가 선처를 요구하는 탄원서를 제출한 점 등을 볼 때 해당 표현을 허위로 보기 힘들다." TV 토론회 발언의 상황을 두고는 "고의가 아니라 긴장감 때문에 저지른 실수로 보인다"라고 했다.

결국 노 교육감은 검찰의 상고 포기로 무죄가 확정됐다. 요컨대 '공식지지 후보'라는 표현을 쓴 것은 허위에 해당하지만, TV 토론회 석상에서 긴장하다가 나온 것이기에 죄로 볼 수 없다는 뜻이다.

이재수 춘천시장

6.13 지방선거에서 당선된 이재수 춘천시장. 그는 공직선거법 위반 혐의로 기소돼 1심에서 벌금 500만원을 선고받았다. 그리고 항소심에서 벌금 90만원이 나와 당선 무효형을 면했다. 그리고 이 같은 내용이 대법원에 의해 확정됐다. 사건은

이러했다. 이 시장은 2018년 3월 13일 시장 출마 기자회견 후 주민센터와 시청 내 사무실 등 14곳을 방문해 선거운동을 한 혐의로 기소됐다. 그런데 6월 4일 후보자 TV 토론회에서 '호별 방문과 관련해 수사받고 있느냐'는 상대방 후보자의 물음에 '그런 사실이 없다'라고 말했다. 그런데 실상은 수사를 받고 있었다. 그래서 허위사실 공표로 인정된 것이다. 2심은 그런데 "이 시장이 선관위에서 '경고' 조치를 받은 뒤, 형사책임을 더 질 게 없으리라 생각했을 것"이라고 밝혔다. 대법원도 "'수사 중이 아니다'라는 피고인의 발언은 사실의 공표라기보다는 의견 표명으로 보인다"라고 했다. 이 시장의 '경찰 수사를 받지 않고 있다'라는 발언은 결과적으로 허위이긴 했으나 고의로 거짓말한 것이라 보기 어렵고 아울러 '사실'을 적시했다기보다는 '의견'을 개진한 것으로 본 것이다. 이를 대법원도 수긍했다. 이재명이 '검사 사칭을 안 했다'라고 한 말을 '의견'으로 본 것과 같은 맥락이다.

이무영 후보

시점을 10년 전으로 돌리자. 2008년 18대 총선 전주 완산 갑에서 무소속으로 당선된 이무영 전 경찰청장. 4월 방송토론회에서 "장영달 후보는 민주화운동으로 감옥에 간 것이 아니라 북침설을 주장하다 7년간 징역살이를 했다"라고 허위사실을 유포했다. 장영달이 "사실 아니다"라고 반발하자 이무영은 토론회 끝에 꼬리를 내렸고, 이것이 문제가 돼 재판에 넘겨지자 "국가보안법 위반 전력 등 친북 행위를 지적하려다 표현이 과장된 것"이라고 항변했다. 이무영은 당선됐지만, 토론회 발언에 발목 잡혀 끝내 당선 무효형을 확정받았다. 그때 받은 형량은 벌금 300만원 형이다. 벌금 300만원 형. 이것은 이재명이 받은 형벌과 같다. 이무영의 죄와 이재명의 죄가 같다는 것이다.

그러나 이재명의 발언은 이무영처럼 상대를 적극적으로 공격하고자 한 게 아니었다. 또한 앞서 언급한 대로 이재명이 한 발언은 허위가 아니었고 임상기 판사가 곡해했을 뿐이다. 게다가 TV 토론회가 방송될 당시(2018. 5. 29) 이재명은 질문자 김영환은 물론, 2위였던 남경필을 훌쩍 상회해 '선거에 승리할 목적'으로 이 발언을 했다고 보기엔 무리가 있다. (뉴시스-여론조사 전문기관 리서치뷰 조사, 민주당 이재명 53.8%, 한국당 남경필 후보가 30.6%, 바른미래당 김영환 3.6%, 5월 28~29일 만 19세 이상 경기도민 1000명 대상 ARS 조사, 표본오차 95% 신뢰수준 ± 3.1%, 응답률은 2.9%) 그런 차원에서 보자면, 이무영이 받은 죄가(300만원 벌금형) 이재명의 죄가와 등가일 수 없다.

나는 그래서 2심 이후에도 줄곧 이재명의 무죄를 확신했다. 법리가 그러하고, 양승태 이후 달라진 대법원의 양식과 품격을 신뢰했으며, 아울러 최근 선거운동에 대해 폭넓게 인정하는 판결 추이 때문이다.

〈중앙선데이〉(2018. 1. 14)에 선거 전담 재판부를 거친 한 부장판사 말이 인용된다. "판사들 사이에 선거운동의 자유, 특히 정치적 표현의 자유를 더욱 넓게 보장해야 한다는 공감대가 있다." "선거에 영향을 줄 수 있다는 이유만으로 광범위하게 선거운동을 규제해 대의민주주의에서 당연히 허용돼야 할 국민의 정치활동을 위축시키고 금지되는 선거운동과 허용되는 정치활동의 경계를 모호하게 해 선별적·자의적 법 적용을 초래할 우려가 있었다."

게다가 이재명은 민주당 후보로서 1053만 3027명의 경기도 유권자 중 투표자 56.4% 즉 337만 621명의 지지로 경기도지사에 당선됐다. (한국당 남경필 212만 2433명 35.51%, 바른미래당 김영환 28만 7504명 4.81%) 나라의 주인인 유권자의 이 같은 판단을, '심판받지 않는 권력', '시험 봐서 얻은 권력' 검·경·법원의 결정으로 무위로 만든다? 이것은 선거 민주주의에 대한 도전일 수 있다. 이 프레임을 뒤엎는 판단을 감행할 만큼 우리 민주주의가 취약하지 않다.

이재명의 10년간 송사는 천차만별의 내용에도 불구하고 하나로 관통하는 맥락이 있다. '주류세력의 핍박'이 그렇다. 이런 구도 속에서 '싸움꾼 이재명'의 탄생은 어쩌면 필연적이다. 이제부터의 싸움은 전혀 다른 양상이 될 것이다. 실체를 알 수 없는, 무소불위의 힘과의 대혈투, 결론은 누구도 예단할 수 없을 것이다.

6부

대권주자 이재명

이재명의 힘을 이루는 원천들

이재명은 2021년 10월 20일, 더불어민주당 제20대 대통령후보가 됐다. 과연 대통령이 될 수 있을까? 나는 감히 "그렇다"라고 말한다.

　이재명의 강점은 '행정가로서의 성과'다. 그가 대선 출마를 위해 도지사직을 내놓기 석 달 전 취임 3주년 도정 여론조사 결과(2021년 5월 14일부터 17일까지 도민 1000명 대상) 4명 중 3명이라 할 수 있는 74%의 긍정적 평가를 얻어냈다. 리얼미터가 매달 집계하는 광역단체장 평가에서 취임 첫 달(2018년 7월) 꼴찌(17위)였던 그는 2020년 6월, 2년 만에 1위로 올라서더니, 대선 경선주자로 본격 레이스에 가세하던 2021년 7월까지 4개월 연속 1위를 기록했다.

대한민국에서 가장 많은 인구가 모여 사는 광역단체의 장에게 이런 압도적 지지율이 나온 전례는 찾기 힘들다. 딱히 세력이 없었고 중앙정치의 경험도 없었던 이명박을 대통령으로 당선될 수 있게 한 원동력은 '일 잘한다'라는 이미지였다. (결국, 이명박의 그 이미지는 허울뿐임이 드러났지만) 이재명의 행정력은 실천과 증명으로써 다져진 것이기에 도민의 신뢰가 상당했다. 게다가 이재명의 행정에는 이명박에게 부족했던 약자 소수자에 대한 정책적 배려, 공동체 다수 구성원의 행복과 번영을 위한 공공적 책무, 부정부패에 대한 척결 의지까지 담보하고 있다.

　　그의 힘은 또한 무엇인가? '장악력'이다. 원칙과 신뢰를 곧추세워 공공의 권위를 다져왔다. 여기서 주목할 대목은, 자본과 권세로써 '을'에게 지배권을 행사하는 '갑'과, 이재명은 시시때때로 '타이틀 매치'를 벌인다는 점이다. 권투만이 아니다. 권력은 끊임없이 확인하고 또 확인해야 위엄이 서는 속성이 있다. 이재명은 '누가 진정한 권력인지 자웅을 겨루자'라며 전통적이고 막강한 힘의 '갑'을 링 위로 소환한다. 사실 제아무리 '갑'이라도 사실 명분과 인심을 배후에 둔 이재명을 이길 장사는 없다. 중앙정부도 난조를 보이던 '공직사회 장악'이 경기도에서는 더이상 고민거리가 아니다. 지사직 박탈 여부가 걸린 재판 중에도 그의 리더십은 미동하지 않았다.

내가 가장 높이 사는 이재명의 능력은 '권력을 쓸 줄 아는 데' 있다. 촛불혁명 이후에도 선출직 권력을 능멸하는 권력이 맹위를 떨치고 있다. 언론, 검찰, 자본 권력이 그러하다. 이들을 공공 앞에 무릎 꿇리는 데 이재명은 능하다. 권능이 극히 제한된 경기도 특별사법경찰을 적극적으로 활용해 눈앞의 불의를 발본색원한다. '없는 권력'이면 여러 규정을 세심하게 엮어 '있는 권력'으로 만든다. 대북 전단 살포, 지역화폐 '깡', 신천지가 초토화된 맥락을 주목해야 한다. 이재명이 정의하는 '공공'은 공동체를 유지하는 권능이다. 그의 사전에 '못 한다'라는 말은 없다. '(권한을) 못 찾았다' 정도는 있을지 모르겠다. 그래서 이재명이 정의하는 '행정'은 공공의 이익을 위해 할 수 있는 모든 것이다.

여기서 주목할 점은 '대중의 지지'다. 이재명은 국민의 마음을 얻는 방법을 잘 안다. 우호적 여론을 끌어모으는 데 있어 현존하는 정치인 중 가장 빼어난 능력을 소유하고 있다. 이는 남다른 SNS의 활용에서도 표징된다. 상례로 누군가 민원을 제기하면 이재명은 담당 공무원에게 공개적으로 "답 찾아라"라고 지시한다. 누군가는 이를 '포퓰리즘'이라고 비난할지 모르겠다. 그러나 주권자의 미세한 음성에도 귀 기울이고 이에 답해주겠다는 의지를, 현실 속에서 구현한 공직자가 몇이나 있는가. 이런 공직자의 '민심을 얻으려는 노력'이 유난한가. 국민이 불만스러워하든 말든 소통을 끊고 여론몰이만 하는 지난 정권 지도자의 태도가 표준이고 질서이며 상식인가. 숱한 비방과 모략, 재판에 자신의 역량 절반을 쏟아야 했지만 2년 만에 전국 꼴찌에서 1위로 등극한 저력은 간단치 않다.

다음은 '현장감'이다. 이는 그의 모든 역량의 기반이 된다. 그는 현장에 가서 상황을 파악한다. 이해 당사자도 만난다. 그렇지 않으면 박근혜처럼 현장에 무감한 판단을 하거나, 이명박처럼 (시대가 변했음에도) 수십년 전 경험을 진리인 양 강변하며 '라떼식'(과거 자신이 해왔던 방식) 어젠다를 강요할 것이다. '경험 중심'의 이재명식 행정은 소년공부터 시민운동가의 삶에 이르기까지 정치·정책이 현장을 배신하는 현실을 관찰한 데서 축적되고 단련된 것이다. 그러하니 판단은 설익을 수 없다. 그리고 매우 신속하다. 대한민국 유권자는 지금껏 재벌과 검사를 단 한 번도 대통령 자리에 앉히지 않았다. 무엇을 의미하는가? 권력 위 권력의 인생에서 '현장'이란 전혀 없는 것이거나 허울뿐임을 이심전심 몸소 체험했기 때문이다. 그렇다.

경이적 지지율의 요동(搖動)은 현장에서 발원된 것이다. 사법 연수원 동기이면서 오랜 동지적 관계인 정성호 더불어민주당 의원의 말처럼 이재명은 이념적이라기보다 실사구시파다. 그의 꿈은 '현실'의 기반 위에서 생동한다. 그래서 허풍이 없다.

그의 '정치력'도 마찬가지다. 제아무리 '진심'을 호소해도 정치는 현실이다. 한국 정치에서 단기에 세를 얻어 나름 3당의 지위를 확보했지만, 마침내 모든 것을 잃은 정치인이 꽤 있다. 고 정주영, 문국현, 안철수가 그러할 것이다. 그들은 정치 혐오증을 앓는 이들을 지지기반으로 다졌지만, 녹록지 않은 정치 현실 속에서 끝내 소멸한 케이스다. 한마디로 정치력이 결여돼 있었다. 무엇이 문제였나? 기성 정치의 틀에서 3강이 됐지만, 양극 사이에서 존재감을 가지려 조바심치다가 자멸한 것이다. 1강과 2강 사이 중간 지점에 포지션을 뒀다고 저절로 '대안세력'이 될 수 있겠는가? 자기만의 정확한 독트린을 갖지 못했고, 구태의연한 합종연횡(合從連衡)술만 구사한 대가다. 속한 정당은 민주당이지만 이재명은 비문과 비주류의 포지션 속에 있었다. 그러나 그는 존재의 의미를 정치적 잔재주가 아닌, 자기 콘텐츠로 세워갔다. 아무에게도 주목받지 않았고, 또한 조력 받지 않은 채 그는 집권 여당 대선후보로 올라섰다.

그의 가장 강력한 힘은 '검증과정을 거쳤다'라는 데 있다. 고 김대중 전 대통령도 이 정도 수위였을 것이다. 인생 전체를 도마 위에 올린 혹독한 검증 코스를 이재명은 마쳤다. 요행히 흠결이 발견 안 된 게 아니다. 8년간의 수사와 기소, 재판이라면 없는 죄도 만들어낼 수 있기 때문이다. 2018년 12월에 검찰에 기소돼 2020년 7월 대법원에서 무죄 취지의 파기환송을 받는 동안에도 수사는 이어졌다. "탈탈 털어 나온 것이 없다"라는 말은 이재명에게 제격이다. 물론 그에게 수사와 재판이 남긴 '찜찜함'은 여전히 위험 요소이긴 하다. '뭐 딱히 비리가 있다고 말할 근거는 없지만 어쨌든 흔쾌히 지지하기엔 그렇다'라는 감(感)? 어떻게든 이재명을 대권주자 그룹에서 도태시키려던 이들의 공격 포인트도 여기에 집중됐을 것이다.

그러나 '스크래치'는 났어도 더 이상의 '이재명 도덕성 검증' 시도는 '불필요한 공세'로 치부될 가능성이 크다. 대법원 무죄 판결에 이르면서 각종 의혹은 건건이 허풍으로 입증됐다. 이 상황에서 새로운 의혹을 제기하려면 '이재명이 또 무고당하는 것 아니야?'라는 의문의 벽을 넘는 것이어야 한다. 자칫 칼날을 잘못 휘두르다가는 '핍박받는 이재명'의 이미지만 키우는 역효과를 자아낼 공산이 크다. 설령 시빗거리가 생산돼도 이재명은 어떻게 돌파해야 상처를 최소화할 수 있을지

귀신같이 출구를 찾아내는 능력을 품고 있다. 게다가 이재명에게는 두꺼운 지지층이 존재한다. 아무리 흔들어도 무너지지 않는 강고한 지지층이 있다. 명백하고 명징한 범죄가 아닌 이상, 이재명에 대한 추가 의혹은 진실의 다툼이 아닌 신념의 다툼 영역에서 갑론을박하다 끝날 성싶다. 요컨대 이재명 죽이기 여론공작은 이재명에게 면역력을 키워준 효과를 낳았다. 형님과 가족의 연을 끊으면서까지 '원칙'을 사수해온 이재명에게 싸움을 쉽게 걸어서는 안 된다. (그런데도 여전히 온라인상에서는 그의 여죄가 있다는 주장이 판친다. 안타깝다. 이로써 입증되는 것은 이재명의 허물이 아니라 그들의 병적 확증편향이니. 그게 무엇인지는 밝힐 필요를 못 느낀다. 앞으로 설에 그치는 한 무언가가 새로 나와도 그러할 것이다.)

다른 대권주자는 어떠한가? 이재명처럼 팬티 내리는 치욕마저 감수한 검증을 어느 누가 거쳤는가? 민주당 주자는 '대충 검증'에서 멈추지 않는다. 이재명이 그러했듯. 즉각 '유죄추정 원칙'이 발동된다. 해명의 기회를 변변히 보장받지 못한다.

특히 미투(METOO)에 관한 것이라면 헤어나올 길이 없다. 폭로만으로도 대법원 확정판결과 같은 권위가 부여된다. 반박은커녕 진실규명 요구나 무고 소송 모두 '2차 가해'로 몰리게 된다. 명징한 반대 근거가 없다면 냉큼 '가해자'의 꼬리표를 달게 된다. 2020년 여름은 '차기 대권주자 후보군'이던 박원순 서울시장 성추행 의혹으로 몸살을 앓았다. 박 시장은 스스로 목숨을 끊었다. 하지만 죽어서도 매질을 당했다. 자살도, 조문도, 장례도, (피해) 증거제시 요구도, 고소인의 법률대리인에 대한 의문도 모두 2차 가해로 몰리는 분위기다. 이를 비판한 36년 차 곽병찬 〈서울신문〉 논설고문의 글은 온라인에서 삭제된 데다 사퇴하기에 이르렀고, 다른 '가짜 미투' 사건의 의혹을 따지던 28년 차 강진구 〈경향신문〉 기자는 징계위원회에 부쳐져 끝내 징계를 당했다. 〈오마이뉴스〉 손병관 기자는 《비극의 탄생》(2021, 왕의서재)이라는 책을 낸 것을 계기로 회사로부터 징계를 당했다. 필화(筆禍)를 당한 이들에게 '사내 왕따'는 기본이었다. 이 국면에서 대권주자 특히 더불어민주당 후보들은 가짜 미투 즉 흑색선전 앞에서 자신을 보호할 수 있겠나?

미투만이 아니다. 언제 했는지 기억에도 없을 과거 말 한마디도 추궁과 검증의 대상이 된다. 인력으로 감당하기 힘들 만큼 대권후보 검증은 실로 가혹하고 잔인하다. 게다가 의혹 제기에는 사실상 면책특권이 부여된다. (이명박 씨가 대통령이 돼 BBK 주가조작 의혹을 문제 삼은 정봉주 전 의원을 감옥에 보낸) 아주 특수한 사례를 빼고는 언론과 정치권의 후보 검증 활동은 공익성의 잣대로 보장받아 왔다. 그래서 '검증다운 검증을 거치지 못한 여권 주자'의 대선 지지율은 상당히 가변적일 수밖에 없다. 그래서 이재명 뒤로 다른 주자들이 잘 보이지 않는 것이다.

이재명의 단점 그리고 위기

이재명 스타일은 한국 정치 현실에 대단히 이질적이다. 지지하는 처지에 선 나조차 '(그의 성과와 인기가) 과속은 아닐까' 하는 염려가 있을 정도다. '독불장군 리더십'을 걱정하는 이도 있다.

그러나 이재명이 하는 일을 따지고 보면 사회 공동체가 이미 '하기로 한 일'이 많다. 계곡 정비가 대표적이다. 있어서는 안 될 불법 시설물이 계곡을 덮는다면 이를 법대로 규정대로 정상화함이 마땅하다. 그러나 계곡에 평상을 설치한 그들은 이재명이 들이닥치기까지 누구의 제지나 감시를 받지 않았다.

게다가 '공공이 선제적으로 해야 할 일'도 적지 않다. 공급은 넘치는 데 노동이 중단되고 소비가 바닥날 시대에 '기본소득'을 들어 이재명처럼 이런 실험 저런 검증을 시도하는 정치인이 또 있었나?

게다가 '공공이 심판자로 나설 수밖에 없는 일'도 있다. 부동산이 그렇다. 욕망의 주체들이 법을 쌈 싸 먹으며 이익을 극대화하는 와중에 손 놓고만 있을 수 없는 공공이 마침내 팔 걷고 나서 고안한 대책, 이것이 '기본주택'(무주택자라면 누구나 분양 자격이 있는 사실상의 평생 임대주택)이다. 이재명의 '오버'가 눈에 거슬린다면, 과거 집정자들의 '무심'을 넘어선 '무위도식'에 대한 분노 이후여야 한다.

이재명이 이슈를 골라 편 가르기를 한다고 지적, 이재명의 싸움 거는 방식이 투박하다는 지적은 어제오늘의 것이 아니다. 그러나 이재명은 이 싸움을 위해 웃통을 벗는다. 상대의 웃통도 벗게 할 목적이다. 웃통을 벗으면 피차 계급장이 보이지 않는다. 의도는 간명하다. 모든 주권자 앞에서 무엇이 옳은지 그른지 다퉈보자, 그리고 국민의 마음을 더욱더 얻는 주체의 뜻대로 하자는 것이다. 집도 절도 백도 줄도 없는 맨손의 이재명으로선 이것만이 돌파구다.

의사 집단의 강한 반발을 초래한 수술실 CCTV 확대가 대표적이다. 수술실 CCTV 설치는 행여 있을지 모를 의료사고 소송에 불리한 근거로 활용될 가능성이 있다. 그래서 의사 집단은 논의 초기부터 매우 부정적이었다. 그러나 이재명으로서는 국민의 건강권 보장이 걸린 문제인지라 뒤로 미뤄 논의할 사안이 아니었다. 결국 공개 논쟁을 제안했다. 그들은 토론마저 사실상 거부했다. 공론의 장에서 완장 떼고 웃통 벗어 토론한 뒤 국민의 지지를 얻어 과감히 개혁하겠다는 것은, 개혁 저항 세력과 적당히 타협해서 민심을 배반하는 거래를 하는 것보다 쉬울 수 없다. 정의와 불의의 문제가 다툴 때의 '편 가르기'마저 부당할까? 그래서 논리의 심도(深度)가 어느 정도인지를 한자리에서 가늠하기 위한 수단이 필요하다. 그런 맥락으로, 시간이 길어지고 논의가 많아지면 산으로 갈 이슈, 이슈의 조기 종결을 위한 수단으로 '끝장 토론'은 꽤 적절하다. 이재명에게 있어 정면 대결은 결론이거나 목적이 아니다. 이재명식 소통법이 편 가르기냐 아니냐, 이 관점으로 볼 게 아니다. 논의를 합의에 맡길 사안과 맡겨선 안 될 사안을 가르는 안목이 이재명에게 있는가, 이 논의가 더 성실하겠다.

'태도'와 '자세'로 공세의 표적을 바꾸는 양상에도 주목해야 한다. 대법원 무죄 판결 이후 이재명이 여권 대선주자로 비등하자 〈조선일보〉는 2020년 9월 19일 자 5면에서 우파 성향의 경제학자 김광두 서강대 석좌교수가 했던 "폭력적 독재자의 잠재성을 가지고 있는 것으로 보여 심히 우려된다"라는 말을 인용했다. 이 기사의 온라인판은 인용부호 없이 "폭력적 독재자의 잠재?"라는 언급을 제목으로 뽑았다. 장제원 국민의힘 의원은 9월 18일 "자신을 향한 비판에 대해, 분노 조절 하나 제대로 하지 못하면서, 어떻게 다원화된 국민의 요구를 아우르면서 대한민국을 이끌어 갈 수 있겠냐"라고 비난했다. 이 모든 문장의 주어는 '이재명'이었다. 막말, 폭언 이미지로써 노무현 전 대통령을 왜곡하려던 흑색선전의 전형성이 감지된다.

논란의 촉발점이 있었다. 2020년 9월에 나온 국책연구기관 한국조세재정연구원의 '지역화폐 무용론'('지역화폐의 도입이 지역경제에 미치는 영향') 보고서였다. 이재명은 이를 격한 어조로 비난했다. "조세재정연구원 보고서를 폐기하고 작성자를 문책하라"라고도 했다. 사실 지역화폐의 효용성은 두말하면 잔소리다. 지역화폐는 시군구 등 기초자치단체 내에서, 연매출 10억이 못 되는 업장에서 사용할 수 있다. 그러다 보니 그 혜택이 지역 내 골목상권 중소상공인에게 집중된다. 몇 안 되는 영세자영업자를 위한 공공적 대책이다.

문제의 보고서는 지역화폐 본격 발행 시점인 2019년 이후가 아닌 2018년까지의 데이터만으로 분석했다. 당연히 지역화폐의 효용성을 정확히 가늠하기 힘든 표본이었다. 경기연구원 자료에서 보듯 2018년 3714억원이었던 경기도 지역화폐 발행량이 2019년엔 2조 3천억원으로 증가했으니 객관적 지표는 2019년 이후의 것이어야 한다.

보고서가 제시한 대안도 황당하다. 보고서는 지역화폐는 효용성이 떨어지니 온누리상품권만 활용하라고 당부한다. 온누리상품권은 쉽게 이야기해 전국 각처 '전통시장'에서만 활용할 수 있다. 경기도에서 83만개 사업장 중 온누리상품권 가맹점은 불과 4만개. 반면 지역화폐 가맹점은 53만개. 경기도민의 경우, 4만개 점포를 찾아가 쓰든지 아니면 다른 지역 가용 점포에 가서 쓰든지 하라는 것이다. 이 보고서의 목적이 지역화폐 무력화에 있는 건 아닌지 짐작게 한다.

그런데 조세재정연구원 보고서에 국민의힘이 호응했다. 한국개발연구원 국제정책대학원 교수 출신으로 당시 국민의힘 국회의원이던 윤희숙은 9월 19일 "온라인 사용도 어렵고, 다른 지역에서의 사용도 안 되고, 많은 업종에서는 아예 사용 불가고, 포함 업종이라도 가게 앞에 가기까지는 사용해도 되는지를 확실히 알 수 없는 지역화폐는 그런 면에서 단점"이라고 전제했다. 요컨대 대기업 프랜차이즈나 대형마트에서 무용하다는 말이다.

이재명이 윤희숙의 속내를 정확하게 짚었다. 당일 올린 반박문을 보자. "경제전문가인 윤희숙 위원장님, 지역화폐는 소비의 지역 간 이전 차단보다 업종 내 규모별 재분배에 더 중점이 있다는 거 모르시진 않으시지요? 더 쉽게 말하면 성남 사람이 성남시에서 쓰라고 하는 측면보다 현대백화점이나 대형마트에서 쓸 돈 중앙시장이나 동네 점포에서 쓰라고 하는 측면이 강하다는 거지요. 양극화 완화와 경제 회생을 위해 유통 대기업의 골목상권 잠식으로 피해 보는 영세자영업자와 골목상권을 보호하는 지역화폐는 문재인 정부의 포용 정책 중 하나입니다. 그런데 비중 적은 소비의 지역 이전 부분만 강조하시고, 핵심 요소인 규모별 이전 효과는 의도적으로 외면하시는 것 같습니다. 경제를 배우신 분인데 이 정도를 모르실 리가 없지요."

당장 한국중소상인자영업자총연합회도 이재명을 뒷받침했다. 9월 17일에 "지역화폐는 해당 지역 중소 상인 자영업자를 대상으로만 사용할 수 있다는 점에서 자금 역외유출을 방지해 지역 내 골목상권 활성화에 크게 이바지하는 제도"라며 "소비자 역시 할인된 가격에 상품권을 구매할 수 있는 장점이 있어 소비자 후생과 지역 선순환 경제구축이라는 두 마리 토끼를 모두 잡은 정책으로 손꼽히고 있다"라고 강조했다.

골목상권에 지역화폐가 얼마나 효용성이 있는지는 (조세재정연구원이 애써 빠뜨린 듯 보이는) 최신 데이터에서 명징하게 확인된다. 이를 인용한 최배근 교수는 "(코로나19에 따른 재난지원금 보편지급으로 2020년) 2분기 소매 판매는 (지난해 같은 기간보다) 백화점 경우 1분기 −15.2%에 이어 2분기에도 −7.8%로 직격탄을 맞았지만, 동네 슈퍼·잡화점·편의점·승용차 및 연료 소매점 등은 +2.3%, +23.3%로 매출 개선을 경험"했다고 밝혔다.

그러면서 최 교수는 의혹도 제기했다. "(지역화폐의) '놀라운 성과'에 충격을 받고 위기감을 느낀 중앙권력(기획재정부)과 중앙은행, 그리고 은행자본과 재벌자본 등은 지역화폐라는 촛불을 지금 끄지 않으면 들불이 되어 자신들이 잿더미가 될 것을 걱정"하고 있다는 것이다. 기실 재난지원금 보편지급이나 기본소득 논의를 무력화하려면 지역화폐의 효용성을 부정해야 가능하다. 여기에 놀라운 사실이 있었다. 보고서를 만든 조세재정연구원은 국무총리실 산하나 기획재정부 유관 국책연구기관이기도 하다. 게다가 온누리상품권을 발행하는 공공기관은 소상공인시장진흥공단으로, 이곳 조모 이사장은 기획재정부 공공정책국장 출신이다. 뻔히 읽히는 '그들만의 밀어주고 끌어주기'이다.

기획재정부는 여기서 그치지 않는다. 이듬해인 2021년 6월에 무슨 일이 벌어졌나? 기획재정부는 '하반기 경제 정책 방향'으로 '상생 소비지원금' 대책을 내놓았다. 신용카드 사용액을 늘리면 증가분을 환급(캐시백)해주는 것이다. 높아지는 전국민 보편지급 요구를 더 뭉갤 수 없다고 판단한 듯, 상위층에도 재난지원금 성격의 지원을 하겠다는 것이다. 그런데 캐시백은 지역사회의 소상공인 업장보다 백화점이나 대형마트 등에서 사용할 가능성이 크다. 명실공히 카드사를 챙겨주려고 한 것이다. 놀랍게도 신용카드업체를 회원으로 하고 금융위원회 관리대상에 있는 사단법인 여신금융협회장에 재무관료 즉 재정경제원 금융정책실 국민생활국 과장 출신의 김모 회장이 있었다. 그 자리는 대개 모피아들의 낙하산 착지지점이었다. 또 '그들만의 밀어주고 끌어주기'이다. 나라 곳간 걱정은 혼자서 다 하는 것처럼 행세하는 기획재정 관료들의 이중성에 분노할 줄 아는 대선주자, 누가 또 있을까? 그 분노를 야당과 수구 언론은 '독재자 스타일' '분노조절 장애'로 규정하려 했다.

한국에서는 끝나지 않은 논쟁이지만 외국에서는 이재명의 손을 들어주는 양상이다. 미국의 외교·안보 분야 권위지 〈포린 폴리시〉는 이재명의 손을 들어줬다. CBS 노컷뉴스가 전한 바에 따르면, 2020년 9월 16일(현지 시각) '코로나가 한국 빼고 모든 경제를 무너뜨렸다'라는 제목의 서울발 기사에서 "일부 지방정부도 정부지원금을 통해 경제가 돌고 소비가 진작되도록 창의적인 해결책을 사용한 덕분"이라고 분석했다. 그 '일부 지방정부'는 경기도였고, '창의적인 해결책'은 지역화폐 정책이었다. "지역화폐를 비축이 가능한 현금이 아닌 그 지역 안에서만 쓸 수 있는 '비현금(non-cash) 지역화폐'"라고 소개했다.

국민의힘은 이재명이 자기 분노를 주체하지 못하는 사람으로 분칠하려 했다. 아주 완벽히 틀리진 않는다. 이재명은 싸울 만한 사안이면 물불 안 가리고 붙는다. 그러나 사적 이익을 추구하고자 칼을 뽑지는 않는다. 국민의힘 장제원 의원에게 9월 19일에 한 말이다. "저는 국민의힘에도 의원님께도 사감이 없고 사적 분노를 표출한 적도 없습니다. 군자는 의를 따르고 소인은 이를 따르며, 인의를 위해 분노하지 않으면 군자가 아니라는 말도 배웠습니다."

이재명에게 이번 사안은 웃통 벗고 싸울 일이었다. 변변한 공공적 배려가 부재한 상황에서 중소상공인·영세 자영업자의 이익을 위한 특화된 정책마저 국책 연구기관에 의해 부정당하는 현실을 바꾸기 위해서다. 투박하면 좀 어떤가? 550만이 훌쩍 넘는 대한민국 중소자영업자를 대변할 대권주자가 하나쯤은 있어야 하지 않나? 이재명은 국민의힘에 제대로 된 싸움 즉 무한 토론을 요청했다. 그러나 상대는 전혀 응하지 않고 있다.

그의 날 선 태도를 문제 삼기엔 이재명이 쥐고 있는 명분은 상당해보인다. 이런 가운데 주진형 열린민주당 최고위원은 9월 18일 조세재정연구원 보고서를 비난한 이재명에 대해 "그것을 가지고 이렇게까지 발끈하는 것을 보면 그릇이 작다"라고 했다. 이를 두고 이재명이 당일에 밝힌 말이다.

국가발전과 국민의 더 나은 삶을 위해 객관적 연구로 헌신해야 할 국책연구기관이 매출 이전 효과는 외면한 채 지역 이전 효과가 영에 수렴한다는 왜곡된 결과만을 제시하며 지역화폐 발행 저지 논거를 마련하고 심지어 '지방정치인의 정치적 목적에 의한 예산 낭비'라며 정치적 공격을 하고 있습니다.

연구도 아닌 정치적 주장으로 국리민복을 해하며 정부 정책에 반하여 소수 기득권자를 옹호하는 국책연구기관은 사라져야 할 적폐가 맞습니다.

저는 지역화폐에 어떤 이해관계도 없고, 지역화폐로 다수 영세자영업자의 삶이 개선되고 침몰하는 경제가 회생의 계기를 찾아낸다면 그 성과로서 정치적 지지를 얻는 간접적이고 바람직한 이익만 있을 뿐이니 사적 감정으로 '발끈'할 일도 없습니다.

민주공화국 공복의 의무를 저버리고 국리민복에 반하는 소수 기득권자를 위한 정치 행위에 나선 국책연구기관에 대해 저는 1370만 도민을 대신해 공적 분노를 표시한 것뿐입니다. '얼빠진'이라는 말을 몇 번이나 지웠다가 다시 썼습니다. 부정·비리와 적폐에 대해 공적 분노가 없는 정치인은 정치인이 아닌 협잡꾼일 뿐이라고 믿기에 국민의 삶과 국가 미래를 훼손하는 배임행위에 대해 언제라도 공적 분노를 표시할 것입니다. (중략) 함께 살아가야 할 민주공화국 대한민국에서 소수 기득권자가 다수 약자의 몫을 일상적으로 빼앗는 큰 그릇 사발이 되기보다, 다수 국민이 기본적 삶의 조건을 보장받으며 함께 살아가는 작은 그릇 종지의 길을 망설임 없이 택하겠습니다.

품격은, 이재명보다, 집요하고 악랄하며 한 줌마저 포기하지 않고 약자의 것을 앗아가는 우리 사회의 자본가 즉 기득권자에게 먼저 요구할 가치가 아닐까?

때마침 이재명에게 줄기찬 흑색선전을 양산하는 트위터에서 '이재명이 지역화폐를 현금 깡으로써 비자금으로 만들려

한다'라는 낭설을 퍼트리고 있다. 이재명이 '깡'을 발본색원하고자 함정단속도 서슴지 않는 노력 따위는 관심 밖인 그들, 그들의 배후가 더욱 궁금해진다. 지역화폐 정책을 무력화하려는 '큰손' 말이다. 단언컨대 이 낭설을 퍼트리는 준동 세력이 이재명의 마지막 '전쟁' 상대가 될 것이다.

이재명 vs 윤석열

역대 대통령선거 2년 전 여론조사를 보면 일정한 법칙이 발견된다. '빅3 안에 들어간 사람 중에 반드시 다음 대통령이 나온다'라는 것이다. (1, 2, 3위 순으로) 2015년(5월 6~7일, 한국갤럽)에 문재인, 김무성, 고 박원순이었고, 2010년(12월 13~17일, 리얼미터)은 박근혜, 유시민, 손학규였으며, 2005년(12월 6~7일, 리얼미터)은 고건, 박근혜, 이명박이었다. 2000년(12월 4~5일, 국민일보-월드리서치)에는 이회창, 이인제, 노무현, 1995년(12월 26~27일, 동아일보-동서리서치)은 김대중, 박찬종, 김종필이었다. 우연일까? 아니다. 국민은 참신함보다는 검증된 후보를 선택하고자 하는 경향이 뚜렷하다.

대선을 2년 앞둔 2020년 5월 모든 여론조사는 이낙연, 이재명, 윤석열을 가리켰다. 결국 2021년 10~11월 확정된 20대 대선 양대 정당 후보는 이재명, 윤석열이었다.

2019년 7월 문재인 대통령이 윤석열을 검찰총장에 앉힐 때 했던 말이 있다. "검찰총장 인사에 국민의 관심이 이렇게 크게 모인 적이 역사상 있었던가?" 대통령의 깊은 신임의 표현이리라. 그런데 윤석열은 자신의 보고자인 법무부 장관을 능멸하고, 심지어 임명권자인 대통령의 집무본진인 청와대를 털려 했다. 이명박, 박근혜, 이재용 등을 구속하여 가둠으로써 한때 보수 정치세력의 주적(主敵)이던 그는 '귀순 대권주자'로서 면모를 일신했다. 그의 정치적 판돈은 '살아있는 권력' 앞에 주눅들지 않는 결기 있는 이미지. 결국 그를 야권 대선주자로 만들어준 데에는 문재인 정부와 여당 더불어민주당의 방관이 크게 작용했다. 실로 뼈아픈 실책이다. 그를 조국이 법무부 장관을 그만둘 때, 후임 법무부 장관 추미애가 검찰총장 징계국면을 주도하던 시기에 문 대통령이 윤석열에 대한 사퇴 권고를 할 수 없었을까? 그가 사직서를 낼 때까지 견지하려던 '분권형 리더십'은 도대체 무슨 실익을 남겼을까?

윤석열은 2020년 8월 3일 신임검사 신고식에서 다소 강경한 어조로 했던 '작심 발언'은 사실상 정치 참여 선언이나 마찬가지였다. "평등을 무시하고 자유만 중시하는 것도 진짜 민주주의가 아니다" "민주주의라는 허울을 쓰고 있는 독재와 전체주의를 배격한다"라고 했다. 어조에는 감정까지 실렸다고 한다. 누구를 겨냥했겠나? 여당에서 나온 "검찰 정치를 하고 싶다면 검찰총장을 그만두고 정치하라"라는 반응을 참고하면 되겠다.

그러나 윤석열은 모든 것을 걸고 감행했던 조국 법무부 장관 일가 수사만으로도 실격이다. "형사법 집행은 헌법에 따라 국민으로부터 부여받은 권한인 만큼 국민을 위해서만 쓰여야 한다는 점을 강조"한 취임사가 무색하게 초법적 수사 기소권 남용을 일삼았다. 당시 재임 중이던 법무부 장관 박상기는 2019년 8월 27일 일을 뉴스타파에 밝혔다. "자신과 만난 윤석열 총장이 언론이 가장 크게 문제 삼은 조국 후보의 딸 입시 비리에 대해서는 한마디도 하지 않았고, 주로 사모펀드 문제만 얘기했다. 윤 총장이 '사모펀드는 다 사기꾼들이 하는 것이다' '내가 사모펀드 관련된 수사를 많이 해봐서 잘 안다' '어떻게 민정수석이 사기꾼들이나 하는 사모펀드에 돈을 댈 수 있느냐' 그 얘기만 반복했다. (윤석열 총장이) '부부 일심동체이니 정경심 교수가 사모펀드 관련해서 문제가 있다면, 그건 곧 조국 장관의 문제이기도 하다' '조국을 낙마시켜야 한다'라며 (강제 수사 필요성을 강조했다.)" 그러나 '조국 펀드'는 법원에 의해 모두 무죄로 판단됐다. 예단과 속단이 뒤섞인 채 한 일가를 도륙 낸 그의 칼은 '사회적 흉기'가 됐다.

남에 대한 엄격한 잣대에 걸맞게 자신을 엄정히 관리해온 윤석열이었을까? 그는 수시로 "이 정권은 집요할 정도로 나를 주저앉히고자 했고 나 하나만 무너뜨리면 정권이 자동 연장된다고 생각하고 2년 전부터 탈탈 털었다"라고 주장했다. 탈탈 털어서 아무것도 없었다는 말은 아니다. 2021년 12월 20일 기준으로 윤석열 본인과 부인, 장모로 약칭되는 '본부장'에 대한 수사 또는 재판 중인 사건들만 따져보면 무려 12개다. 입건된 사안만 간단히 정리해본다. 따라서 '대장동 개발' 관련 화천대유 대주주 김만배의 누나가 윤석열 부친의 연희동 주택을 매입한 경위, 부산저축은행 예금이 대장동 투기세력의 시드머니로 활용된 것과 관련해 대검 중수부 과장일 때 윤석열이 수사를 손 놓은 배경, 장모 수사 사안과 관련한 대검이 대응 전략 문건을 작성한 사실 등 수사의 필요성이 다분한 사안은 포함되지 않았다.

윤석열 본인

• 검찰 고발 사주 의혹(공수처 수사 중)

검찰총장 재직 시기인 2020년 4월, 20대 총선을 앞두고 윤석열의 최측근
인 수사정보정책관 손준성은 당시 미래통합당(현 국민의힘) 측에 여권 인사
들에 대한 형사고발을 사주했다. 텔레그램으로 고발인만 공란으로 한 다
작성된 고발장을 검사 출신 김웅 통합당 후보에게 건넸고, 이는 통합당 관
계자에게 전달됐다. 사주한 고발 사안은 본인과 부인 김건희의 이익과 직
결된 건으로 윤석열과 무관할 수 없는 사안이다.

• 윤대진 검사장 형 뇌물수수 무마 의혹(서울중앙지검 수사 중)

국세청 고위직인 윤우진 용산세무서장은 수사 도중 해외로 도주했음에도
구속되지 않았고, 무혐의 처분을 받아 복직했다. 그리고 정년을 맞았다. 그
런데 윤우진은 윤대진 검사장의 형이다. '제 식구 감싸기'에 따른 수사 무마
로 해석된다. 그런데 윤대진과 의형제인 윤석열이 경찰 수사를 받던 윤우
진에게 특수부 검사 출신인 이남석 변호사를 소개해줬다는 녹취가 공개됐
다. 변호사법 위반에 해당하는 사안이다.

• 옵티머스 사건 무마 의혹(공수처 수사 중)

공공기관인 한국방송통신전파진흥원으로부터 투자받은 옵티머스는 1조
2000억원대 투자 피해를 낸 악성기업이다. 한국방송통신전파진흥원을

산하에 둔 과학기술정보통신부는 이에 투자를 못 하게 돼 있는 성지건설 인수에도 옵티머스가 자금을 쓴 사실을 적발했다. 이에 한국방송통신전파 진흥원은 옵티머스에 대한 수사 의뢰를 했다. 하지만 윤석열이 지검장인 서울중앙지검 수사팀은 인수자금에 대한 계좌추적 등 기초적인 조사도 거치지 않고 전원 혐의 없음으로 처분했다. 4개월 뒤 서울남부지검은 자금 유용 혐의로 기소했던 바, '봐주기'의 배경 및 과정이 규명돼야 할 것이다.

• 한명숙 수사팀 모해위증 교사 무마 의혹(공수처 수사 중)

한명숙 전 총리가 뇌물을 받았다는 증언을 끌어내고자 2011년 당시 검찰이 증인들에게 거짓말을 강요했다는 의혹이 불거졌다. 이에 한동수 부장과 임은정 검사가 속한 대검 감찰부가 감찰에 나섰는데 이 사건은 파행 속에 수사권이 없는 중앙지검 인권감독관실로 배당했다. 그리고 마침내 검찰이 거짓 증언을 받아내고자 하지 않았다는 취지의 '무혐의' 결론이 난다. 이 감찰 재배당은 한동수, 임은정 등과 불편한 관계였던 검찰총장 윤석열이 주도했고 직권남용 범죄 여부가 규명 중이다.

• 판사 사찰 문건 지시 의혹(공수처 수사 중)

검찰총장 윤석열은 수사정보정책관실에 자신의 관심 사건 재판부의 소송 지휘 방식, 과거 판결례, 우리법연구회 출신 여부, 검찰 간부와 친족관계인지 아닌지 등 자료 즉 판사 사찰 문건을 작성하게 지시했다. 이는 수사정보

정책관 손준성도 인정한 사실인 바, 서울행정법원 제12부는 사찰을 개인 정보 보호법 위반으로 규정하고 직권남용에 따른 검사 징계사유에 해당한 다고 지적했다. 이것이 형사처벌 사안인지 규명 중이다.

부인 김건희 씨 관련 의혹들

• 도이치모터스 주가조작 관여 의혹(서울중앙지검 수사 중)

2010~ 2011년 주식시장에서 도이치모터스 회장 권오수가 증권회사 출신 김모 씨 등 주가조작 세력과 결탁해 회사 내부 호재성 정보를 흘려 주식 매매를 유도하는 등 방법으로 주가를 조작했다는 의혹이다. 윤석열 아내 김건희는 이 과정에서 돈을 대는 '전주' 역할을 했는데 자신은 주식투자를 했다가 손해를 봤을 뿐 조작에는 관여하지 않았다고 주장했다. 그런데 김 건희는 2013년 도이치모터스가 설립한 도이치파이낸셜 주식 2억원 상당을 액면가에 샀고, 권오수에게서는 2012년 도이치모터스 신주인수권을 매입한 뒤 사모펀드에 팔아 이익을 거두고 2017년에 다른 업체보다 싼 가격인 20억원 상당의 도이치파이낸셜 주식을 매입했던 터다. 이런 가운데 도이치모터스 주가조작 사건이 검찰에 고발된 것은 윤석열이 검찰총장이던 2020년 4월이었지만, 수사가 속도를 내기는 퇴임 이후부터다. 2021년 11월 권오수를 포함하여 도이치 주가조작 공범 5명은 전원 구속됐다.

• 코바나컨텐츠 전시회 불법 협찬 의혹(서울중앙지검 수사 중)

코바나컨텐츠는 김건희의 전시 기획사다. 2019년 남편 윤석열이 검찰총장 후보자로 지명된 뒤 이 회사의 스폰서는 4곳에서 16곳으로 늘었는데 수사대상 기업으로부터 보험성 협찬을 받은 것으로 의심된다. 게다가 국민일보 등 언론사를 끼고 자금이 들어간 흔적도 포착됐다. 그런데 수사는 2020년 9월 개시 이래 14개월이 지난 2021년 11월이 되도록 감감무소식이었다가 2016년 12월~2017년 3월 예술의전당에서 연 '현대건축의 아버지 르 코르뷔지에 전'에 대해서는 공소시효 만료를 이유로 무혐의 처분했다. "검찰의 선택적 봐주기 수사가 도를 넘었다"는 비판이 제기되는 대목이다. 3개월여에 그쳤던 조국 부부 수사와 대조된다.

• 학력 등 경력 위조 의혹(서울중앙지검 수사 중)

김건희가 2007년 수원여대에 교수로 지원할 당시 경력란에 '한국게임산업협회 기획팀 기획이사'라고 적었다. 하지만 한국게임산업협회는 김건희가 일을 시작했다고 밝힌 때로부터 2년 뒤 만들어진 단체였다. 김건희는 또한, '서울국제만화애니메이션페스티벌 대상' 수상 경력 등을 기재했다. 그러나 출품한 작품 자체가 없었던 것으로 드러났다. 허위 기록이다. 김건희는 이를 취재한 YTN 기자에게 이 시비에 "믿거나 말거나 기억이 나지 않는다"라며 "근무기간을 잘못 기재하는 착오가 있을 순 있지만, 재직 증명서를 위조한 건 아니다"라고 했다. 허위 수상 기록에 대해선 "학교 진학을 위해 쓴 것도 아닌데 무슨 문제냐"며 "돋보이려고 한 욕심이었다. 그것도 죄라면 죄"라고 했다. 윤석열도 "전체적으로 허위 경력은 아니고, 완전히 날조된 것은 아니다"라고 했다. 그러나 이는 빙산의 일각이다. 민주당은 이런 식으로 김건희가 허위 이력을 작성·제출해 근무한 곳은 드러난 것만 15년에 걸쳐 5개 대학에 이른다고 12월 8일 밝혔다. 이 과정에서 허위로 작성·제출한 이력은 18건에 이른다고도 했다.

장모 최은순 씨 관련 의혹들

• 요양급여 부정수급 의혹(의정부지법 1심 징역 3년 선고 법정 구속)

윤석열 장모인 최은순은 2013~2015년 경기도 파주시 내 요양병원을 동업자 3명과 함께 개설·운영했다. 문제는 현행법상 의료기관을 의료인만 세울 수 있는데 의료인이 아닌 최은순이 의료재단을 세워 병원을 개설하고 2년 동안 운영에 관여하면서, 국민건강보험공단으로부터 22억 9000만 원 상당의 요양급여를 부정으로 받은 혐의다. 그런데 애초 검찰은 최은순이 2014년 이사장직에서 물러나면서 공범들로부터 병원 운영에 관한 책임을 묻지 않는다는 '책임면제각서'를 받았다는 이유로 입건하지 않는 등 빠져나갈 구멍을 열어준 터다. 하지만 검찰이 재수사 후 기소했고 법원은 요양병원 급여 부정수급 혐의로 1심 징역 3년 형을 선고 받았다.

• 은행 잔고증명서 위조 부동산 투자 의혹(의정부지법 1심 재판 중)

최은순은 2013년 동업자 안모와 성남 도촌동 땅을 사들이면서 신안상호 저축은행에 347억원을 예치한 것처럼 통장 잔고증명서를 위조한 혐의로 기소됐다. 검찰은 두 사람이 한국자산관리공사 측에 자금력을 확인시키고 부동산 정보를 얻고자 통장 잔고증명서를 위조한 것으로 보고 있는 상황이다. 애초에 검찰은 최은순의 범죄에 눈감았던 터. 최은순은 안모에게 속아 잔고증명서를 만들어줬다고 주장하고, 안모는 최은순이 범행을 주도했다며 공방전을 벌이고 있다. 잔고증명서 위조는 김건희가 운영하던 회사의 감사인 김모였지만, 김건희는 수사 대상에서 빠졌다. 허위 잔고증명서는 공문서위조 성격에 가깝고 권리행사 방해로 피해자를 만들었다면 죄가 가볍다고 할 수 없다. 법원 판결의 귀추가 주목된다.

• 추모공원 사업권 편취 의혹(서울경찰청 수사 중)

사업가 노덕봉은 2005년 납골당 사업을 추진했다. 그러다가 사업권을 둘러싸고 시행사와 시공사, 채권자인 신안저축은행 간 갈등이 발발했다. 2009년 지분(40.4%) 빼앗길까봐 노심초사하던 차에 평소 친하게 지내던 최은순에게 주식 10%를 명의신탁한다. 이런 와중에 최은순 측근인 '법조 브로커' 김모가 노덕봉에게 찾아가 '사위 윤석열 검사 등에게 말해 사업을 되찾아줄 테니 나를 공동대표로 올려달라'고 제안했다. 노덕봉은 2016년 1월 김모를 공동대표로 임명했는데 그러자마자 김모는 노덕봉으로부터 시행자 주식 10%와 대표이사직을 활용해 노덕봉을 대표이사·이사직에서 해임하고, 노덕봉은 최은순과 김모가 공범이라고 보고 고소했다.

• 양평 공흥지구 특혜 의혹(서울경찰청 수사 중)

경기도 양평군 공흥2지구는 원래 LH의 공영개발 대상이었는데 2011년 7월 돌연 사업 포기한다. 그리고 3주 만에 최은순이 세운 부동산개발회사 ES&D가 민간개발사업을 제안한다. 그런데 양평군은 토지 매입 및 소유자 동의를 건너뛰고 수락하고, 사업 실시계획인가 기간 만료일이 지났음에도 공사 중지나 인허가 취소 같은 행정조처 없이 1년 8개월이나 사업기간을 소급적용해 늘려준 바, 결국 토지차익만 100억원, 개발 분양수익 800억원을 얻게 했다. 당시 인허가권자였던 양평군수는 현재 윤석열 캠프 소속 김선교 국민의힘 국회의원이며, 윤석열은 여주·양평·이천을 담당하던 여주지청장이었다. (2021년 12월 20일 현재)

　　윤석열 '본부장'(본인-부인-장모)은 '의혹의 백화점'이라는 비판이 제기됐지만 대장동 건으로 숱한 공세를 입은 이재명에 비해 별달리 내상이 없다. 당사자가 '나와 상관없는 일'이라고 퉁명스럽게 받아치거나 '야당 대선후보에 대한 현 정부의 정치공작'으로 오도하고 있고, 주류 언론은 이 눙치기에 대해 파헤치기를 주저하고 있으며, 공수처·검찰도 기소 여부 판단을 미루며 '세월아 네월아' 하고 있다. 그러나 이렇게 수습하도록 내버려두기에는 사안이 매우 고약하다.

　　도덕성만이 아니다. 아무리 '정치 초보'라지만 그의 실언은 상궤를 벗어나 상식을 이탈했고 무례를 넘어 무지를 입증했다. 신망을 얻을 행동과 발언만 해도 모자랄 선거운동 국면에서 말이다. 손바닥에 '왕'(王) 자를 표시한 채 TV토론에 나온 것에 더해 '천공스승' 유튜브 시청 권유 등으로 초래한 미신 숭배 의혹과, 자유라는 미명 아래 '주 120시간 근무'를 주장하고 육체노동을 '아프리카에서나 할 일'이라고 폄훼하면서 드러낸 노동 현실에 대한 몰이해, '부정식품 허용' 및 '후쿠시마 원전 방사능 유출 부정' 등의 발언에서 여실히 보여준 보건 안전 수호에 대한 관념 부재, '집이 없어 주택청약통장 못 만들었다'와 헌법적 원칙이건만 '경자유전에 너무 집착한다'라는 발언으로 확인시킨 부동산에 관한 총체적 무념, 1987년 최루탄에 맞아 숨진 이한열 열사 조형물 앞에서 이와 아무 상관없는 1979년 부마항쟁을 언급한 점이나 '전두환은 쿠데타와 학살 빼놓고는 잘했다'라는 발언한 것 등에서 노출한 역사의식의 부재, 이 같은 논란에 대해 사과를 요구받자 '개한테나 주라'라는 취지의 사진을 공개하는 등 상식 밖 행태는 헤아리고 꼽는 게 무의미할 지경이다. 여기서 그칠지는 본인도 장담 못 할 것이다. 지지세의 확장성을 제약하는 주체는 이로써 윤석열 본인임이 확인된다. 일찌감치 대선 맞상대로서 '윤석열이 훨씬 쉽다'라고 지적한 것은 오판이 아닌 듯 보인다.

윤석열은 안 된다

지난 19대 대선, 탄핵이라는 전대미문의 상황에서도 보수정당 후보들은 31%(홍준표 24%+유승민 7%)를 얻었다. 호남과 반민주당, 반문재인 노선의 안철수 후보는 당시 20%를 득표했는데 최근에도 유지되는 자신의 지지율 5%와 보수로 선회한 안철수를 지지하지 않는 호남표를 최저 5%로 보고 빼면 대략 10%가 국민의힘으로 이동할 수 있다고 본다. 따라서 20대 대선 '보수진영의 기본표'는 40% 안팎으로 간주된다. 여권의 기본표는 어떨까? 문재인 대통령 국정 수행 지지율로 보면 합리적인데 대략 40%에서 고착돼 있다. (공교롭게도 이는 지난 대선 문 대통령 득표율과 같다.) 본질에서 문 대통령의 지지율과 이재명 지지율은 일치된다. 윤석열로의 정권교체 때 문 대통령 역시 노무현 전 대통령의 길을 걸을 수 있겠다고 염려하는 이들 그러니까 민주주의의 퇴행을 염려하는 이들이 결집해 40%가 됐기 때문이다. 그렇다면 대선 구도는 기본적으로 이재명 40, 윤석열 40에서 출발한다고 보면 합리적이다. 그래서 20대 대선은 중도 표 및 정치 저 관여층 표 20%를 누가 갖느냐의 싸움이 될 것이다.

윤석열 가는 길은 모래밭 자갈밭이다. 보수 야당 텃밭인 경북 출신인 이재명과 달리, 서울 출신의 그는 전통적 지역구에도 기대기 쉽지 않다. 게다가 스스로 상황을 장악하고 행정을 창안하는 등 자기주도적 리더십을 발휘하는 이재명과 달리 현실적으로 '남의 머리'를 빌려야 할 '정치 초보'의 처지다. 게다가 어떠한 입건 사례 없이 대선 레이스를 달리는 이재명과 달리, 자기 가족 즉 '본부장'을 둘러싼 공수처·검찰의 수사 결론이 때에 따라 치명타로 작용할 수 있다. 그래서 유일하게 믿는 것은 정권심판론일 것이다.

그런데 윤석열이 기대는 정권심판론에는 현 집권 세력에 대한 실망과 분노만 내재한 게 아니다. 여기엔 개혁과 변화에 대한 염원도 담겨 있다. 그래서 단지 '반(反)문재인 노선'만으로 견지할 수 있는 정권심판론 대변자의 지위가 아니다. 윤석열은, '전국 광역단체장' 꼴찌에서 1위로 올라설 만큼 정치적 효능감으로써 지지율 상승을 견인한 저력이 있는 이재명을 압도할 수 있을까? 이재명은 게다가 문재인 리더십과 결이 아주 다르다. 정치적 차별화를 선거 당일까지 지양하겠지만 내용적 차별화로 바람을 일으킬 힘은 다분하다. 그래서 '정권교체론'의 상당 부분을 잠식할 가능성이 있다.

그래서 20대 대선은 '행정가 이재명'과 '칼잡이 윤석열'의 대결 구도로 봐야 한다. 그렇기에 윤석열의 집권은 불가능하다. 그에 대한 대표적 오판은 '윤석열은 정권을 가리지 않고 살아있는 권력과 맞섰다'라는 이미지다. 그는 국민의 권익과 기본권을 침해한 이명박 정부에서 충실히 '애완견' 노릇을 했던 주인공이다. 그러다가 박근혜 정부 당시 서울중앙지검 국가정보원 선거 개입 수사팀장을 맡으면서부터 '살아있는 권력'과 표나게 마찰을 빚었다. 당시 그는 불의에 항거한 게 아니었다. 권력의 기울기가 (자기가 속한) 검찰이 아닌 국정원에 쏠리자 반기를 든 것으로 국정원과 세력 다툼을 벌였다. 이에 박근혜 권력은 (통제 안 되는 검찰을 제압하기 위해) 무리하게 당시 검찰총장 채동욱을 내쫓았다. 윤석열도 이때부터 가시밭길을 걸었다. 시대가 바뀌어 문재인 정부가 들어섰고, 박영수 특검에서 국정농단 수사를 벌이는 등 촛불 민심에 호응하는 듯 보였던 윤석열은 서울중앙지검장으로 발탁된다. 그리고 검찰총장에까지 천거된다. 그런데 윤석열은 문재인 대통령의 임명장을 받고도 문 대통령의 (조국 법무부 장관) 인사권에 반기를 들고 정권 인사에 대한 수사로써 '정치적 모반'을 획책했다. 이 역시 검찰의 주도권을 관철하겠다는 의지로 읽어야 정확하게 이해할 수 있다. 검사를 수사할 수 있는 고위공직자범죄수사처 설치, 검사의 수사권을 일부 분산하는 경찰 수사권 확충에 맞서기 위함, 이것이다. 윤석열에게 일관됐던 것은 '살아있는 대통령 권력 견제'가 아니라 '살아있는 검찰 권력의 수성(守城)'이었다. 그런 의미에서 윤석열이 마침내 국가 최고 권부에 오르게 된다면 그 나라는 검찰이 무소불위 권력의 전위대로서 전면에 서는 공안 왕국이 될 것이다. 다수 국민이 이를 간과하지 않을 것이다.

한국 정치에서 재벌, 엘리트, 칼잡이는 대통령이 되기 힘들다. 민주화운동도 좋고, 가난한 삶의 이력도 좋고, 아비 어미를 잃은 슬픔도 좋다. 그러나 대한민국에서 대통령이 되려 한다면 공감 능력이 있어야 한다. 오랜 풍상의 세월을 겪어오며 다져진 민주주의 경험치다. 재벌, 엘리트, 칼잡이에게는 그 공감 능력이 빠져 있다. 그래서 어렵다. 생각해보라. 이른 나이부터 '영감님' 소리를 듣는 검사들은 급제 이후 룸살롱 여성 말고 우리 시대 마이너리티를 취조실 말고 어디서 만날 수 있단 말인가? 무소불위의 권력을 휘두르고도 더 큰 권력을 부여받은 검사는 유사 이래 없었다.

강력한 공공은 시대의 부름이다. 사실 언제나 그러했다. 그래서 '작은 정부'를 지양하는 민주 진보 진영은 명분상 언제나 선택받기 유리한 고지를 점했다. 하지만 관료에 농락당하고 개혁이 좌초될 때마다 유권자는 마침내 국가 권력을 사유화할 집단에 정권을 넘겨준다. 노무현 정부가 그러했고 문재인 정부도 그 위기에 놓여 있다. 이럴 때 '강력한 공공'이란 공을 들고 구원투수 이재명이 마운드에 섰다. 공공의 권능은 다른 '심판받지 않는' '민주주의 원리에서 제한적인 권력만 행사해야 하는' 모든 권력의 머리 위에 있어야 한다. 즉 국민 전체의 투표로써 당선된 대통령이, 정의에 따라, 다른 모든 권력에도 굴하지 않고, 혼자 힘으로는 아무것도 할 수 없는 국민의 권익을 대변해야 한다. 이것이 민주주의다. '대통령감'을 따지는 나의 잣대는 다른 게 아니다. '내 대변자가 누구인가?' '내 권익을 대리해 수호할 자가 누구인가?' 민주당 다수 당원과 지지자의 선택이 그러했지만 나는 이재명뿐임을 확정지어 말한다. 그만한 사람이 없다.

김용민이 만난 이재명

인터뷰 1

인터뷰 동영상

일시 : 2020년 7월 22일

장소 : 경기도지사 공관

김용민(이하 김)   대동세상을 전투적으로 열어가는 지도자, 바로 이재명 경기도지사입니다. 코로나19 위기 국면에서 치밀함. 그리고 돌파력으로 풀뿌리 민주주의의 위엄을 보여준 이재명 지사가 최근 대권주자 여론조사에서 1위와 오차범위 안에서 각축을 벌이는 것으로 나타났습니다. 게다가 최근 도민을 상대로 한 여론조사에서는 도정 수행 지지율이 80%에 이르렀고요. 따져보니 전체 광역단체장 가운데는 1위를 기록한 것이었습니다. 물론 꽃길만은 아니었습니다. 민선 7기 첫 조사 때는 전국 꼴찌였지요. 배경이 있었습니다. 검경 수사 또 법원 판단 과정에서 끝내 솎아졌지만 질기고 악독하며 무수했던 비방 모략, '변방 사또'라고 비웃는 질시, 이재명식 복지와 행정에 반대하는 기득권 세력의 저항이 그렇습니다. 이재명 도정은 이 방해요소로 인해 단 하루도 순탄치 못했습니다. 그러나 불굴의 의지로 맞섰고 성과는 상당했습니다. 전쟁 같은 시간을 보낸 가운데 어느새 민선 7기 반환점을 돈 이재명 지사를 만나겠습니다. 후반기 도정의 비전에 더해, 앞으로의 정치적 비전 또한 듣겠습니다. 제가 경기도지사 공관에 나와 있는데요. 이재명 지사님, 어서 오십시오.

이재명(이하 이)　　네, 반갑습니다.

김　제가 왔네요. 지사님이 오신 게 아니라.

이　(웃음)

김　2020년 7월 16일. 10년 동안 지사님을 괴롭혀온 소송이 마침내 사실상 끝났습니다. 2010년에 성남시장이 되고 난 2년 후부터 8년 동안 계속된 고통의 종지부였습니다. 지사님의 지지자는 대법원의 무죄 취지 파기환송을 보며 아마 절감했을 겁니다. 이재명의 핵심 가치가 '강인함'에 있음을 말이지요. '마녀사냥'식 수사는 말할 것도 없고, 민주당 지지자임을 자처하는 사람들에게까지 받은 돌팔

매질, 이 와중에도 어떻게 평정심과 중심을 지키실 수 있었을까, 궁금합니다.

이 저는 지도자라기보다 국민 가는 길에 어려움이 없도록 돕는 일꾼이라고 생각합니다. 새경 받는 머슴인 셈이지요. 그렇다면 주권자가 맡긴 것을 최선으로 수행해야 하지 않겠습니까? 험한 일은 다 우리가 해야 하고, 우리 주인은 꽃길만 걷도록 하는 게 맞지요.

김 주인이란 국민, 도민, 시민….

이 제 인생의 사명은요, 험한 일을 맡더라도 그 일을 충실히 수행해야 하고, 힘들어 어렵다고 포기하면 안 되며, 돌팔매 날아오면 맞으면서도 할 일을 하는 것입니다. 공동체 최고 책임자의 태도, 의지, 역량, 행동에 (공동체의) 운명이 달려 있습니다. 저한테 일을 맡기신 분이 1360만 도민인데, 만약 제가 한 시간을 허비하면 1360만 시간을 허비하는 것입니다. 수백만 수천만 구성원의 운명이 나에게 달려 있다는 책임감이 이 어려운 상황을 견디게 해준 원동력 같습니다.

김 한 인간이 감당할 수 있는 사이즈의 고난이었나 싶을 정도예요. 수사 재판만이 아니라 지난 10년간 반대세력이 퍼부었던 공격까지 생각하면요.

이 격투기 영화 같은 걸 보면 알 수 있듯, 맞으면 더 단단해져요. 굳은살 배기고 그럽니다.

김 말씀 중에 지사님의 소년공 시절 아이스크림, 브라보콘 사건이 떠올랐습니다.

이 아, 브라보콘. 격투!

김 그 부분이 참 인상적이었어요.

이 정말 아팠지요. 몸도 아프고 마음도 아프고. 제 기억으로 는 그때 브라보콘 값이 100원 좀 넘었던 것 같은데

김 (브라보콘 내기 소년 노동자 간 권투 시합에서) 지면 하루 일 당을 다 내야 하는 거 아니었습니까?

이 그때 제가 (일당) 600원 정도 받았을 때예요. 신참(소년 노 동자)끼리 권투 장갑 끼우고 싸우게 하고.

김 나이 든 선임 노동자가 어린 소년공끼리 싸우게 했어요. 자긴 나중에 진 사람 일당으로 아이스크림을 얻어 먹고 요.

이 진 애가 브라보콘을 사서 상납하게 했지요. 그것을 안 할 수도 없었고. (웃음)

김 제가 지사님 자서전에서 끝내 못 본 것이 승부였습니다. 지사님은 이기는 편이었습니까, 지는 편이었습니까?

이 주로 맞았고 졌지요. 제가 덩치가 작고 체력이 좋은 편이 아니어서, 주로 맞고 지고 뜯기고 했지요. 거기서 탈출하 고 싶었어요.

김 그래서 이재명의 강한 맷집은 '브라보콘 타이틀 매치', 여기서부터 시작된 것이다!

이 (웃음)

김 그렇게 봐야 하겠네요.

기득권의 총공세

김 기득권의 총공세! 어떤 인터뷰에서 그간의 고초를 토로하면서 지사님은 '기득권의 총공세'라고 말씀하셨습니다. 지난 2년 도정, 또 지난 8년 시정을 담당하는 동안 발목 잡았던 기득권 세력. 이들이 지사님을 괴롭힌 이유는 뭐였을까요?

이 이런 이야기가 있지 않습니까? '모난 돌이 정 맞는다.' 사실 저한테 경고가 많았어요.

김 남몰래 찾아와서 '그거 하면 안 된다. 재미없는 일이 발생할 수 있다.' 뭐 이런 식으로?

이 네, '원만하고 적절하게 타협하며 둥글둥글 살아라.' 이런 이야기였지요. 예를 들면 사법연수원을 마치고 소위 '인권 변호사' 하던 시절, 저는 안 가도 될 길을 갔어요. 법정에서 심하게 판·검사 권력의 불법적 행위에 맞서 싸운 거예요. 그러다 보니 엄청나게 미움을 샀어요. 제가 사업자 측 변론을 해본 게 딱 한 번밖에 없어요. 대부분 경기 동부지역 관할 법원·검찰의 시국·노동 사건을 전담하다시피 했어요. 이 때문에 법정에서 판·검사와 만날 부딪혔지요. 적당히 비비면서 '형량 좀 깎아주세요'라고 하면 좋을 텐데, 수사 내용을 따지고, 절차 따지고 하다가 상대방의 빈정을 있는 대로 상하게 한 거예요. '아니, 왜 법정에서 쇠고랑을 채웁니까? 제가 본 형사소송법에는 그렇게 못하게 돼 있는데요. 그리고 왜 피고인한테 반말하세요?' 이렇게 계속 딴죽을 거니까 권위적 문화에 찌든 판·검사들은 '뭐 저런 새파란 것이, 어디 건방지게!' 이랬던 거예요. 그때 제 나이 20~30대 초반이었는데요. 정치에 진출한 후에도 부당한 것을 자꾸 지적했어요. 이렇게 제가 '공정한 세상'을 노래 부르고 사는 이유는, 불공정으로써 이익 보는 사람들이 있기 때문이에요. 그런데 그 불만이 상대편만이 아니라 같은 편이라고 불리는 우리 내부에서조차 불거졌어요. '자기가 뭐 잘났다고 독야청청하는가'라는 비아냥이었지요. 내 편 네 편, 진보 보수 가릴 것 없이 산지사방으로부터 돌팔매당하는 상황을 스스로 초래한 셈이었죠.

김 　적당히 개혁적이고, 적당히 정의로워야 정치를 오래 할 수 있는데. 지사님 사전에는 '적당히'라는 말이 없는가 봐요.

이 저는 부당한 일을 고치는 것에 인생의 방향을 정하고 시민운동을 해왔는데 갈등이 하나가 생겼습니다. 저희가 부정부패 감시를 시민운동으로 하고 있었는데, 국민의 정부 후반기에 소위 파크뷰 특혜분양 사건이 발생했어요. 저는 이에 반대하면서 부당 수혜자가 누구인지 파고 들어갔어요. 그런데 당시 여당 새천년민주당 인사의 이름이 나온 거예요. 덮지 않으면, 저 큰 동네, 즉 중앙정치권에 타격을 가할 상황이었어요. 실로 큰 문제가 아닐 수 없었어요. 이걸 문제 삼을지 말지 논쟁하는 와중에, 제가 속한 운동 진영에서 많은 사람이 떨어져 나갔고, 결국 저와 몇 사람만 남게 됐어요. '이 문제를 계속 파고들면 현 집권 세력에 타격을 주고, 결국 당시 야당 한나라당이 반사이익을 얻게 된다. 그러니까 적당히 멈추라'라는 요구가 다른 주장을 압도했던 거예요. 일면 말이 되지 않습니까? (실제 이 파크뷰 특혜분양 폭로로 당시 민주당이 전국적으로 큰 타격을 입게 됐어요.) 그때 제가 최종적으로 결정했지요. "지역적 정의 또는 부분적 정의라고 하는 게 전체적 정의를 담보하지 않는다면, 그래서 포기해야 한다면, 내가 이때까지 성남에서 인생을 바쳐서 해 온 운동에 도대체 무슨 의미가 있겠는가. 가다가 부딪히면 그만둬야 하는가."

김 가다가 멈춘다면 그간의 행보는 진영의 이익을 대변하는 것에 불과하겠네요. 한마디로.

이 그렇지요. 그래서 결단했지요. 전체적 정의가 가능하고 관철되는 사회, 정상의 사회로 가야 한다. 그래서 계속 '고(go)'했지요. 그렇게 해서 치른 대가는 그 유명한 '검사 사칭 사건'의 공범으로 구속되는 것이었습니다.

김 지사님과 아무 상관없는 일인데. 사칭은 KBS PD가 했는데….

이 그 KBS PD가 제 사무실에서 전화를 이용해 (검사로) 거짓말한 것인데, 제가 '도와줬다'라는 누명을 쓰게 된 것이지요. 거듭 이야기하지만 제가 취재에 협력한 것은 맞지만 사칭을 도와준 것은 아니었어요. (수사기관이) 참고인을 압박해서 거짓말로 (저에 대한 불리한) 진술을 하게 한 것이고요. 아무튼 그때 저는 엄청난 타격을 입어 고통을 겪었지만, 돌이켜보면 (파크뷰 특혜분양 반대운동은) 잘한 일이었다고 생각합니다.

김 검찰이 콕 찍은 거지요. 그래서 하지 않은 행동을 한 것인 양 덮어씌운 거고요.

이 그때 제가 나름 결단했습니다. "(부분적 정의가 아닌 전체적

정의를 추구하는 것) 그게 내 인생을 지키는 것이다." 마치 예언이 된 듯 이후로도 그렇게 살 수밖에 없는 상황이 연속됐어요.

김 원칙과 정의에 근거해서 행동해야 하고, 발언해야 한다, 당장 돌을 맞더라도?

이 그렇지요.

김 그러나 고난은 검사 사칭 사건으로 끝나지 않았지요?

이 제가 2010년 경기도 성남시장이 되고 난 다음부터, 계산해보니까 근무일 기준 4일 중 3일을 수사, 조사, 감사, 압수수색에 시달렸더라고요.

김 네, 그렇습니다. 은수미 현 성남시장이 김용민TV에 나와서 본인이 시장에 취임하고 14개월 동안 거의 2~3일에 한 번꼴로 수사기관에서 전임 시장 즉 지사님 사건 관련 자료 요청이 왔다고 말했어요. 심지어 브라질 출장 중 국제통화 명세 또 어머니가 시청사에 몇 번 출입했는지까지. 그야말로 탈탈 털다시피 했다고 합니다. 따지고 보니 (이번 대법원 무죄 취지 파기환송 판결이 났던 사건의) 기소 이후 시점 즉 2018년 12월 이후에도 그 조사가 계속됐던 거예요.

이 재판 도중에도.

김 네, 계속 털었던 겁니다. 그동안.

이 제가 너무 털려서요.

김 영혼까지 털렸지요?

김, 이 (웃음)

무죄 취지 파기환송

김 2020년 7월 16일 대법원 무죄 취지 파기환송 판결 건은 사실 문재인 정부 출범 이후에 기소된 것이었습니다. 이 과정 중 무수한 억측에 시달렸어요. 끝내 기소조차 되지 않은 혐의였지만, 아내 김혜경 여사가 뒤집어쓴 누명은 최악이었습니다. 이게 김혜경 여사를 '악녀'로 가공하기 위해 꾸민 공작은 아니었나 하는 생각이 들 정도였어요. 여사님은 어떻게 이 상황을 견뎠을까 궁금합니다.

이 이런 말이 있잖아요. '내 가족은 건들지 마라.' 그게 일종의 상도의 같은 거잖아요.

김 그렇지요.

이 저 못지않게 아내에게도 집중적으로 공격했어요. 말씀하신 대로 '악녀 만들기' 공작을 벌인 거예요. 물론 상대는 근거를 전혀 찾지 못하니까 (더 문제 삼을 의지를) 포기하더군요. 사실 제 고통은 제가 각오하고 선택한 길을 건다가 만난 것입니다. 또 법률가로서 '이 문제는 유죄가 될 수 없다'라는 확신도 있었고요. 실제 저는 조폭, 일베, 선거법 위반 사범, 형님 관련 각종 범죄자로 엮여 8~9개를 고발당했는데요, 경찰에서 절반 털고 검찰에서 또 털어 네 건 정도 남기고는 1심 법원에서 모두 무죄 판단을 받았습니다. 이렇게 다 끝나는 줄 알았어요. 그런데 고등법원(2심)에서 터무니없는 상황을 만난 거예요. 판결 내용은, "너 밥 먹었어?"라고 물었을 때 점심 안 먹은 상태여서 "안 먹었다"고 하니 "너 아침 먹었잖아. 왜 거짓말을 해?"라고 비난받는 것으로 비유할 수 있어요.

김 그런 식이군요.

이 '아침 먹은 것을 말 안 했다'로 엮은 거예요.

김 하지 않은 말에 대해서 유죄를 판결한 셈이고요.

이 '안 먹었다'라고 말한 것은 점심을 뜻한 것인데, 아침은 먹었으면서 마치 '아침에도 안 먹었다'는 거짓말을 한 것과 마찬가지로 평가된다는 것이지요. 그래서 저는 (대법원 무죄 취지 파기환송) 믿고 있었어요. 하지만 아내는 잠을 못 이뤘어요. 수면제를 복용하고도.

김 아, 김혜경 여사가 잠 못 자는 고통을 지사님한테 얘기 안 했나요?

이 제가 있을 때는 그저 "헤헤" 웃었어요. 그러면서 이러는 거예요. "(정치) 못하면 딴 거하고 살지 뭐." 이젠 대법원 판결로 과거지사가 됐지만, (만약 2심이 인용돼 지사직을 잃는다면) 정치를 그만두는 건 아무 문제가 아니에요. (경기도지사 선거보전비용 38억을 토해낼 때까지) 신용불량자로 살아야 하잖아요. 그런데도 아내는 '괜찮아. (정치는) 골치 아픈 거였으니까'라면서 저를 위로했어요. 남몰래 수면제 먹고도 잠 못 이뤘으면서. 그래서 정말 힘들었지요. 그게 제일 괴로웠어요.

김 여담인데, 선거보전비용 38억을 만약 내놓아야 할 상황이 왔다면 어떻게 하실 생각이었어요?

이 플랜B를 생각하지 않을 수 없겠지요? 무산자(無産者)의 삶, 무소유의 삶을 (타의로) 살아야 했을 거예요.

김, 이(웃음)

김 사실 법리만 보면 유죄 걱정은 상상 속에서도 무리인데, 수사기관 사법기관이 워낙 지사님 편이 아니다 보니 대비하지 않을 수 없었을 거예요.

이 우리는 언제나 최악의 경우를 가정하지요.

김 이게 바로 다년간 싸워본 사람에게서 발견되는 '맷집'입니다.

이 사실 가장 나쁜 경우를 가정해야 덜 괴로워요. 그러다가 정상적 상황을 확인했을 때엔 기쁘고요.

김용민이 만난 이재명

김 만약 가장 나쁜 경우가 닥쳐 지사직을 종료 당하면 뭐 하실 생각이었어요?

이 전국 다니면서 동지를 많이 만들어볼까 생각했지요. 설마 저를 찾는 분이 없겠습니까? 어디나 가면 차비 정도는 주지 않을까. 영 안 되면 김용민TV 출연해서 출연료도 좀 받고.

김 당연히 김용민TV 특별출연자로 모셔야지요.

이 (웃음) 뭐 그런 생각도 해봤지요.

김 참 대단한 재판을 겪어왔습니다. 대법원 판결을 생방송으로 시청하셨나요?

이 저는 사무실에서 유튜브로 봤어요.

김 '사실상 무죄'를 짐작했다거나 혹시 미리 소식을 전해 들었거나 한 것은 없었습니까?

이 그런 건 없었고요. 상식과 법 그리고 우리나라 사법부의 수준 등을 생각하면 이건 유죄로 판단 내리기 쉽지 않겠다고 예상했지요. 자기 최면적 측면의 상상이었지만요. 다만 생중계한다고 할 때는 '무죄 판단을 하려나 보다' 짐작했어요. 꽤 유력한 정치인을 국민 보는 앞에서 참수할 것인가, 그것도 치밀한 근거가 있는 것도 아닌데. 제삼자 입장에 서서 봤을 때 그렇게 보이지는 않았어요.

김 2심 판결이 문제가 있다는 것은 대부분의 법률가도 지적하는 바입니다. 그런 2심을 대법관 다수가 인용한다면 얼마나 민망스러운 일이겠어요?

이 쉽지 않은 것이지요. 그런데도 여전히 불안했습니다. 사람 일은 알 수 없으니까요. 그런데 재판장님 선고를 듣는 중 앞부분부터 '아, 무죄를 선고하려나 보다'라고 짐작하게 됐어요.

김 명문(名文)이었어요. 사실은.

이 적지 않은 사람은 엄청나게 새로운 걸 판결한 것으로 여기던데 사실 그게 다 기존 판례였어요.

김 그렇군요.

이 앞부분은 기존 판례를 읽은 건데 딱 한 가지 추가된 법리가 있다면 "숨 쉴 공간이 필요하다." 이것이에요. ("일정한 한계를 넘는 표현에 대해서는 엄정한 조처를 할 필요가 있지만, 그에 앞서 자유로운 토론과 성숙한 민주주의를 위하여 표현의 자유를 더욱 넓게 보장하는 것이 더욱 중요하다. 표현의 자유가 제 기능을 발휘하기 위하여는 그 생존에 필요한 숨 쉴 공간, 즉 법적 판단으로부터 자유로운 중립적인 공간이 있어야 하기 때문이다." 사건번호 2019도13328 대법원 판결문 p.9)

김 박상옥 대법관 등의 소수의견은 어떻게 들었습니까?

이 그건 언급하지 않는 게 좋을 것 같습니다.

김, 이 (웃음)

이　'그런 입장이 있을 수 있겠구나'라고 생각했습니다.

김　그러면 제가 촌평하겠습니다. 박상옥 대법관 소수의견 중 "토론의 흥미를 위해 유죄가 나와야 한다"라는 말을 듣고 크게 웃었습니다. ("유권자들에게 토론회에서의 주장과 반론, 질문과 답변에 의한 공방과 검증에 흥미를 잃게 하며, 결국 토론회의 질이 낮아지게 된다." 사건번호 2019도13328 대법원 판결문 p.23)

이　저는 종교재판 냄새를 느꼈어요. 소수의견에서.

김　종교재판.

이　거짓말하면 안 되는 것을 넘어, 불리한 것조차 다 불어야 한다. 그런 측면에서 종교재판이 맞지요. (대한민국 헌법은 "모든 국민은 형사상 자기에게 불리한 진술을 강요당하지 아니한다"라고 규정하고 있다. -저자 덧붙임) "너 마녀 맞지? 마녀 맞네! 마녀가 아니라는 걸 네가 증명해봐! 왜 안 해?"라는 느낌을 받은 거예요. 하여튼 끔찍했습니다. 소수의견을 들으면서 '저렇게 보는 시각도 있구나. 조심해야 하겠네' 하는 생각이 들더라고요.

김　저는 대한민국 대법원을 크게 신뢰했는데. 세상이 비웃는 2심 판결에 동조하는 재판관이 무려 다섯 명이나 되는 것을 보고 솔직히 놀랐습니다.

이　선고 전에는 마음이 편했어요. 그러니까 불안한 마음과 편한 마음의 비율을 따지자면 편한 마음이 좀 더 많았는데요. 그래서 콩닥콩닥하거나 그러지 않았는데요. 선고를 딱 듣고, 소수의견을 듣는 순간, 제가 가슴이 갑자기 뛰더라고요. '아, 진짜 죽을 수 있었구나' 하는 생각이 드니까요.

김 판결 나오고 김혜경 여사님은 뭐라고 하던가요? 연락은 언제 했어요?

이 몇 시간 있다가 전화했어요. 왜냐면 제 아내도 선고 실황을 봤을 테니까요. 2심 판결이 말이 안 된다고 생각했기에 아마 엄청나게 기뻐하지는 않았을 거예요. 도리어 허탈했을 것입니다. 저도 허탈하더라고요.

김 당연한 귀결점이었지만 오만 가지의 감정을 소비했으니까요.

이 사법부의 판단. 물론 존경하고 감사합니다. 그러나 한편으로는 '이 당연한 결과를 얻기 위해서 참으로 멀리 돌아왔구나'라는 생각이 들더라고요. 이런 고난은 어차피 각오한 것이니 놀라운 일은 아니었지만 허비한 시간을 생각하니 화가 나더라고요.

김 그렇지요.

이 특히 1심 재판 때는요, 일주일에 두 번씩, 새벽 2시까지 재판했어요. 심지어 54~55명이나 증인으로 불러 심문

했는데요. 이게 문제였어요. '형님이 치료가 필요한 상태' 인지 확인하고자 부른 사람들인데, 굳이 부르지 않아도 됐거든요. 검찰이 그 증거를 쥐고 있었다, 이 말이에요.

김   숨기기까지 했어요?

이   형님 상태를 알 수 있는 당사자와 가족의 발언 기록, 심지어 의사가 형님의 정신이상 증세를 확인해주는 육성도 확보했어요. 따라서 검찰이 제때에 그 증거를 제시했다면 여러 사람 부르며 재판을 질질 끌 이유가 없었던 것이지요.

김   지사님을 고발한 사람들의 변호인 역할을 했어요. 검사들이.

이   그러게요. 저는 당시에 살필 도정이 산더미처럼 쌓여 있었는데 재판에 매여 증인 반대 심문을 준비하고 기록 분석하고… 사실 안 할 수가 없잖아요. 그런데 그조차도 시간이 부족하니까 어느 때인가는 몇 번씩 울고 싶더라고요. 진짜 울고 싶더라고요. 이 와중에도 도민들께서 저를 좋게 평가해주셔서 도정 만족도가 높게 나오긴 했지만 (재판에 시간을 소모하지 않았다면) 얼마나 더 많은 혜택을 도민에게 드리고, 더 큰 기여로 도 발전에 공헌했을까 하는 생각이 들었습니다.

김   그동안 엄청난 도정을 펼치셨는데, 그 와중에 틈틈이 재판 준비까지 하셨다는 거 아니에요? 처음 알았습니다.

이 정말로 죽을힘을 다해서 했습니다.

김 저는 사실 변호인한테 다 맡긴 줄 알았어요.

이 설명을 해줘야 법률 대리인 역할을 할 거 아닙니까? 원래 변호사가 스스로 알아서 하는 게 아니잖아요. 내용은 당사자만큼 모르는 거니까. 제가 인생을 살면서 제일 열심히 했던 때가 언제냐 하면, 대학을 장학금 받고 들어가기 위해 공부하던 1981년이었어요. 그때엔 정말로 온 인생, 온 영혼을 다 바쳐서 열심히 했는데요. 그래서 목표한 대로 뜻을 이룬 거예요. 제 인생에서 그 시기보다 더 열심히 하는 예는 없으리라 생각했는데, 재판과 도정을 동시에 소화하면서 보낸 2년 특히 1심 재판하던 그 기간은 대입 때 쏟아부었던 힘 그 이상을 소진했던 것 같습니다.

김 이런 지사님 상황을 누구보다 잘 아는 김혜경 여사이니만큼 자신의 불편하고 답답한 감정을 이야기할 수 없었던 거예요. 배려한다고.

이 (웃음) 맞습니다.

김 고생 많이 했습니다. 정력 일부를 잘라 재판에 소모하면서도 엄청난 스케일과 사이즈의 도정을 펼쳤는데, 2020년 7월 16일 대법원 판결 이후엔 곱하기의 도정을 하지 않겠는가 하는 기대를 하게 합니다.

이 1.3배 정도는 할 수 있을 것 같아요.

김 1.3배 정도. (웃음) 그래도 그게 어딥니까? 제가 페이스북에 '비로소 이재명 도지사는 2020년 7월 16일에 취임했다'라는 글을 썼습니다.

이 네, 맞습니다. 제가 그 마음으로 하고 있어요. "다시 시작이다!"

경기도정 반환점을 돌며

김 지사님, 재판을 등에 지고 경기도정이라는 마라톤을 달려 임기 반환점을 돌았습니다. 성남시장일 때의 시정과 경기도지사일 때 도정. 어떤 차이가 있나요?

이 양적 차이 외에 다른 것은 없습니다.

김 아, 그래요?

이 다만 관할 범위가 더 넓어진 정도?

김 성남시에서 경기도 전역으로?

이 네, 규모의 차이가 있는 정도이지 본질에서는 차이가 없어요. 국정도 마찬가지일 것입니다. 결국, 일은 일선 공무원이 하는 것이잖아요. 그렇다면 선출직 행정가의 역할과 역량은, 일선의 공무원을 얼마나 장악하느냐, 즉 일 열심히 하도록 동기 부여하고 공정하게 평가하느냐에 달렸다고 생각합니다.

김 사전 취재 결과, 지사님은 재선 성남시장 다음으로 경기도지사직에 도전하느냐, 아니면 그라운드를 갈아타 서울시장을 하느냐, 두 갈래 길에서 고민하신 적이 있었어요.

이 그렇지요.

김 그때 지사님은 '경기도지사의 권한이 매우 약하다'라고 생각했습니다. 그도 그럴 것이 대한민국 최대 광역단체임에도 불구하고 경기도는 서울시와 달리 특례가 적용되지 않아요. 게다가 이런저런 자치 권한이 기초단체 즉 시군에 분산돼 있고요. 경기도는 시군 간 조율 조정 외에 이렇다 할 권한이 없지 않나 싶습니다.

이 기왕에 농사지을 거면 좋은 땅에 좋은 농기구로 농사지어 좋은 평가를 받고 싶은 마음이지요. 이것은 인지상정입니다. 하지만 땅이 아무리 나쁘고 농기구가 아무리 열악해도 결국 농부의 성실함이 성패를 가릅니다.

경기도에서는 주로 시군이 행정합니다. 같은 광역단체 중 특별시·광역시는 중심이 시(市)이고 구청은 보조 기관 역할을 하거든요. 그런데 인구로보나 규모로 보나 특별시·광역시 그 이상인 경기도는 달라요. 그래서 역대 경기도지사들이 현직에 있을 때, '나는 왜 신문 방송에 잘 안 나오지?'라는 불만을 종종 토로했다고 해요. 그건 당연하지요. 시장 군수가 주된 플레이어인데. 그러나 작은 권한이라도 제대로 행사하면 많은 권한을 제대로 행사 못하는 것보다 훨씬 더 잘할 수 있어요. 예컨대 제가 한 일 중에 제일 호평 받는 게 계곡 정비인데요. 그것도 시군 업무예요.

김 그렇지요.

이 하지만 경기도가 감독합니다. 여차하면 '제대로 해라'라고 명령할 수 있는 거예요. 물론 국무총리나 국토교통부 등 중앙정부에도 경기도와 같은 권능이 있어요. 계곡 정비 실무는 시군이 하지만, 미진할 경우 중앙정부와 광역단체가 '언제까지 무엇을 안 하면 책임을 묻겠다, 불법을 방기한 책임을 물어서 징계하겠다'라고 지도 관리를 할 수 있는 거예요. (권한이) 크다고 꼭 잘 되는 게 아니고. 작아도 또 부족해도 마음만 먹으면 얼마든지 무엇이든 할 수 있습니다.

김 권한을 '찾아서'(!) 행사하는 것.

이 그렇지요. 예컨대 2020년 6월, 일부 민간단체들의 대북 전단 살포에 경기도는 한동안 손 놓고 있다시피 했어요. 이를 막을 권한이 중앙정부에만 있었으니까요. 그런데 상황이 심각해지잖아요. 우리도 어떻게든 저지할 수밖에 없었어요. 그래서 제가 도청의 관련 부서를 모두 소집해 가능한 모든 (차단) 방법을 찾아보라고 했어요. 그리고 발견했어요. (전단 살포용 풍선을 띄울 용도의) 가스통을 싣고 다니면 불법일 수 있다는 것, 아울러 전단이 북한으로 넘어가는 게 아니라 남한 경기도에 떨어지면 쓰레기 투기 방지 규정 위반일 수 있다는 것, 또한 사람 머리에 떨어지거나 지붕에 떨어지면 '안전을 위해하는 행위'로서 금지 규정 위반일 수 있어요.

저는 즉각 해당 지역을 안전구역으로 설정했습니다. 그리고 그곳에 가스통을 싣고 가거나 풍선을 띄우면 현행범으로서 체포·처벌한다고 경고했고요. 경기도 특별사법경찰관이 이때부터 활동에 들어가면서 단속이 시작됐지요. 이렇게 하니까 그 사람들, 인천 가서 또 강원도 가서 날려요. 경기도에선 안 하잖아요. 혹여 바다에다 뭘 띄워서 보내려고 한다? 이때는 해양수산 관리위반으로 처리합니다.

행정이란 것은요, 공익에 부합하는 모든 걸 다 할 수 있어요. 이게 행정학에 나오는 행정의 정의예요. (재난 및 안전관리기본법 제41조에 따른 것으로 경기도는 2020년 11월 30일까지 군부대를 제외한 연천군과 포천시, 파주시, 김포시, 고양시 전역을 위험구역으로 설정하는 내용을 담은 '위험구역 설정 및 행위 금지 행정명령'을 발동했다. 이로써 해당 구역 내 대북 전단 살포 관계자의 출입을 통제하고, 대북 전단 등 관련 물품의 준비, 운반, 살포, 사용 등을 금지했으며, 위반 시 1년 이하 징역 또는 1000만원 이하 벌금에 처하게 했다. -저자 덧붙임)

김 아….

이 (2020년 코로나19 방역에 미진했던) 신천지(에 대한 대처)도 그래요. 당장 (코로나19 감염 여부를 점검할 목적으로 신천지 교인의 명단을) 압수수색을 해야 하는데 공직사회는 근거 법령이 명확하지 않다며 주저하더라고요. 그래서 이때도 관련 부서 공무원을 다 모이게 해서 꼼꼼히 살펴보도록 했지요. 역시 답이 있었어요. (공공이) 역학조사 및 검사를 할 수 있고, 거부하면 처벌할 수 있더라고요. 그래서 '조사하고 제출케 하되, 거부하면 현행범으로 체포하라'라고 지시했어요. 신천지는 끝내 안 주겠다고 하더라고요. 그때 (제가 신천지 본진에) 포렌식 전문가 세 명을 데리고 갔어요. 그리고 경기도 특별사법경찰관이 지켜보는 가운데서 '지금부터 모든 컴퓨터를 다 뒤져서 찾겠다'라고 엄포했더니 '아, 여기 있습니다'라고 하며 주더라고요.

김 지역화폐를 '깡' 하는 것도 경기도에서는 불가능한 일이 돼 버렸어요.

이 네, 포털에 검색되잖아요. '지역화폐 현금화'. 그런데 보면 경기도 것은 없어요. 대부 즉 '돈 빌려 가라'는 호객 역시 경기도에서는 찾기 어려워요. 저희에겐 전담팀이 있어요. 전담팀이 '깡' 해주겠다는 곳에 전화해서 '돈 좀 빌려주세요'라고 하지요. 오라고 하면 가서 잡아요. 압수수색까지 해서 여죄마저 다 찾아오지요. 그래서 빌려 간 사람에게 다 돌려주게 하고 또 비싸게 빌려준 사람을 처벌해요. '우리는 할 수 있는 제재는 다 한다'라고 했어요. 그랬더니 다른 곳과 달리 경기도 것은 없습니다. 없는 게 확실합니다. 제가 (모든 방법을 동원해) 있나 없나 날마다 뒤지고 있거든요.

김 앞서 잠깐 계곡 정비 이야기를 했는데요. 해수욕장도 정리해 도민에게 돌려주겠다고 하셨어요.

이 (웃음) 아시네.

김 '해수욕장 정비' 사실 한 게 없어요. 하겠다고 한마디 한 정도인데 상인들이 스스로 철거했다고 하더라고요. 아마 견디고 버텨봐야 소용없다고 판단한 것 같아요.

이 그게 이제 행정의 권위지요. 권위주의를 추구하면 안 되지만, 우리 공동체 구성원 모두 함께 잘 살기 위해, 즉 안전하고 공평하게 살기 위해 합의한 규칙을 잘 지켜야 하잖아요. 그런데 여태 잘 안 지키고 있었어요. 최대한 단속에 안 걸리고 처벌 안 받으며 장사하는 게 능력으로 인정

됐어요. 저는 이러면 안 된다. 진짜 공정한 사회가 되려면 힘없지만 선량하게 살아가려는 다수가 손해 안 보도록 해야 한다. 그러기 위해 모두 최소한 합의한 규칙만이라도 지켜줘야 한다고 생각했어요. 하지만 위반하는 사람마다 때릴 수는 없잖아요. 위반하는 사람도 괴롭지요. 맞으면 아프잖아요. 그래서 지키면 좋다는 점을 우선 알게 해주는 거예요. 그래서 (이를 가능케 할 행정의) 권위가 필요해요. '앞으로 이렇게 하겠습니다'라고 알리고 반드시 그 약속을 지키는 것.

김　말한 건 반드시 지킨다!

이　예, 그렇지요.

김　원칙으로 삼은 건 반드시 관철한다!

이　네, 그런데 그 원칙이 흔들리면 '에이, 이러다 말겠지'라고 한다고요. 저는 절대 그렇게 하지 않아요.

김　(중앙정부의) 부동산 정책도 그러해야 할 텐데요.

이　저희가 '경기도에서는 이렇게 하지 마세요'라고 하면서 집중적으로 단속하거든요. 가짜 매물 내놓고 가격 담합하는 것, 저희는 수사합니다. 그래서 많이 줄고 있습니다. 이런 것도 있어요. 카드로 결제하면 10% 더 받고, 현금 내면 10% 깎아주는 것, 왜 이렇게 합니까? 탈세하려는 거지요. 카드로 하면 기록에 남으니까. 부가세를 내야 하니까. 그러면 사람들이 현금을 내겠지요. 그래서 "그러지 말자, 뭐든 정상적으로 하자"라고 일깨웁니다. (경기도는 탈세 제보자에게 포상금을 지급하고 있다. – 저자 덧붙임)

기본소득에 대하여

김 지사님의 각종 복지정책을 보면 고단했던 소년공 시절부터 치열했던 시민운동가의 삶까지. 자기 삶의 경험에서 묻어난 것이 많습니다. 재정 정책도 그렇고요. 기본소득은 이제 지사님의 트레이드마크가 되다시피 했는데. 제가 궁금한 것은, 기본소득이 지사님 삶 어떤 부분에서 계기가 되고 동기가 됐을까 하는 부분입니다.

이 말씀하신 대로 정책이라는 게 책에서 나오기도 하고 전문가의 연구결과에서 나오기도 하는데, 가장 체감되는 정책은 현장에서 나와요.

김 네, 그렇지요.

이 아무리 선의로 시작해 연구해도 '감'이 없으면 제대로 안 돼요. 모든 정책이 그렇습니다. 저는 '현장적'으로 하려고 해요. 보고서는 기본이고 SNS든 또는 커뮤니티든 현장의 목소리를 경청하며 답을 찾으려 해요. 저에게서 나온 정책들이 대개 그렇고요. 이번 정부의 부동산 정책(7.10 대책)도 방향을 잘 잡았으나 놓친 게 있어요.

김 무엇입니까?

이 현장성이에요. 예를 들어 1가구 1주택 보통 이걸 진리로 알잖아요. 그런데 1가구 1주택 중에도 실거주하지 않는 경우가 있어요. 갭투자가 그렇습니다. 내가 세(貰)로 살면서 갭 투자로 서울에 집을 하나 사놔요. 돈 빌려서요. 또 전세 끼고 매입해요. 이런 걸 못하게 해야 하거든요. 그거 주거용이 아니잖아요.

그래서 1가구 1주택이 아니라, 실거주용인지가 중요해요. 임대주택 많이 공급해야 한다는 제 주장도 마찬가지예요. 몇 억짜리 집을 사려 평생 고생하느니 장기 공공임대를 통해 평생 살 수 있게 하는 거예요. 중산층용 115.70m²(35평)짜리 집을 적정 가격에 평생 빌려준다면 뭐 하려고 집 사느라 생난리를 피우고 인생을 낭비하겠어요? 그런 것이지요. 기본소득도 마찬가지예요. 이건 연구하는 사람은 있지만, 그간 실행하는 사람은커녕 주장하는 사람도 없었잖아요. 그런데 제가 이걸 무리하다시피 추진했어요. 성남시장 시절 추진할 때에는 거의 환자 취급받았고요.

김 (웃음)

이 하지만 전 국민 중 절반 이상이 동의하는 정책이 됐습니다.

김 코로나19를 계기로 해서.

이 그렇지요. 코로나19의 재난기본소득 지급을 계기로. '아, 이거 정말로 좋은 정책이네. 이거 정기적으로 하면 좋겠네. 1년에 한두 번이라도.' 이게 기본소득이지요.

김 명절 때만이라도.

이 뭐 상하반기 하든지, 설하고 추석에 하든지. 일 년에 네 번 하든지. 뭐 열두 번도 할 수 있어요. 금액은 처음에는 적은 액수로 하다가 국가 재정적 여력이 허용되는 대로 순차적으로 인상하면 되는 거고요.

김 언제 처음 기본소득 개념을 접하셨어요?

이 강남훈 한신대 경제학과 교수가 기왕 청년에게 복지를 하려면 기본소득 방식으로 하는 게 어떻겠냐고 제안했어요.

김 강남훈 교수가 영감을 준 것이군요.

이 성남시장 때 '우리 청년들이 너무 어렵다. 만날 도로 까뒤집어서 포장이나 하고 멀쩡한 가로등 갈아치우기나 하는데…' 이런 고민을 했어요. 그래서 이 돈을 아껴서 청년에게 지역화폐로 주면 좋겠다고 생각했어요.

김 청년 때 이재명 지사님은 그 어떤 공공의 도움도 받지 못했는데….

이 도리어 매 맞았지요.

김 그렇지요.

이 세금 뜯기기나 했고. 그런데 공공이 시민에게 혜택을 주면 시민은 공동체에 대한 소속감을 느끼게 돼요. 우리나라 국민만큼 국가나 공공에 고마움을 못 느끼는 경우가 어디 있나요?

김 그래서 이번에 재난기본소득을 받고는 "내가 국가에 돈을 내기만 해봤지, 받기는 처음이다"라며 경탄하는 사람들이 제법 나왔어요.

이 "머리털 나고 세금 내고 국가로부터 처음 받아본다. 내 나라가 자랑스럽다"라고 하지요? 그렇게 해서 '청년 배당'이란 이름으로 청년 기본소득으로 실험을 했는데 효과가 계획했던 것보다 몇 배였어요. 예컨대 동네 전통시장이 살아나는 거예요. 1200억에 불과한 지역화폐 덕임에도. 그래서 '이것을 전국으로 확대했으면 좋겠다'라고 생각했는데 그렇지 않아도 전국 지방자치단체에서 복지 지출 용도로 지역화폐를 나눠주고 있어요. 중앙정부가 코로나19 재난지원금 이름으로 모든 가구에 나눠줄 때(총예산 14조 2448억원)도 그랬고요. 대한민국 경제정책사에서 수십조, 수백조 원을 쓰고도 이만한 효과를 낸 적이 있었을까요? 명절 대목이 한두 달 계속된 것처럼 '야, 효과

있네. 야, 대목이네'라고 체감되게 한 적이 있었냐 이 말입니다.

김 그러니까 어느 시기에도 경험할 수 없었던 경기 부양 특효약이 돼 버렸어요.

이 이는 아마 전 세계로 퍼질 겁니다. 사실 진보는 유능해야 합니다. 복지만 하고 성장에 관심 없으면 안 돼요. (복지를 하더라도) 경기 선순환의 마중물이 되게 하는 즉 경제에도 도움이 되는 방안으로써 정책을 제시해야 해요.

기본소득 주도권 경쟁

김 진짜 드리고 싶은 질문이 있습니다. 재난기본소득(지원금)과 관련해서 기획재정부의 저항이 만만치 않습니다. 애초에 홍남기 부총리 겸 기획재정부 장관은 '70%만 주자'라고 했다가 총선을 앞둔 더불어민주당의 강한 압박으로 결국 '모든 가구'에 지급하는 것으로 물러섰습니다. 선거 이후 추가 지급하자는 요구에 대해서는 '재난지원금은 일회성이었다, 더는 없다'라고 자릅니다. 나아가 홍 부총리는 기본소득 논의 자체를 차단해버렸어요. 그런데 이 시기와 맞물려 김종인 미래통합당 비상대책위원장은

'기본소득 논의를 시작해보자'라고 운을 띄웠고요. 이러다가 지사님 말대로 기본소득 논의의 주도권이 보수정당 쪽으로 넘어가는 게 아닌가 싶습니다.

이 그럴 가능성이 매우 큽니다. 보세요. 노인 기초연금을 65세 넘는 모든 이들에게 20만원씩 조건 없이 지급하도록 하는 공약을 박근혜 대통령후보가 채갔잖아요. (원래 민주당 공약이었는데.)

김 박근혜 씨가 대통령후보로 나오던 때, 새누리당 선거대책본부장을 지낸 김무성 전 의원이 나중에 이런 말을 했어요. "국가 재정을 고려하면 기초연금은 불가능하다. 돈이 있어야 주지, 없는데 어떻게 하느냐. 일단 당선되기 위해 거짓말한 것이다. 국민이 공약에 속아 대통령 찍은 것이다"라고요.

이 결국 '모든 노인에게 20만원 지급' 공약은 거짓말이 됐습니다만, 박근혜 대통령 당선을 가능케 한 '효자 공약'이었습니다. 기획재정부 관료들이 기본소득에 난색을 보이는 것은 어쩌면 당연해요. 비난할 수만은 없어요.

김 곳간의 열쇠를 쥔 처지라서?

이 그렇지요. 원래 그렇게 훈련받기도 했고요. 하지만 문재인 대통령께서 이렇게 말씀하시잖아요. '큰 위기인 만큼 전대미문의 새 정책을 내놓아야 한다'라고요.

김 그런데 익숙한 정책이나 만들고.

이 지휘자가 방향을 정했으면 핵심참모는 거기에 걸맞은 정책을 어떻게든 만들어서 실현하도록 해야 하지 않습니까? 그게 참모, 실무 부처의 역할 아닙니까? 그런데 자꾸 과거 정책의 확장판만 내고 있어요. 이것은 대통령을 제대로 보좌하는 게 아니에요. '전대미문의 새 정책'은 제가 보기엔 기본소득이에요. 물론 일부 조건을 달아야지요. 한시적, 소멸성 지역화폐로요. 전 세계에서 한 번도 안 해본.

김 한시적, 소멸성 지역화폐라면 저축할 수 없잖아요.

이 한시적, 소멸성이라는 단서가 없으면 돈을 막 뿌려도 경제효과가 하나도 안 나요. 왜일까요? 미래가 불안하니까 '어, 이거 웬 떡이냐'라고 하며 저축하고 보는 거예요.

김 또 지역화폐로 하잖습니까? 그렇게 하는 이유는 현금으로 지급하면 대형 할인점에 가서 소비할 수 있어 이를 방지하기 위해, 즉 골목상권에 도움이 되게 할 목적일 테고요.

이 그렇지요. 지역 공동체와 영세 상공인이 살아야 하는데, 현금으로 지급하다 보면 돈이 중앙으로 빨려 들어가게 돼요. 지역화폐는 이를 극복할 방안이에요.

김 그러네요.

이 21대 총선 전후 재난기본소득(지원금)은 국민 1인당 26

만원 정도 지급한 셈이에요. 그리고 엄청난 경제효과 즉 승수효과를 누렸지요? 그렇다면 국민에게 이런 추가 제안을 할 수 있어요. "국민 여러분, 앞으로 낸 세금을 100% 기본소득으로써 돌려드리겠습니다. 부동산에서 세금 더 걷어도 되겠지요?" 그렇다면 동의하시지 않겠어요? 다 돌려받으니까요. 그렇게 증세에 동의해 세금을 걷으면 또 그만큼 돌려드리고. 그때 다시 "괜찮지요? 좀 더 올릴까요?"라고 묻고 재차 지지받으면 추가로 올리고. 이렇게 해나가면 경제가 살고, 불평등이 완화되며, 모두가 행복한 세상을 열 수 있습니다.

전 세계 석학들이 예측하는 대로 지금 일자리가 사라지는 시대입니다. 물론 아니라고 주장하는 사람들도 있어요. 그러나 우리에겐 현실이에요. 일자리가 적으니까 실업률이 높아져 가잖아요. 일자리가 줄어드는 시대에 기본소득을 지급하면, 그것만으로는 먹고살 수 없으니 돈벌이를 하긴 해야 하는데, 생산성·수익성은 낮지만 삶의 질을 높이는 가치 지향적 일을 직업으로 삼을 가능성이 커요. 예컨대 어떤 부부가 한 달에 50만원씩 기본소득을 받아 합산 100만원이 됐다고 칩시다. 그걸로는 못 살아요. 그러면 일을 해야 하는데 지금처럼 300만원짜리 또는 200만원짜리 일자리를 반드시 구할 필요가 없겠지요.

100만원짜리 일자리도 돼요. 그러면 '나 시골에 가서 농사지으면서 살래' '나 고기 잡으면서 살란다' '나 사진 찍으면서 살란다'라고 하는 사람들이 생겨날 수 있어요. 앞으로는 만들어진 일자리에 빨려 들어가 일 안 하면 굶고 일해야 밥술 뜰 수 있는 세상과 작별하게 됩니다.

김 기본소득이 우리 사회의 착취형 노동구조도 바꿀 수 있다고 보시는 거네요.

이 그렇지요. 바로 그거예요.

김 진짜 그렇게 해서 기본소득으로 최소한의 생계비용을 보장받고 자기가 하고 싶은 일에서 소득을 보충하게 된다면, 갑질하는 직장에 다닐 사람이 누가 있겠나 싶어요.

이 그냥 아르바이트하면서도 살 수 있어요.

김 그러니까 '나한테 갑질해? 때려치우면 되겠네' 이렇게 나오는 거예요. 그렇다면 노동자와 사용자의 관계가 어느 정도 수평이 되겠지요. 좋은 인재를 모시고 붙들기 위해 사용자가 노동자에 대해 예의를 다한다면 그것만으로도 기본소득은 존재의 의미가 있지 않을까 생각합니다.

이 노동이 비참하고, 더럽고, 괴로운 것이 아니라, 내가 하고 싶은, 즐겁게 하는 것이 돼야 해요. 그런 사회를 우리가 만들어야 하고요. 소위 4차 산업혁명 시대에는 인간의 노동 대부분을 인공지능 로봇에게 맡기게 됩니다. 조만

간 큰 노동 투여 없이 원하는 것을 대부분 조달할 수 있는 사회가 오게 됩니다. 지금도 상당 부분 그렇지만.

김 판결도 AI에게 맡기자, 뭐 이런 이야기가 나오고 있죠.

이 그럴 수도 있습니다. 1차 판결을 기계가 하고 문제가 발생해 섬세한 판단이 필요하면 2차에서 보완할 수 있는 사법 시스템이 강구되고 있어요. 그런 사회가 우리 앞에 성큼 다가오고 있어요. 그런데 인류문명과 과학기술이 발달하면 그 성과를 모두가 함께 누려야 하지 않겠습니까? 왜 마크 저커버그 같은 사람만 누리냐고요. 왜 빌 게이츠만 갖느냐 이 말입니다. 실제 마크 저커버그와 빌 게이츠가 미안해하며 기본소득 도입을 주장하고 있어요. 그 미안함에는 현실적 타산도 있어요. 이런 상황이 앞으로도 계속 이어지게 되면 소비가 사라지겠다, 시장이 사라지겠다, 자본주의 시스템이 무너지겠다, 그렇다면 우리가 어떻게 사느냐, 소비할 수 있게 기본적으로 '판돈'을 나눠 주자. 예컨대 상갓집에 가서 고스톱을 치는데 AI 동원하면 딱 두 판 만에 다 따버려요. 따따블에 쓰리고 피박… 이렇게 해서 128점 완성. 그러면 밤새도록 맹숭맹숭하잖아요. 그럼 어떻게 해야 해요? 딴 거에 20%는 판돈으로 도로 내놓는다, 예를 들면 몇 점 이상은 못 받는다, 이렇게 해야 판이 유지될 수 있는 거예요.

김 그렇지요. 예.

이 자본주의의 순환은 단순합니다. 경제가 공급과 수요, 이 두 바퀴로 돌아가잖아요. 수요가 늘어나면 공급을 늘리고 그러면 다시 수요가 늘어나지요. 공급을 늘리면 일자리가 늘고 일자리가 늘면 소득역량이 늘고 그럼 수요가 늘지요. 경제는 이렇게 선순환해왔어요. 그런데 지금은 소위 고성장 시대입니다. 기술이 급격히 발전해, 노동하지 않아도 얼마든지 생산 가능한 시대가 돼 버렸어요. 그런데 생산은 늘지만, 노동에 대한 수요는 오히려 축소돼 일자리가 점점 줄어들고 있어요. 이러면 소득이 늘어날 리 없겠지요. 그래서 노동소득 분배율이라고 하는 게 뚝 떨어지고 있어요. 경제가 성장하는 데 노동자·국민이 거둘 과실은 점점 축소되고 있는 것입니다. 그러면 어떻게 돼요? 소비가 줄잖아요. 전체적으로 공급의 양은 커지지만, 소비는 정체되거나 작아져요. 큰 바퀴(공급)로 굴러갈 수 없어요. 작은 바퀴(소비) 기준으로 가기 때문이지요. 작은 바퀴를 키우는 쪽으로 가야 합니다. 그래서 소위 저성장 마이너스 시대에는 수요를 늘리기 위해 국민의 실소득을 늘려야 합니다. 실소득에서 핵심은 정부로부터 받는 이전소득 즉 2차 소득입니다. 우리나라는 실소득 비율이 3%밖에 안 돼요. 선진국이 평균 25~30%쯤 되니

김용민이 만난 이재명

10분의 1 정도밖에 안 되는 거예요. 이쯤 되면 국민 쓸 돈을 지금의 10배 이상 정부가 지급해야 합니다. 물론 그냥 주면 안 되고요. 반드시 소비하게 해야 합니다. 언제까지 쓰라고 명시하고는 지역화폐로 지급하는 것이지요. 이렇게 하면 소비 역량이 커지잖아요. 커지면 경제가 활성화될 거 아닙니까? 경제가 활성화되면 주로 누가 덕을 보느냐? 서민일 거 같지만, 아닙니다. 고소득자·고자산가입니다. 그들은 세금 내는 걸 아까워하지 않을 거예요. 혜택이 자기들한테 집중되니까.

김 그렇지요.

이 그러니까 경제성장을 하면서 양극화 극복도 도모하고 이에 부자들이 (흔쾌히는 아니어도) 증세에 동의하는 식으로 선순환을 이어가는 것, 이것이 기본소득입니다. 그런데 왜 관료들은 생각 못 하느냐? 원래 못해요.

김 이명박 집권기, 강바닥에 수십조원 퍼부을 땐 아무 소리 안 하던 사람들 아닙니까? 게다가 승수효과가 탁월한 기본소득 논의에 대해서는 아예 빗장을 걸어놓고 있잖아요. 황당하고 한심합니다.

이 외환위기 당시 국민 총생산 규모가 600조가 안 됐어요. 국민한테 직접 지원한 게 겨우 13조인데 반해 소위 공적자금 명목으로 기업에 쏟아부은 것은 159조였습니다.

159조라면 600조 국민 총생산의 30% 규모이잖아요. 지금 국민 총생산이 2000조쯤 되니까 그 159조는 오늘의 600조 정도라고 보면 돼요. 그 정도를 쏟아부은 거예요. 효과? 별로 없었어요. 재벌 기업주는 몰라도 일반 국민은 체감 못했어요.

김 아….

이 외국은 현재 1인당 100만원, 즉 1000달러 이상 지원했어요. 그런데 여기에 그치지 않고 2차, 3차 추가 지급하려고 해요. 그런데 우리는 이에 비할 바가 못 돼요. 사실은 한 다섯 번 정도 재난기본소득을 지급해야 합니다. 외국은 현금으로 하는 데 반해 우리는 지역화폐로 지급해서 경기가 활성화됐잖아요. 이거, 1년에 네댓 번 해야 해요. 그래서 못해도 총 100만원은 해야 합니다, 해봐야 선진국이 일시에 지급한 금액에도 못 미쳐요. 그런데 왜 못 하느냐, 새 술은 새 부대에 부어야 하듯 새로운 시대에는 새로운 정책이 필요한데 이분들(관료들)의 생각이 과거에 고정돼 있는 거예요. 갇혀 있는 거예요. 그래서 젊은 경제학자, 경제정책 전문가를 써야 합니다.

김 만약 지사님과 함께 일해야 할 경기도 고위 공직자가 현재 기재부 관료처럼 나온다, 그럼 어떻게 하겠습니까?

이 못 견디지요.

이, 김(웃음)

김 지사님한테 못 견딘다?

이 저희가 공무원 집단을 소위 행정 권력이라고 하는 이유
는요. 권력이 국장에게, 과장에게, 팀장에게, 팀원에게 각
기 분산돼 있습니다. 일선 공무원조차 자기 권력을 가지
고 있는 거예요. 그 권력이 주권자로부터 위임받은 것임
에도 지휘자가 내버려 두면 공직자들이 멋대로 씁니다.
어떤 멋? 자기에게 이익이 되는 멋입니다. 이는 인간의
본성이기도 하지요.

그래서 공무원을 잘 지휘하는 게 중요합니다. 예컨대 경
기도 공무원이 일을 태만하게 한다? 그러면 바로 저한테
쫓겨나지요. 강제 퇴직은 안 되니 하던 일을 빼앗습니다.
보시다시피 경기도가 재난기본소득을 결정하고 우리 도
민 손에 들어갈 때까지 딱 보름 걸렸어요. 이건 전대미문
의 일입니다. 제가 원래 열흘 안에 하라고 했어요. 그런데
딱 열하루 만에 준비했더라고요. 다만 4일이 지체된 것
은 시군에서 (자체 지원금을 경기도와) 동시에 지급하게 해
달라고 한 곳이 있어 이를 조율하느라 그런 것입니다.

김 15일도 기막힌 속도예요.

이 전광석화도 이 정도는 아닐 거예요. 근데 이 일은 사실상
경기도 공무원의 작품이에요. 기존 신용카드에 재난기

본소득을 태웠잖아요. 저는 원래 (일회용 재난기본소득용) 카드로 지급하라고 했는데요. 1360만 개를 언제 다 만들 수 있겠습니까? 그래서 고민하던 차였는데 '기존 신용카드 체크카드에다 얹어주면 됩니다. 시스템 상으로 조정 가능합니다'라는 보고가 올라왔어요. 하려는 의지가 있으니까 나온 아이디어예요.

김 맞습니다.

이 공무원에게 의지가 있으면 지옥도 천국이 될 수 있어요. 그렇다면 의지를 어떻게 갖게 하느냐? 결국, 신상필벌을 정확하고 공정하게 하면 됩니다. 그리고 그 지휘자에게 권위가 있어야 합니다. 예컨대 자기는 부정부패하면서 "너만은 똑바로 해. 즉, 나는 바담 풍해도 너는 바람 풍해라(자기는 잘못된 행동을 하면서 정작 남에게만 잘하라고 하는 모순적인 사람을 일컬을 때 쓰는 말)"라고 하면 말이 먹히겠어요?

김 (웃음) 열심히 일하면 그만한 대가가 돌아온다는 믿음을 심어줘야 하는 거예요. 공직사회에.

이 공무원은 인사가 최고예요. 이걸 공정하게 하면 돼요. 방향만 정확하게 정해주되 잘하면 승진·포상하고, 말 안 들으면 철저히 벌칙을 준용해 제재하고요.

김 지사님의 브랜드는 아무래도 '사이다'인 것 같습니다.

이 저 이제는 사이다 그만하고 싶은데. (웃음)

김 지사님의 정책은 말 한마디 해서 이루어진 게 아니라 치밀한 연구와 전략 속에서 탄생한 것인 줄 압니다. 하지만 계곡 정비사업에 대해서는 '과연 가능할까' 하는 의문이 있었어요. 이른바 계곡 상권은 평상 뜯어내는 정도의 문제가 아니거든요. 수십 년 동안 축적된 욕망의 결정체라 할 수 있어요. 이 욕망은 상인만이겠습니까? 알게 모르게 유착된 공직자의 이득도 개입돼 있었을 거예요. 그런데 이 난마도 풀렸어요. 상인들에게 '이재명은 일을 공정하게 처리한다. 그리고 잘 따르면 더 나은 대안을 마련해줄 것'이라는 믿음을 심어준 게 주효했다고 봅니다.

이 '계곡 권력'은 촘촘합니다. 단속하러 가면 '형님'이 나타나시고, 피하면 다음엔 '은사님'이 나타나요. 이게 한두 해의 문제가 아니라, 대한민국 정부 수립 이래 지속해온 일이에요. 한 번도 제동된 일이 없어요.

김 맞습니다.

이 포천 백운계곡에 가면 천막으로 계곡 자체를 다 덮어두었어요.

김 계곡이 온데간데없어졌어요.

이 그런데 이것 철거에 1년도 안 걸렸어요. 6개월 만에 자기들이 알아서 다 치웠거든요. 강제로 하지 않았어요. 물론 저희가 몇 군데 '시범 사례'를 보여줬지요. 보여준 것 말고는 거의 자진 철거했습니다.

김 아….

이 상인들이 그렇게 생각해요. '버텨봐야 소용없다. 버티면 더 손해다.' 그러면 선택의 여지가 없잖아요. 잘 모르는 사람들은 제가 권력을 동원해 강압한다고 생각하는데 그렇지 않아요.

김 그런데 '권력을 쓴다'라는 이미지가 꼭 나쁜 것만은 아닌 것 같아요. '이재명한테 걸리면 재미없다'라는 인식이 이만희 같은 사람들로 하여금 지레 백기 들게 한 것 아니겠어요?

이 근데 저는 언제나 빠져나갈 곳을 충분히 터줍니다. 빠져나갈 곳을 막으면 어떻게 되겠어요? 도청 앞에 와서 온몸에 휘발유 끼얹고 라이터 들지 않겠어요? 언제나 충분히 탈출할 길을 열어줍니다. 제가 교인 명단을 받으려고 하니까 신천지가 유출을 걱정하더라고요. 실제 저한테 그 명단을 넘겨달라고 부탁한 (개신교) 목사님도 있었어요. 자신의 교회에 오는 사람이 추수꾼(신천지 교인) 같은데 확인해보고 싶다고요.

김 (웃음) 그 명단을 다른 누군가에게 주면 월권이지요.

이 그래서 제가 신천지에 이런 명령을 내렸어요. "명단을 압수하지는 않겠으나 당신들이 일일이 전화해서 조사하라. 공무원들은 지키고 있을 것이다." 그래서 신천지가 다 전화했어요. 신속하게 해결한 것입니다.

계곡 정비 문제도 마찬가지예요. 법에 어긋나니까 무조건 철거한다? 이렇게 한 게 아니에요. "자진 철거하면 비용이 적게 들고 처벌당하지 않는다. 또 기반시설 즉 판매대, 주차장 등 우리가 다 해준다. 그러면 손님이 많이 올 것이다. 손님이 봄 여름 가을 겨울 가리지 않고 오면, 커피·샌드위치를 팔고 심지어 경치도 팔 수 있지 않겠는가. 닭죽만 팔아서 되겠는가. 이 길을 열어주겠다. 그러나 응하지 않으면 강제 철거할 뿐 아니라 행정집행에 따른 비용까지 몽땅 물리고 처벌까지 한다. 당연히 일절 지원은 없을 것이다." 이렇게 했어요. 저는 말을 하면 반드시 지키려고 노력해요. 제가 약속 어긴 것은 거의 없어요. 이렇게 해서 '경기도는 나를 억울하게 하지 않는다'라는 믿음이 도민 안에 새겨졌나 봐요.

백운계곡 주민들은 제 재판 중에 '이재명 도지사를 선처해주십시오'라는 구명 활동을 벌이더라고요. 그때에는 제가 참 고마웠어요.

김 이 사안과 관련해서 김용 전 대변인에게 물어보면서 '(백운계곡 주민을) 혹시 섭외한 것 아니냐, 대단한 수완이다' 라고 했는데 전혀 아니라고 말하더라고요.

이 제가 우리 지역신문에서 우연히 발견했어요. 그래서 제가 고마워서 페이스북에 올렸지요.

김 '믿음을 줘야 원하는 개혁을 달성할 수 있다.' '일단 정해 놓은 원칙은 후퇴하지 않는다.' 이 부분에 밑줄을 긋게 됩니다.

이 저는 부당한 것을 강제하지 않습니다. 궁극적으로 본인에게 도움이 되는 것을 요구합니다.

김 일선에서 손발이 돼야 할 공직자가 지시에 대해 '말만 저러고 마는 거지, 뭐'라고 반응한다면 될 개혁도 안 되는 것이다, 이렇게 봐야 하겠어요.

이 부동산 문제도 그래요. 정책을 내놓았는데 안 믿는 거예요. 뒤로는 이렇게 생각하는 거지요. '저 봐, 지가 집을 세 채 가지고 있는 공직자인데 집값 떨어뜨리려고 정책을 설계했겠어?'

김 그렇지요, 강남에 고가주택이 여러 채 있는데.

이 그러니까 정책을 발표해도 절대 안 믿어요. 정책은 불신하는 단계까지 가면 백약이 무효입니다. 오히려 역효과

가 작동하지요. 시장으로 하여금 정책을 신뢰하게 해야
해요.

김 네.

이 그리고, 거듭 말하지만, 개혁에 따른 고통을 약하게 해줘
야 합니다. 수술할 때에 왜 마취합니까? 주사 놓을 때 왜
느낌이 없게끔 합니까? 정책도 마찬가지예요. 세금으로
서 땅 부자의 불로소득을 환수하지요. 과세당하는 당사
자는 당연히 기분이 안 좋을 것입니다. 이때 마음의 분이
쌓이지 않게 해야 합니다. 그 세금이 나에게 돌아온다는
느낌을 줘야 해요. 그래서 기본소득이 유효한 해법이 될
수 있는 거예요. 요컨대 불로소득에 따른 세금을 국토보
유세로서 부과하고 나중에는 기본소득으로 일부 돌려주
는 방식이지요. 경제성장에 도움이 되고, 소상공인을 살
리며, 조세저항을 줄이고, 정책에 정당성을 부여하게 됩
니다. (땅 부자들도 납세를 징벌이 아닌 공동체에 대한 기여로
인식하며 보람을 느낄 거예요. 이 아이디어를 내야 할) 우리 관
료들, 안 해본 거라서 그런지 너무 걱정이 많아요.

김 본인부터 부동산 부자인 경우가 많으니까.

이 그런 면도 있지요. 그래서 실제 하고 싶지 않은 마음도 있
을 테고요.

후반기 경기도정과 부동산

김 언제쯤 우리 사회에서 부동산이 사적 소유물이 아닌 공
공재로 인식될지, 이로써 부동산에 모든 욕망이 집중돼
있는 현실이 바뀌게 될지 답답합니다. 지사님은 건설 원
가를 공개하고 후분양제 등의 개혁조치도 실행하셨고요,
또 기본주택 청사진도 내놓으셨어요. 후반기 도정은 아
무래도 본격적으로 부동산에 메스를 대실 것 같아요.

이 건설사든 '로또 분양' 받는 사람이든 공공택지에서의 불
로소득을 금지하고, 실수요자가 장기 임대해서 살 수 있
도록 하자. 이러면 사람들은 좋은 집에서 평생 쫓겨날 걱
정 안 하고 살 수 있잖아요? 그럼 집 사려고 아등바등 안
해도 되잖습니까? 또한 주택 매입 수요가 줄어들잖아요.
요컨대 공공임대를 늘려야 해요. 싱가포르처럼, 원하면
적정한 주택에서 평생 살 수 있게 해야 해요. 이럼에도 비
싼 집에서 살겠다고 하는 사람이 있다면 그 선택을 존중
하면 돼요. 세금을 그에 부합하게 내면 뭐가 문제겠습니
까? 저희는 지금까지 그 그림을 계속 그려왔어요. 그 결
과물, 기본주택 방안을 얼마 전에 경기주택도시공사가
내놓은 것이지요.

김 맞습니다.

김용민이 만난 이재명

이   '열심히 연구하고, 열심히 시장 개척하고, 열심히 사업해
내 일가를 이뤄야지' 하는 생각을 하게 해야지, '남이 노
동한 결과물을 부동산이라고 하는 희소자원을 통해 착취
하고 살겠다'라는 마음이 모든 사람의 꿈이 되면 그 나라
에 미래가 있겠어요? 문재인 대통령께서 정확한 방향을
제시했어요. "부동산으로 돈 못 벌게 하라." 대통령이 이
렇게 지침을 내리면 이에 부합하는 구체적이고 실효적인
정책을 만드는 게 실국 부처 참모의 몫이지요. 이전에 했
던 방법으로 안 되면 새로운 방법을 동원해야 하고요. 예
컨대 '모든 양도 소득은 비용을 빼고 전부 환수한다'라고
하면 필요한 사람 외에 누가 사겠어요? 좋은 방법은 이것
말고도 많이 쌓여 있습니다. 연구 다 해놨어요. 이 많은
정책 중에서 유효하고, 적절한 정책을 고르면 되는데, 문
제는 기득권 세력의 저항입니다. 저항이 없도록 하게 할
방법은 없어요. 저항은 언제나 있습니다. 그렇다면 그 저
항을 어떻게 최소화할 거냐의 문제만 남아요. 결국은 용
기와 결단의 문제예요.

김   용기와 결단, 네.

이   일단 (개혁) 의지가 있어야 하고, 선택할 용기가 있어야
하며, 그다음에 이를 실행할 결단력이 있어야 해요. 이것
이면 얼마든지 무엇이든 할 수 있어요. 문제는 상당수 관

료의 경우가 그러한데 개혁의지 자체가 없는 경우가 많아요. '지금 행복한데 뭘 바꿔?' 이러면서 버티는 거지요. 설혹 행동하더라도 바꾸는 척만 할 뿐이지요. 요컨대 용기가 필요해요. '아, (이것을 하면) 마구 저항하겠지? 표 떨어지겠지?' 이렇게 걱정하잖아요. 하지만 국민을 믿어도 됩니다. 국민은 합리적입니다. 저를 보세요. 과격해보이는 정책을 마구 밀어붙이는 것처럼 보이지만 지지도가 올라가잖아요. 특히 경기 북부에서 (제 개혁 드라이브로) 손해를 많이 봤을 텐데 그곳의 지지율이 제일 높잖아요. 그래서 결단입니다. '세월아 네월아' 이렇게 고민하면서 허송하면 안 돼요. 마음먹고 판단이 서면 과감하게! 물러서지 말아야 해요.

대권에 대한 생각

김 그동안 지사님을 괴롭혀왔던 것 중 핵심이었던 소송. 이 소송의 굴레에서 벗어나셨습니다. 최근 입장은 '대권이라는 건 하늘의 뜻에 맡겨야 한다'라며 유보적이지만, 내뱉는 한마디마다 대권주자급 권위가 실리고 있습니다. 이낙연 더불어민주당 의원과의 대립 구도를 조장하는 언론의 프레임도 생경하지 않습니다.

이 세상에 3대 구경거리가 있는데요. 물 구경, 불구경, 싸움 구경입니다. 정치란 원래 갈등적 요소가 있지요. 국민 스포츠이기도 해요. 역사적으로 정치만큼 재미있는 스포츠가 없다고 하잖아요? 정치가 완화된 형태의 전쟁이라는 말도 있고요. 그럴 만도 해요. 우리 사회를 좌지우지할 중요 의사결정권, 자원 배분권 이를 누가 가지느냐, 이걸 놓고 싸우는 것이니까요. 과거에는 칼로 총으로 했다면 이제는 말로 싸우고 국민의 표로써 승부가 갈리지요.

김 2017년 더불어민주당 대선후보 경선 때 '이재명 후보'의 말 폭탄이 너무 셌어요. (웃음)

이 제가 싸가지가 좀 없었던 것 같아요. (웃음)

김, 이 (웃음)

이 지금 보니까 뭘 그렇게까지 했나. 그런 생각이 들어요. 처음엔 '다 짜고 치는 고스톱'이라는 이야기를 들을 만치 너무 온건했어요. (후보로 선출될 확률이 높은 문재인 후보가 저에게) 서울시장 후보를 내락했다는 설까지 돌았지요. 그래서 제가 '아, 이러면 안 되는데? 원칙대로 해야지'라고 마음먹었어요.

김 사실 덕담이나 하려고 경선후보로 나선 건 아니었을 것 아닙니까?

이 아니에요. 그러나 덕담 정도만 했어야 하지 않았나 싶어요. 즉 내 얘기만 하는 게 옳았다고 생각해요. 공격한다고 다 공격하는 게 아니에요. 그런데 그때 저는 공격해야 공격한다고 생각했어요. 이 정도 공격은, 광화문에 천막을 세워 단식투쟁하던 식으로 당시 여당 새누리당에 대해 퍼부었던 공세에 비하면 아무것도 아니었고요. 그런데 아주 약한 공세조차도 불필요한 것이었어요. 제 말에 국민이 영향을 받지 않았기 때문이지요. 지금에서야 알았지만, 지지율이 다소 올라가니까 '이러다가 혹시 되는 거 아니야?'라는 생각에 회까닥 '뽕' 맞은 듯 행동했지요. 결과가 나온 뒤에는 문재인 대통령의 성공적 국정운영을 위해 최선을 다하고 있습니다.

김 이번 21대 국회의원 선거 결과 경기도에서 가장 많은 수의 더불어민주당 국회의원이 나왔고, 문재인 대통령 지지율이 경기도에서 매우 높은 편이에요. 그런데도 지사님이 문 대통령 뒤통수를 칠 것이라는 흑색선전이 끊이지 않았어요.

이 문 대통령의 뒤통수치기를 바라는 사람들이 있겠지요. 그런 평가도 실은 제가 뿌린 씨에서 나온 거예요. 지금은 '(문 대통령에 대해 각 세울) 그럴 필요가 없었으니 앞으로는 그러지 말자'라고 다짐하지요. 역시 맞아야 정신이 들고 먹어봐야 맛을 안다고…. (웃음) 좋은 경험이 됐고요. 분명한 것은 문재인 정부가 성공해야 민주당 정권의 재창출이 가능하고 그래야 (제가) 활동할 (정치적) 공간이 생긴다는 점입니다. 저는 문재인 정부의 일원입니다. 문재인 정부가 머리라면 우리는 손발의 역할을 하는 것입니다. 서로 당연히 협력하고, 적극적으로 지원하고 그 역할을 해야 하고요. 이게 돼야 우리도 사는 길이 열려요. 국정 아닌 도정만 맡아도 제게 얼마나 큰 기회이고 영광입니까? 이걸로 만족해요. 정말. 뭐 경기도지사 재선할 수 있고 재선 못하고 쫓겨날 수도 있는 건데, 제 마음대로 되지는 않기 때문에 애써 추구하지 않겠지만 더 큰 역할을 맡을 기회가 생기면 굳이 피하지 않겠습니다. 지금은 경기도정 성공에 최선을 다해야 합니다. (저를 사랑해주시는 도민이) 제가 잘 생겨서, 출신이 좋아서, 힘이 있어서, 세력이 많아서 지지하시는 게 아니잖아요. '일 잘하네' '성과 내네' '내 삶이 조금 나아지네'라는 평판이 제 자산이잖아요. 열심히 해야 합니다.

김 지사님의 캐릭터는 주로 '강인함'이었습니다.

이 그러나 여림도 많습니다. 제가 파크뷰 특혜분양 사건을 폭로했다가 그 후환으로 구속됐잖아요. 아까 말씀드렸던 것처럼 '그거 하지 말라. 집권 세력(새천년민주당)에 부담이 된다'라는 저항에 봉착했을 때, '그런 게 어딨는가. 잘못한 건 잘못한 거지'라고 하며 폭로를 감행했다가 결국은 '검사 사칭' 공범으로 몰려 구속됐지요.

김 거듭 이야기하지만 '검사 사칭' 공범 구속은 상당히 억울한 일입니다.

이 그 일이 있고 난 뒤 저는 주변으로부터 이렇게 비난당했어요. "그거 봐. 너 혼자 잘난 척하다가 정권을 포함해 우리가 모두 피해를 보지 않았나?" 다 손가락질하니까 너무 괴로운 거예요. 툭 건드리기만 해도 아프고, 스치기만 해도 살이 에이는 등 심리적으로 상처가 깊은 상태였어요. 하지만 제 아내가 많이 위로해줘서 1년쯤 지나서는 좀 괜찮아졌지요. 얼마 안 돼 MBTI 검사를 했어요. 검사를 했는데, 글쎄 같이 갔던 의사 한 분이 저를 끌어안더니 우는 거예요.

김 의사가?

이 네. 그래서 "왜 이러십니까?"라고 물었더니 "얼마나 힘들었겠느냐"라고 하면서 자기들이 볼 땐 강단 있고 외향적이어서 이 정도 비난과 공격은 가뿐하게 이기는 성격인 줄 알았대요. 그런데 MBTI 검사를 하니까 '소심함' '내성적'에 엄청나게 쏠려 있었던 거예요. '내면은 이러한데 실제로 (받는 상처마다 족족 박혔을 텐데) 그걸 어떻게 견뎠냐? 미안하다' 이러면서 울더라고요. '저 인간은 원래 찔러도 피 한 방울 안 나오고, 용기가 많아 웬만한 건 두려워하지 않는다' 이렇게 생각하는 사람들이 있잖아요. 두려움이 없는 사람은 사이코패스이지요. 정상적 인간이라면 누구에게나 두려움이 있어요. 다만 그걸 이겨내는 용기가 있느냐 없느냐만 다를 뿐이고요.

김 강자에 맞서 굽힘 없이 싸우는 모습만 보이니까 다들 그렇게 생각하는 것 같아요. 우리 사회 약자들, 예컨대 저신용에 시달리는 분, 비정규직 노동자, 심지어 동물에까지 감수성이 있는 모습을 보면 '아, 이분이 강철 멘털로만 설명될 분이 아니구나' 하는 생각도 해봅니다.

이 이야기가 나와서 그런데, 저신용자 악성 채권 말이에요, 세상에 까만색과 하얀색만 있는 게 아니거든요. 회색도 있는 겁니다. 즉 경계지점이 있는데요. 우리 사회에 참 많은 무상복지가 있지만, 자격 요건이 안 돼 돈 못 빌리는 사람한테는 아무런 대책이 없습니다. 복지적 대출 즉 서민금융을 하고 1년에 빚이 25%씩 늘어가지만 갚을 여력이 없어 못 받을 것이라면 까주자는 거예요. 구약성서에도 보면 그 '중간 해법'이 나와요. 50년 되면 빚을 다 탕감해주잖아요.

김 희년이 그렇지요. (레위기 25장 "오십 년이 시작되는 해는, 너회가 희년으로 지켜야 하는 해이다. … 너희 동족 가운데, 몹시 가난해서, 도저히 자기 힘만으로는 살아갈 수 없는 사람이 너희의 곁에 살면, 너희는 그를 돌보아 주어야 한다. … 그에게서는 이자를 받아도 안 되고, 어떤 이익을 남기려고 해서도 안 된다.")

이 동물권도 마찬가지예요. '동물은 내 소유이니 마음대로 해도 된다. 힘들면 갖다 버려도 된다. 안 죽인 것만 해도 어디냐.' 이런 생각을 할 수 있잖아요. 그런데 동물은 우리 자연의 일부입니다. 그 생명을 귀히 여기지 않는 자는 사람도 귀히 여기지 않습니다. 고양이를 때려죽이는 사람이 사람을 존중하겠어요? 아니지요. 생명 존중은 인간만이 아니라 모두에 대한 태도에서 감별됩니다. 이게 제가 만날 이야기하는 대동세상(大同世上)의 모습이에요. 뭐 대단한 게 아니잖아요. 그렇게 하려면 억강부약(抑强扶弱) 해야지요.

김 '강한 것을 억누르고 약한 것을 돕는' 억강부약 그리고 대동세상. 더 나은 대한민국을 위한 출발점이어야 할 것입니다. 그런 세상을 여는 데 이재명 지사님의 역할이 커 보입니다.

인터뷰 감사합니다.

김용민이 만난 이재명

인터뷰 2

인터뷰 동영상

일시 : 2021년 7월 22일

장소 : 서울 구로동 김용민TV 스튜디오

김용민(이하 김)　　"이재명은 합니다." 이 말이면 모든 게 설명
　　　　이 되는 정치 지도자, 바로 이재명 경기도지사입니다. 이
　　　　지사와의 인터뷰는 항상 여름에만 이뤄져 본의 아니게
　　　　납량특집이 됩니다. 5년 전(2016년) 공교롭게도 오늘 이
　　　　완배 〈민중의소리〉 기자와 성남시청 성남시장실에서 인
　　　　터뷰했고, 작년 이맘때 대법원 무죄 선고가 나고 지사 공
　　　　관에 가서 인터뷰했던 기억이 납니다. 그리고 1년 뒤, 더
　　　　불어민주당 대선 경선후보로 인사를 나눕니다. 지사님,
　　　　드라마와도 같은 시간을 보내오셨습니다.

이재명(이하 이)　　네, 우리 김용민TV 시청자 여러분 정말로 반
갑습니다. 제가 여러모로 김용민TV의 덕을 크게 봤습니
다. 황당한 혐의로 고생할 때 진실을 많이 밝혀주셨고 또
힘을 많이 모아주셔서 제가 죽음의 문턱, 지옥문 앞에서
아슬아슬하게 되돌아왔습니다. 진심으로 감사드립니다.

경쟁을 위해 친구와 적이 되지 않는 세상

김　　저는 지사님이 출마 선언에서 '경쟁을 위해 친구와 적이
되지 않는 세상'을 언급할 때 울컥했습니다.

이　　때론 친구들이 함께 시험장에 들어가지요. 옛날 우리 때
엔 한 명만 붙어도 서로 격려해주고 칭찬해주고 좋아해
주지 않습니까? 근데 요즘은 원수가 돼 상대를 죽이지 않
으면 내가 살 수 없는 세상이 됐습니다. 하다못해 동물들
도 곤충들도 서로 도우면서 사는데 야만의 세상이 된 듯
합니다.

김　　저는 사실 '친구와 적이 되지 않는 세상'에 대한 꿈을 이
야기할 때, '브라보콘 아이스크림 내기 권투 시합'을 떠올
렸습니다. 같은 공장 소속인 소년공끼리 싸움을 시켜서
지는 사람에게 브라보콘을 사게 한 그 일.

이 사실은 '친구와 적이 되지 않는 세상'은 제가 밤새면서 쓴 글 중 한 줄입니다.

김 직접 쓰셨군요. 오늘 젊은이에게 사회가 야박합니다. 경쟁이 불가피하다면 최대한 합리적으로, 서로 죽이지 않아도 되는 방향으로 가야 하지 않겠습니까?

이 제 아들들이 대학 졸업하고 군 제대 후 취업문이 좁아 다섯 명이 일하는 회사에 겨우 들어갔어요. 일자리의 파이가 큰 그런 사회를 만들어야 합니다. 그러기 위해서는 성장을 해야 하지요. 성장의 선결 조건은 '공정한 룰'인 것 같습니다. 다음은 전 세계적 기후 위기에다 디지털 전환기에 적응하는 대대적 국가 투자가 필요합니다. 예컨대 재생에너지 수소경제 등 신산업을 발굴해 고용기회를 늘려야 합니다. 소득 증진은 그 길로써 열리는 것이지요. 그래서 공정을 통한 성장, 전환적 공정 성장을 강조하는 것입니다. 이게 사실 어려운 표현인데요. 지금 중소기업은 사람을 구하지 못해 난리입니다.

김 맞습니다. 한쪽에서는 구직난에 시달리지만 다른 한쪽에서는 구인난으로 애먹고 있어요.

이 중소기업 처지에서는 좋은 인재를 구하고 싶지요. 그러려면 보수가 높아야 하고 일자리 안정도 전제돼야 하고 미래 전망 또한 있어야 해요. 그런데 그게 현실적으로 불가능하지요. 대기업한테 경영 성과를 다 뺏겨버리기 때문입니다. 서구 선진국 같은 경우에도 대기업부터 하청까지 영업이익률이 피차 비슷하거나 하청에서 더 높을 때도 있다고 합니다. 근데 우리나라는 위로 갈수록 높아지고 밑으로 갈수록 낮아져요. 그래서 끄트머리 중소기업으로 가면 영업이익률이 0~1% 이러는 경우가 부지기수지요. 그러니까 월급을 더 주고 싶어도 줄 수 없어요. 게다가 갑을관계 구조가 점점 심화해 대기업이 중소기업의 경영성과와 기술을 마구 빼앗아가고 훔치니까 발전할 여력이 없는 거예요. 이 구조를 바꾼다면 중소기업도 좋은 일자리가 될 수 있어요.

김 맞습니다. 이는 민간기업 자율에 맡길 수는 없는 노릇이고 임계점을 지난 마당이라면 정부가 개입할 일이기도 합니다. 그런데 잘 못하고 있지요. 평소 공공의 적극적인 개입을 천명해왔던 이재명 지사가 보기에 원인은 어디 있다고 보십니까? 혹시 관료인가요?

이 맞습니다.

실력 있는 공직자의 조건

김 왜 국민이 투표를 거쳐 권력을 위임합니까? 공직사회를 장악해 국민에게 선정을 베풀라는 것 아닙니까? 작년에 제가 여쭤봤어요. 코로나19 상황에서도 '선별 지급'을 고집하는 홍모 부총리 겸 기획재정부 장관 같은 사람이 이재명 지사 휘하의 경기도 공직자로 있었다면 못 견뎠을 것이라고요.

이 (웃음) 본인이 그만두든지 저한테 잘리든지 했겠지요. 임명받은 관료는 선출 권력에 복종해야 하고 통제받아야 합니다. 국민을 위해 봉사하는 관료 조직이 제멋대로 하면 안 되지요. 제 경험상 공직자는 네 가지를 잘해요. 첫째, 법률상 의무. 이거 안 하면 징계를 당할 수 있으니까. 둘째, 옛날부터 하던 것 즉 관행. 셋째, 시키는 것. 시키는 것을 이행하지 못하면 인사의 불이익, 즉 승진 배제를 당하니까. 그리고 넷째, 자기가 하고 싶은 것. 사람은 항상 자기 이익을 위해서 행동하는데 관료한테 그러지 말라고 하는 것은 경전 읊는 행위에 불과하지요. 선출 권력, 예컨대 대통령은 혼자서 할 수 있는 게 없어요. 다 공무원을 통해서 하거든요. 그래서 일을 시키지요. 그러면 공직자는 자기가 하고 싶은 방향으로 합니다. 예를 들면 대통령이 '좋은 길로 갑시다'라고 하면 동쪽으로 가고 싶은 공직자는 '좋은 길은 동쪽에 있습니다'라고 하면서 동쪽으로 길을 밝혀요. 만약 업무에 밝은 대통령이 '좋은 길은 남쪽 길이니, 그곳으로 갑시다'라고 하면 '네' 이럽니다. 하지만 언제 할지는 몰라요. 그래서 대통령은 반드시 체크해야 합니다. 지시한 것을 '언제까지 하라'라고 하고, 좀 지난 뒤에도 기척이 없으면 '그거 어떻게 됐어요?'라고 되물어야 합니다. 이러면 공직자는 대개 당황하지요. 만약 그때까지 놀고 있었다면 대통령은 엄중히 문책해야 합니다. 승진 안 시켜주는 건 기본이고 좌천시키거나 징계해야 합니다. 공직자는 이걸 되게 무서워합니다. 그러므로 대통령은 방향을 정확하게 정해주고 언제까지 이행하라고 확실하게 지시해야 합니다. 세종대왕이 그러지 않았습니까? 신하를 잘 부려서 태평성대를 이뤘어요. 그래요. 대통령의 령(令)이 확실하면 공직자는 잘 따릅니다. 일을 잘하기도 해요. 관료의 힘은 실로 막강해서 나라를 흥하게 할 수도 있고 망하게 할 수도 있습니다.

김 맞습니다. '관료가 말을 안 듣는다'라는 것은 관료를 장악하지 못했다는 방증이지요.

이 책임을 확실하게 물어야 합니다. 그리고 또 있어요. 공직자의 설득, 즉 감언이설에 넘어가지 않을 실력이 있어야 합니다. 공직자가 가져온 보고 자료를 보면 정말 그럴듯해요. 말려 들어가기 딱 좋아요. 그런데 틈이 보이지요. 뒤에 보면 다른 게 들어있어요. 그래서 제가 성남시장일 때는 시장의 의지를 관철하면서 일하게 하는 데 2년 걸렸습니다. 경기도는 1년 걸렸고요. 중앙정부는 한 6개월이면 될 것 같아요. 왜냐고요? 시군, 즉 기초단체는 현장과 관청이 너무 붙어있어요. 촌수로 일촌쯤 되지요. 시도, 즉 광역단체는 이보다는 떨어진 이촌 관계라 할 수 있고요. 중앙정부는 삼촌 관계쯤 되지요. 결국 대통령이 실력을 갖추고 정확하게 지시하면 어떻게 이를 거역하고 엉뚱하게 행동하겠어요. 대통령은 직을 얻는다고 저절로 힘이 생기는 게 아닙니다. 관료를 제대로 지휘하고 통제할 때 그들이 움직이고 대통령이 가자는 방향으로 가게 될 것입니다.

흔히 이런 말을 많이 합니다. '관료에게 포획됐다.' 관료의 힘은 엄청납니다. 우리 사회의 돈과 권력은 사실상 관료를 통해 작동해요. 기득권 가진 이들에게 유리하도록 법이 생기고 집행되잖아요. 우리로서는 도저히 이해할 수 없는 병원 수술실 CCTV 설치가 번번이 무산되는 것을 보세요. 경기도에서는 아무 문제가 없을뿐더러 의사 집단이 동의하기도 해요. 그래서 중앙정부 휘하 의료기관에 설치하라고 하지만 안 하잖아요. 결국 의지의 문제예요.

대통령이 관료사회를 지휘하려면 부처에 장관 한 명 보내봐야 소용없어요. 잡아먹힐 가능성이 커요. 학자 등 지식인 또 전문인을 장관으로 발탁해봐요. 일 못하게, 즉 개혁 못하게 뺑뺑이를 돌리잖아요. 이런저런 스케줄 주렁주렁 만들어서 진득하게 자리에 앉아 업무 보지 못하게 해요. 그래서 저는 부처에 최소 세 명 정도는 보내야 한다, 지휘하는 사람과 전문적 식견으로 정책을 관장할 사람 그리고 실무 단위에서 집행할 사람 이렇게 말입니다. 미국은 대통령이 바뀌면 장관뿐 아니라 실무 국장까지 싹 바뀌잖아요.

김 실제 임명받고 부처에 내려왔는데 관료가 행사에 가서 축사하게 만들고 어디 어디 해외 출장 가게 하고, 그러면 이 장단에 춤을 추는 장관은 일을 열심히 하는 건 줄 알고 공무원 하자는 대로 하지요. 그러다가 아무 일도 못하고 무능한 관료로 낙인 박히다 마침내 경질돼요. 어제오늘의 일이 아니지요.

이 저만 해도 경기도 업무를 파악하는 데 6개월에서 1년 가까이 걸렸어요. 통상 장관이 부처의 업무 파악을 하는 데 6개월 훨씬 이상 걸려요. 결국 장관으로 하여금 공부 못하게 이런 행사 저런 행사에 참석하게 만들어요. TV가 중계한다니 가야 한다고 꼬시지요. 그래서 나중에 보면 만날 그것만 하고 있고, 업무가 파악 안 되니 내용도 모르고 사인만 하는 자신을 발견해요. 그러면 성과는 하나도 안 나고 바뀐 건 하나도 없고 그렇게 실컷 농락당하지요. 이건 기본 기교예요. 하지만 이런 거, 이재명 정부에서는 안 먹힌다, 잊지 말아야 할 거예요.

사실 경기도지사에 취임하고 난 뒤 누군가가 저에게 이렇게 말했어요. "지사님, 전임 지사는 500억 정도 마음대로 썼습니다. 지사님은 600억 쓰세요." 그래서 제가 물었지요. "경기도 예산이 얼마입니까?" 그랬더니 28조라고 해요. 그 사람 말의 정확한 뜻은 '지사 당신은 600억을 써라, 나머지는 우리 실·국장이 쓰겠다'라는 거였어요. 그래서 제가 말했습니다. "그러면 600억뿐 아니라 모두 내가 쓰겠다." 경고한 겁니다. 그 뒤로 위임 전결 규정에 따라 대충 빼먹을 수 있는 돈줄 모두 막았어요. 예컨대 과장 이상에게 보고하는 사안부터 일일이 제 손으로 모두 결재했어요.

김 그걸 다 보셨어요?

이 당연히 다 봐야죠. '누락하면 책임을 묻는다'라고 분명히 지시했어요. 그런데 여기서 그냥 넘어가면 안 됩니다. 한

번은 제가 감사관을 시켜서 지사한테 보고해야 할 문서 중에 빠진 것이 있는지 살펴보게 했어요. 아니나 다를까, 그런 게 있는 거예요. 그래서 간부 회의 때 '이번 한 번은 봐준다. 그러나 또 적발되면 지시 불이행으로 중징계하겠다'라고 경고하지요. 그다음부터는 장난을 못 쳐요.

공무원을 단속만 해서는 안 됩니다. 꼭 시행해야 하나 권한이 없어 곤란해하는 사안에 대해서는 제 지시사항으로 만들어 처리해줍니다. 그러면 공무원은 지시를 이행하는 것이니 책임의 무게를 덜게 되는 겁니다. 그렇게 하니까 1년 만에 자리가 잡히고 제가 펼치고자 하는 일을 공직자가 찾아와 능동적·적극적으로 실현합니다. 그래서 요즘 제가 하는 일은 "훌륭하십니다" 또는 "잘하셨습니다" 같은 '칭찬'뿐입니다.

김 대통령 자리에 앉으면 공직자가 다 알아서 저절로 잘할 것 같지요. 천만의 말씀입니다. 행정과 공직사회를 장악해야만 가능한 일입니다.

이 공직자들이 혼연일체가 돼 노력하면 이른 시간 내에 괄목할 성과를 얻게 됩니다. 이런 사례도 있었습니다. 관급인데 공사비가 너무 비싸 현실화하라고 했더니 비싸게 주라는 조례가 있어 그렇게 못 한다는 거예요. 그래서 조례를 고쳐서 정상 가격으로 하려 했더니 도의회가 반대해 못 고쳤어요. 그래서 제가 고민하니까 실무부서에서 '실제 가액에 맞게 가격을 낮게 발주하는 방법'을 만들어 왔어요. 관리비 이윤율을 확 깎아 조례를 무력화하는 방안이지요. 그래서 제가 규칙으로 만들라고 지시했지요. 세금 아끼는 건데 시행해야지요. 사실 어떤 공무원이 그 방안을 고안해 오겠어요? 과거엔 건설업자하고 유착돼 어떻게든 이득을 공유할까 애썼을 텐데. 그런데 지금 경기도 건설 담당 공무원은 반대지요. 정말 위대한 공직자 아닙니까?

김 '행정의 달인'으로서 이재명 지사의 진면모는 2018년 경기도 지방선거에서 민주당이 지사뿐 아니라 의회까지 민주당이 석권하면서 드러나게 됐지만요. 진짜 실력은 경쟁 정당이 의회의 다수를 점할 당시 이른바 '여소야대' 상황에서의 성남시장 때가 아닐까 합니다. 성남의 대표 공직자로서 개혁을 펼치려던 이재명 시장에게 한나라당(새누리당) 다수의 의회는 덮어놓고 반대했지요. 합리적인 저항이라면 모르겠는데 실상은 기득권 세력의 이익을 대변한 그들 아닙니까?

이 제가 학교에 교육 예산을 지원한다니까 보수정당이 반대합디다. 그래서 학교에 사발통문을 돌려 학부모에게 실상을 알렸지요. 그때 혼 좀 났을 겁니다. 이렇게 유권자의 힘을 빌리면 못 할 게 없죠. 물론 그렇게 '시민이 지지하는데 당신네는 우기기만 할 거냐'라고 압박하기도 하지만 한편으로 또 협상합니다. 사실 시의원은 유권자가 두렵지 않아요. 한 지역구에서 둘이 당선되는데 2등 안에만 들면 되는 거 아닙니까? 정작 눈치 보는 대상은 국회의원입니다. 공천을 주니까요.

노동자의 삶, 어떻게 변화되는가

김 누군가 이재명 지사의 약점으로 '여의도 정치'에 대한 경험 부재를 꼽더군요.

이 그래요. 어떤 분이 저한테 국회 경험이 없어 갈등 사안을 두고 타협·조정에 어려움이 있지 않겠냐고 걱정하시더라고요. 그러면 저는 이런 예를 듭니다. 성남시장 할 때 여소야대였는데요. 아주 특수한 것 말고 공약을 다 실천했습니다. 시의회와의 타협·압박 등 소통을 통해 실현한 것입니다. 대통령이 되려는 사람에게 필요한 것이 의원 경험입니까? 아니면 의회를 상대로 소통하면서 마침내 합의점을 끌어내는 정치력입니까? 그게 저에게 모자란다고 생각하지 않습니다.

김 경쟁자 윤석열 국민의힘 경선후보가 최근 '주 120시간 바짝 일할 자유'를 언급했습니다. 주 120시간이면 하루 24시간 5일 동안 쉬지 않고 일해야 하는 시간이지요. 노동 현실에 대한 무지를 넘어 무개념을 여과 없이 보여준 것이라 하겠습니다. 이미 오래전 성남시장 때부터 이재명 지사는 노동경찰을 주장했습니다. 노동현장의 불공정 부조리를 바로 잡아야 한다는 뜻이었습니다. 2017년 대선 출마 때에도 약속하셨는데, 그 공약 변함없습니까? '이재명 정부'가 되면 노동자의 삶이 어떻게 바뀌게 되는지 말씀해주시겠습니까?

이 많은 분이 저를 새 질서 새 규칙을 만드는 진보 행정가라고 생각하는데 (국민의힘 정치인에 비하면 그런 면이 없다고 말할 수 없겠습니다만) 제가 현실에서 우선되게 하고 싶은 일은 사회적 합의의 준수입니다. 그 사회적 합의가 뭡니까? 법 아닙니까? 산업재해로 죽는 노동자 1위 국가가 바로 우리나라입니다. 대개 원인은 산업안전보건법에서 정한 규칙을 위반한 데 있습니다. 돈 아끼려고 안전장치를 제거해버린다든지 필요 감시 인원을 안 둔다든지 필요 인력을 충분히 고용하지 않는다든지. 이러면 돈을 아낄 수 있잖아요. 사고가 나면 번 돈보다 훨씬 적은 비용만 내고 형사처벌도 없이 넘어갈 수 있잖아요.

그래서 중대재해처벌법을 강화하자고 했어요. 하지만 잘 안 돼요. 게다가 노동현장에서 불법이 자행되고 있잖아요. 제대로 감시하지 않습니다. 근로감독관이 할 일이잖아요. 이름만 보면 일을 잘하나 못하나 감독하는 것 같고요. 일단 인원이 너무 적어요. 지금 우리나라 사업장이 수백만 개인데 지금 근로감독관이 3000명이 안 돼요. 게다가 이들 업무는 대부분 임금체납 조사예요. 산업재해 방지는 뒷전이지요. 그래서 '안 되겠다. 근로감독관 대신 노동법이 노동현장에서 살아있는지 살피고 위반자에 대해서 조사하고 처벌할 수 있도록 하자'라는 취지에서 노동경찰로 개칭하고 힘을 실어주자고 주장합니다. 헌병이 군사경찰로 바뀌었듯 말입니다.

사실 근로감독 등은 지방정부에 위임된 행정 사무가 아니라 안 해도 되지만 경기도는 노동국을 만들었어요. 한번은 30여만원의 퇴직금도 못 받은 '알바 청년'의 고충을 해결해줬지요. 정말 행복해하더라고요. 저도 어렸을 때 석 달 일했음에도 월급을 떼여 파출소에 간 적 있어요. 대원파출소라고 이름도 위치도 또렷이 기억합니다. 우리집에서 창곡동 가는 그 중간쯤에 있었는데 오죽 답답했으면 제가 갔겠어요. 그런데 순경한테 혼나기만 했어요. '취하해라' '여긴 그런 거 해결해주는 데가 아니다' 이런 소리 들어가며 말이에요. 약자가 법의 보호조차 받지 못하는 현실을 개선하기 위해 근로감독관을 많이 늘리자, 법 안 지키면 강력하게 제재하고 더 큰 불이익을 염려하게 하자고 저는 주장합니다. 이대로 두면 범죄사회 아닙니까?

김　맞습니다. 미국이나 유럽 등 선진국은 기업에 대한 징벌적 배상이 흔하잖아요. 심지어 망한 예도 있었어요. 법 어기는 거 알면서 고의로 피해를 줄 수 없습니다. 그게 상식이 됐어요.

이　여담이지만 우리나라 노동시간이 너무 길어요. 전 세계에서 일 제일 많이 하잖아요. 노동자 1인당 연간 노동시간이 1900시간이 넘어요. OECD 국가 중에 멕시코 다음으로 일을 많이 해요. 그런데 윤석열 후보가 '주 120시간 바짝 일하라'라고 했다고요? 주 120시간 노동을 7일로 나누면 하루 평균 17시간을 일해야 하지요. 17시간 일하려면 밥 먹고 자며 화장실 가는 시간도 모자라요. 노동현장을 너무 모릅니다. 안타깝습니다. 노동은 둘째치고 선거운동을 그렇게 해보세요. 사람이 살 수 없음을 알 것입니다.

김　이재명 지사의 '소년공' 이야기는 "이제 그만하라"라는 말을 들을 정도로 국민에게 익숙합니다. 밑바닥 인생의 고충과 애환을 가장 깊숙이 경험한 몇 안 되는 대통령후보가 아닐까 합니다. 노동경찰 구상도 그 삶의 애환에서 나온 것으로 알고 있고요.

이 어릴 때 경험은 자산이 됐지요. 상대원시장 환경미화원이었던 아버지는 썩거나 버리려던 과일을 주워 와 어린 우리에게 주셨는데 맛이 없었어요. 그래서 당시에는 신선한 과일을 냉장고에서 꺼내 먹는 것이 꿈이었어요. 이 기억은 경기도 내 어린이집에 신선한 제철 우리 과일을 공급하게 만든 배경이 됐지요.

기본소득, 탄소세, 선택적 모병제

김 소년시절의 아픈 기억이 공공을 위한 정책으로 승화된 셈이네요.

이 제가 기본소득을 공약하는 이유가 무엇입니까? 청년이 너무 어렵지 않습니까? 제가 소년일 때 7000원 내는 야간학원에 다녔는데 돈이 없었어요. 그래서 그 돈을 벌기 위해 낮에 공장 다니다가 다쳐서 장애인이 됐어요. 누가 그때 월 7000원만이라도 도와줬으면 했지요. 스스로 목숨을 끊으면서도 집주인한테 '돈이 이거밖에 없습니다.

미안합니다'라는 글을 남긴 송파 세 모녀로 상징되는 분들, 그분들께 기본소득으로 한 달에 3명이면 10만원씩 총 30만원이 정기적으로 지급됐다면 비극이 있었겠습니까? 가진 사람들은 한 달에 10만원 돈 정도는 아무것도 아닌 양 말하지만 누군가에게는 그게 생명줄인 거예요.

교복 이야기도 안 할 수 없네요. 사실 저는 교복 입은 또래가 너무 부러웠어요. 그래서 대학 입학 후에 그걸 입어봤어요. 지금도 돈 없어 못 사고 중고 교복 사는 중고생이 있어요. 그 학생들에게 새 교복 한번 입어보는 기회를 주고자 무상 교복 정책도 시작했고요.

김 김태형 심리학자는 그래서 이재명 지사를 '공익추구형 지도자'라고 정의했어요.

이 그 내용은 못 봤는데 어떤 것인가요?

김 대선주자 중에 사익추구형 정치인과 공익추구형 정치인이 있는데 이재명 지사는 자신의 어렵고 아팠던 기억을 공익으로 승화시키는 공직자로 분석했어요. 김태형 심리학자는 또한, 이재명 지사를 '멋있고자 대통령이 되고자 하는 사람'과 달리 '하고자 하는 일이 있어서 대통령이 되려고 하는 사람'으로 이해하더라고요.

기본소득 이야기가 나온 김에 더 짚어봤으면 합니다만, 민주당 경선 테이블에서 벌어지는 기본소득 관련 핵심

쟁점은 단연 '재원 대책'입니다.

이 우리 사회에서 양극화가 제일 심각한 문제지요. 양극화 때문에 경제 성장도 안 되고, 성장이 안 되니까 경쟁이 격화돼서 싸우고, 경쟁에 예민해져 공정 문제가 대두되고, 그렇게 불공정에 대해서 분노가 일자 아이를 낳기 싫어하고 결혼도 안 하려 하는 현상으로 이어졌지요. 그래서 공정한 질서를 만들려면 성장이 필요합니다. 해법은 기본소득입니다. 작년에 코로나19로 인한 1차 재난지원금을 가구 단위로 지급했는데 만약 그것을 모든 개인에 지급했다면 어땠을까요? 우리는 기본소득을 전국적으로 경험한 셈이 돼요. 1년에 한 번이든 두 번이든 나아가 열두 번이든 정기적으로 모든 사람에게 일정액을 지급하면 그게 기본소득이거든요. 제한적이기는 했지만, 작년 지역화폐를 통한 재난기본소득을 13조원의 예산으로 1인당 25만원꼴 지급했더니 작년 2분기가 전년도 매출보다 늘어 온 동네가 대목이었잖아요. 얼마나 즐거웠습니까? 모두에게 혜택이 돌아가고.

이러다 국민이 공돈에 맛 들여 '더 달라'라고 할까봐 기본소득 이야기만 나오면 전전긍긍하는 사람들이 있어요. 그런데 우리나라 복지 지출이 너무 적어요. OECD 평균에 60%밖에 안 돼요. 정부가 가계소득 지원을 하지 않아서 전 세계에서 제일 적은 편에 속해요. 이 때문에 가계부 채 비율이 매우 높아요. 동전의 양면처럼 뒤집으면 제일 낮은 국가부채 비율이 있지요. 쓸데 안 써서 그래요.

김 2차 지급부터는 선별이었지요? 아무 효과가 없었어요.

이 제가 대통령이 되면 연간 1인당 100만원(즉 25만원씩 1년 에 4번 지급하는)의 기본소득을 구상하고 있습니다. 청년 은 100만원씩 추가로 지급하고요. 5000만 국민 1인당 100만원 하면 연간 51조원의 예산이 필요하지요. 2022 년 예산이 600조원 규모일 텐데 10%도 안 되는 비율입 니다. 물론 생돈을 편성하자는 게 아니에요. 초과 세수가 대략 30여조원에 이르거든요. 이 수입에서 조달해도 됩 니다. 그리고 우리나라가 OECD 국가 평균의 토지세만 부과해도 추가로 50조원을 더 걷을 수 있어요.

추가 세수 외에 국토보유세를 통한 기본소득 재원 확보 방안도 있습니다. 보유세 징수는 단지 과세에 그치지 않 아요. 부동산 투기 방지의 목적을 내재하고 있거든요. 현 정부 정책 기조는 '부동산으로 돈 버는 사람이 없게 하겠 다' 아닙니까? 제일 좋은 방안은 부동산을 거주 수단이 아닌 재산 증식 수단으로 여기는 사람에게 세금을 많이 걷으면 됩니다. 그렇게 해서 내놓은 세금이 억울하지 않 을 거예요. 종합부동산세를 걷어 일반 예산에 쓰니까 국민이 싫어하는 거예요. 심지어 대상자가 아닌 사람은 '언젠가 우리 집 가격이 올라 종부세 대상이 되면 어떡하나'라고 하면서 반대하는 거예요. 기본소득으로 돌려받잖아요. 게다가 보유세 부담을 느낄 사람은 극소수예요. 재벌이 땅값 오르기를 기대하며 사들인 비업무용 토지, 그들이 집중 과세 대상이 될 것입니다.

기본소득은 소득 양극화를 완화하고 그래서 소득 평등에 이바지하며 아울러 지역화폐로 주니까 소상공인도 살고 가계소득도 늘며 부동산 투기도 막아요. 복합적인 효과가 있는 셈입니다.

요컨대 '세금 걷어 모두에게 똑같은 액수로 돌려드립니다'가 되는 것이지요.

김 재원 마련 대책으로 탄소세도 언급하셨어요.

이 유럽이 4년 이내에 탄소 국경세를 도입합니다. 지구 온난화를 막기 위한 명분으로요. 화석 연료 사용 즉 탄소 배출로 생산된 물건을 수입할 때는 톤당 5만원씩 세금 부치겠다. 이렇게 건건이 세금 물리면 우리나라 산업 경쟁력이 확 떨어져 버리겠지요.

우리가 해마다 7억~8억톤 정도 배출하는데 현재 유럽이 부과하고 있는 탄소세 규모가 톤당 5만원쯤 됩니다. 그럼 얼마예요? 35조원이죠. 그런데 지금 국제기구는 8유로, 9달러, 우리 돈으로 10만원 정도 부과하라고 권고하고 있고요. 15달러로 상향할 조짐도 보여요.

그래서 저는 어차피 낼 탄소세를 미리 국가가 걷자는 것입니다. 그렇게 해서 돈을 모아 탄소 저감형 산업으로 체질 개선을 하자는 것입니다. 또 기본소득으로써 국민한테 돌려주자는 것입니다. 스위스처럼 하자는 거예요. 프랑스에서 물가는 오르는데 기름값에 세금을 더 부과했다가 '노랑 조끼 운동'이 일어났잖아요. 보상이 없어서 그래요. 그런데 스위스는 아무 탈이 없었어요.

엄청난 탄소세 세금 수입을 생각하면 15배 이상의 재원 조달도 가능합니다. 그래서 사실 재원 문제는 전혀 걱정할 게 없습니다.

김 이재명 지사는 기본소득을 위시해서 여러 공익적인 국가사업을 벌이기 위해 대통령이 되고자 하는 분이지요. "나한테 일할 권한만 달라"고 하셨어요.

이 마인드를 조금만 바꾸면 모두가 행복할 세상이 보입니다.

또 하나가 모병제입니다. 그건 그냥 모병제가 아니고 선택적 모병제입니다. 우금치고개에서 동학혁명군 2만명이 일본군 200명과 관군 1500명에게 전멸당했잖아요. 일본군·관군은 사망자는 물론 부상자 한 명 없었어요.

왜 그랬냐? 우리 동학혁명군은 죽창 들고 쟁기와 낫 등 농기구 들고 돌격을 했는데 저쪽은 기관총으로 학살을 가한 것이지요.

현대전도 마찬가지입니다. 동유럽에서 얼마 전에 전쟁이 있었는데 거기는 드론으로 끝났어요. 드론으로 서로 폭격하고 드론끼리 싸우면서 전쟁이 끝나버렸어요. 군사에게 "돌격 앞으로" 이렇게 하지 않았어요. 그래서 군을 첨단 정예화해야 한다. 스마트 강군으로 만들어야 한다. 첨단 군으로 만드는 데 무기 또는 장비 전문 병사를 직업군인으로 채용해서 일하게 하고, 몇 년 후에는 민간기업에 전문가로 취업할 수 있게 하자는 것이지요. 10만명 정도 그렇게 한다면 10만명의 일자리가 생기잖아요. 그럼 일자리도 생기지, 국방력도 강화되지, 국방 기술도 발전하지, 억지로 군에 가는 사람 숫자 줄일 수 있지, 사람을 강제로 불러 막사에서 재우고 보초 서게 하지 않아도 되지, '여성도 군대 보내자' 이런 소리 안 해도 되지, 얼마나 좋습니까? 똑같은 사안을 가지고 얼마든지 전혀 다른 상황을 만들 수 있습니다.

김   머릿속이 꽉 차서서 외장하드를 갖고 다녀야 할 것 같습
니다. 이번엔 언론개혁과 관련해 여쭤보고 싶습니다. 이
재명 지사는 대표적 언론 피해자라고 해도 과언이 아닙
니다. 수구세력과의 싸움도 버거운데 이들과 한편 먹은
언론이 가짜뉴스 및 억측으로 이재명 지사를 공격하고
있습니다. '진실과 공익을 위해 봉사하는 언론으로 거듭
나도록 유도할 공적 노력은 불가능한가?' 이렇게 여쭤보
겠습니다.

이   1980년대 오리엔트시계 공장에서 노동자로 일하고 있
을 때 TV에서 전두환을 '훌륭한 인물'로 추켜세우고 5월
광주를 '폭도'니 '반란 세력'이니 떠들었어요. 저는 진짜
그런 줄 알았어요. 게다가 출신지인 경상도에 자부심을
느끼면서 호남 비하 발언을 서슴없이 했고요. 억울한 학
살 피해자도 비난했으니 '2차 가해'에 가담한 셈이었지
요. 그런데 대학에 가보니 진실은 완전히 반대였던 거예
요. 그때 정말 제 입을 쥐어박고 싶었어요. '광주에 대한
오해' 때문에 제 인생이 바뀌었습니다. 일신의 영달을 꿈
꾸던 제가 공정한 세상을 만들자고 다짐했어요.

조금만 잘못한 게 있더라도 문제 삼고 망신 주며 의심받

게 하더니 이제는 아닌 일로도 비난 모략합니다. 이런 일을 수없이 당해서 이젠 언론개혁이 민주주의를 지키는 가장 중요한 과제라고 생각합니다. 언론의 자유는 소중합니다. 민주주의의 한 축이에요. 그러나 가짜뉴스를 만들어 주권자의 판단을 흐리게 하면 그건 민주주의를 파괴하는 것이지요. 공해를 넘어 독극물 같은 거예요.

그래서 거론되는 대안이 징벌적 손해배상제도지요. 잘못된 보도로 사람이 크게 망가졌는데 배상액이 변호사 비용도 안 된다면 말이 안 되지요. 명백히 고의성이 증명되는 가짜뉴스에 한 해 매출액 기준으로 몇 배에 이르는 실효적 배상이 이뤄지도록 해야 합니다. 즉 악의적 보도로 회사가 망할 수도 있게 징벌배상제를 도입해야 합니다. 이런 주장을 펼치니 언론이 저를 싫어하나 봅니다.

김 '검찰개혁과 관련해 이재명 지사의 입장이 무엇인가?' 이런 질문을 많이 받은 줄 압니다.

이 저는 시민 사회운동을 시작한 1994년부터 검찰한테 탈탈 털리며 살았습니다. 일생을 오직 한 길로 털리며 살았습니다. 죄 없음에도 억지 기소로 고생 많이 했지요. 망신주고 나의 무죄를 입증할 증거를 숨기며 객관의 의무를 위반한 검찰이었어요. 물론 무죄로 나왔지만.

검찰 그리고 사법은 우리 공동체의 공정한 질서를 지키

는 최후 보루입니다. 합의된 규칙 중 가장 강력하게 지켜야 하는 것은 형사법입니다. '죽이지 말라' '때리지 말라' '훔치지 말라' 이것을 어기면 안 되잖아요. 만약 어긴다면 처벌할 수 있는 기관이 검찰과 법원이지요.

우리나라 법이 어떻게 돼 있냐면요. 죄를 지어도 기소 안 하고 봐줄 수 있는 원칙이 있어요. '기소편의주의' '기소재량주의'입니다. 그래서 죄가 돼도 검사에게 기소 안 할 권한이 있어요. 이거 정말 웃기는 건데요.

이 법이 왜 생겼냐 하면 일제강점기 때 독립군을 잡아 다른 사람 불게 해요. 불면 이 사람은 봐줘요. 즉 기소 안 당할 수 있게 해요. '법정 기소주의'를 적용하면 다 기소해야 하는데 잘 안 부니까 불게 하려고 만든 원칙이에요. 이것을 남용해서 있는 죄도 덮고 없는 죄는 증거를 만들어요. 기소하기 위해서 수사하는가 하면 문제가 있어도 덮다보니 검찰은 무소불위의 권력이 된 거예요.

그래서 이 문제를 해결하기 위해 한 일이 경찰과 수사권을 나눠서 상호 견제시키고, 검사를 수사하기 위해 공수처를 만드는 것이었어요. 또한 기소하기 위해서 수사하는 일이 없게 하려면 추미애 전 장관이 말한 대로 수사와 기소를 분리해야 합니다.

그리고 더 중요한 게 있어요. 검사의 권한을 줄여야 합니다. 첫 번째는 죄가 되는데 자기 마음대로 봐줄 권한을 뺏어야 합니다. 죄가 되면 다 기소하고 굳이 봐줘야 한다면 판사가 하도록 해야 합니다. 검사에겐 그럴 권한이 없어요. 그런 식의 관행과 구조를 만들다보니까 사람들이 검찰을 준사법기관으로 여겨요. 검찰은 행정기관이에요. 행정부 소속이에요.

'죄 안 돼도 김용민 네가 미우니까 너 변호사 비용 내고 고생 한번 해봐' 이렇게 기소하는 것도 막아야 합니다. 그러려면 시민 참여의 기소 배심제도 도입이 필요해요.

검사장 직선제도 필요합니다. 당장은 어렵겠지만 장기적으로는 준비해야 합니다. 검사장을 정치 권력이 임명하니까 문제가 되잖아요.

그리고 마지막으로 제일 중요한 것인데, 퇴직 후 변호사 개업 때 벌 돈이 아쉬워 검사가 재직 중 휘청거리거든요. 그래서 원칙도 정도도 잃고 검찰조직에 맹종합니다. 그러니 형사 수임료 상한을 두고 그 이상 받으면 변호사 자격을 박탈해버리게 하는 것입니다. "고위 검사 그만두고 나와 1년 만에 98억 벌었다"라는 보도를 봤는데, 그 액수는 공식적으로 그런 것이고 제대로 신고 안 한 것까지 합하면 가히 천문학적일 것입니다. 사건 한 건 수임하는 데 몇 억씩 받는데 (검사에게) "그 사람 억울하다"라고 한 통

전화한 액수가 합산됐겠어요? 검사가 '퇴직 후 변호사 개업해 전화 한 번으로 몇 억씩 버는 인생 살아봐야지' 하는 꿈을 차단하는 것, 수임료 상한제로 가능합니다. 이게 시행된다면 전관예우도 확 줄어들겠지요.

그래야 우리 국민이 검사를 봐도 안 무서워해요. 지금 검사를 보면 꼭 일본 순사 보듯 무섭잖아요.

이재명의 정치적 효능감

김 이재명 지사의 공약을 보면 가슴이 떨립니다. 왜냐? 실현 가능성이 95%가 넘을 것이기 때문입니다.

이 성남시장 때는 농사짓는 도구로 치면 호미 정도이고 경기도는 쟁기였습니다. 대한민국은 다기능 트랙터입니다. 그걸로 평야 농사를 지으면 얼마나 잘 할 수 있겠어요. 아까 정치적 효능감이라고 표현해주셨어요.

부동산 문제 있잖아요. 제가 대통령 권한을 갖게 된다는 사실 자체만으로도 부동산 시장이 안정화될 것입니다. 왜냐하면 정책은 신뢰가 관건이거든요. 말을 해놓고 실제로 안 하면 아무리 시장을 압박하는 정책이라 해도 통제가 안 돼요. '이재명은 한다면 한다.' 이 구호 들어보셨지요? 부동산 가격 잡겠다고 하면 기본소득, 토지보유세 운운하면 당연히 집 가진 사람들 싫어하겠지요. 언론 통해서 막 비방하겠지요. 그런데도 '이재명은 할 것이다'라고 생각할 것이기 때문에 제가 실제 권한을 갖는 순간부터 부동산 시장은 변모할 것입니다.

이런 어록이 있어요. '정부를 이기는 시장도 없다.' 정부가 진짜 의지를 갖고 끌어가겠다고 하면 시장은 순응하게 돼 있어요. 문제는 정부 정책 의지가 모자랄 때인데 '시장 이기는 정부가 없다'라는 말은 이때 스멀스멀 나오게 되는 것이지요. 고위 관료들이 집 두 채씩 가지고 있고 강남에 갭 투자하고 살면서 '앞으로 집값을 잡겠습니다' '부동산을 안정시키겠습니다'라고 한다면 누가 믿겠어요? '집값이 잡히겠구나'가 아니라 '본격적으로 오르는구나'라고 판단하지 않겠어요? 그러면 진입을 망설이던 수요자들이 시장으로 들어오고 가격이 올라요. 결국 정책에 대한 신뢰가 문제입니다.

김 수행실장 김남국 의원이 들어와 시간이 다 됐다고 손짓하는데 마지막으로 인사 말씀 부탁합니다.

이 정치인, 특히 최고의 권한을 갖는 대통령은 실제 국민이 맡긴 일을 대신하는 사람입니다. 국가의 운명 또 우리 국민의 삶을 통째로 책임지는 정말 막중한 자리입니다.

가장 좋은 대통령후보를 고르려 하신다면 세 가지를 따져주십시오.

첫째, 과거 다른 공직을 맡았을 때 약속을 얼마나 이행했느냐 하는 점입니다.

다른 사람 이야기하지 않고 저 이재명만 이야기하겠습니다. 평균 95% 이상 지켜왔습니다. 방금 말씀드린 여러 공약과 비전, 반드시 95% 이상 지키겠습니다. 그럴 수밖에 없었습니다. 지킬 수 없는 약속은 하지 않기 때문이지요. 두 번째는 실력이 있어야 합니다. 누구나 일 잘하겠다고 약속하지요. 근데 실력이 있는지 없는지 어떻게 압니까? 과거, 작은 일을 맡겼을 때 잘했는지 성과를 보면 됩니다. 저는 경기도 성남시장 때부터 작은 권한으로도 큰 성과를 일궈냈습니다. 다른 후보를 군이 언급할 필요가 없지만 비교해보시면 알 겁니다.

세 번째, 이게 정말로 중요한 건데 공직자에게 주어지는 권한을 남용하거나 부정부패에 이용하지 않습니다. 친인척, 가족, 측근 이런 사람들 또는 자기 자신이 권력을 이용해 사적 이익을 취하고 부정부패한다면 더 큰 권력을 줬을 때 더 큰 도둑이 될 것입니다. 베짱이가 갑자기 개미 될 수 없는 것처럼 사람도 바뀌지 않거든요. 과거에 측근 비리나 친인척 비리. 혹은 본인 비리가 있는지 꼭 살펴보

시기를 바랍니다. 저는 이 세 가지 측면에서 약속을 지키는 유능한 그리고 청렴한 여러분의 일꾼이 될 자신이 있습니다.

김 이재명은 한다면 합니다. 누가 도와줘서 여기까지 왔다면 이재명은 이재명이 아니죠. 이재명 후보의 앞으로의 선전 그리고 선정(善政)을 기대합니다.

(김남국 수행실장이 재촉한 '다음 일정'은 무엇이었을까? 이튿날 나온 기사다.

"경기도가 22일 밤 긴급 단속을 통해 집합금지 명령을 어기고 불법영업을 하던 유흥주점을 적발했다. 이번 단속에는 여권의 유력 대선주자이기도 한 이재명 경기지사가 동행해 현장을 지휘했다.")

연설문

이재명이 말하다

제20대 대통령선거 경선 출마 선언문
_이재명 더불어민주당

존경하는 국민 여러분!

사랑하는 더불어민주당 당원 동지 여러분!

"대한민국은 민주공화국이다."

"대한민국의 주권은 국민에게 있고 모든 권력은 국민으로부터 나온다."

대한민국 헌법 제1조를 읽으면서 두렵고 엄숙한 마음으로 20대 대통령선거 출마를 선언합니다.

우리가 국가를 만들고 함께 사는 이유는 더 안전하고 더 나은 삶을 위해서입니다. 국민의 주권의지를 대신하는 정치는 튼튼한 안보로 국민의 생명과 안전을 지키고, 공정한 질서 위에 국민의 더 나은 삶을 일궈내야 합니다. 약자의 삶을 보듬는 억강부약 정치로 모두 함께 잘 사는 대동세상을 열어가야 합니다. 국민의 피와 땀으로 대한민국은 선진국이 되었습니다. 우리 기성세대는 비록 현실은 척박해도 도전할 기회가 있었고, 내일은 더 나을 것이라 믿어지는 세상을 살았습니다.

그러나 오늘날 대한민국 국민의 삶은 위기를 맞고 있습니다. 취약계층이 되어버린 청년세대의 절망이 우리를 아프게 합니다. 국민의 위기는 곧 국가의 위기입니다. '오늘은 어제보다 더 안전해졌는가. 내일은 오늘보다 더 나을 것인가'라는 국민의 질문에 정치는 답해야 합니다. 에너지 대전환과 디지털 대전환이 산업경제재편뿐만 아니라 일상생활의 틀마저 바꾸도록 요구하는 것도 또 다른 위기입니다.

누군가의 부당이익은 누군가의 손실입니다. 강자가 규칙을 어겨 얻는 이익은 규칙을 어길 힘조차 없는 약자들의 피해입니다. 투기이익 같은 불공정한 소득은 사람들의 노동 의욕을 떨어뜨리고, 불평등과 양극화를 키웁니다. 과거 어느 때보다 더 많은 자본, 더 나은 기술, 더 훌륭한 노동력, 더 튼실한 인프라를 갖추었음에도 지금 우리가 저성장으로 고통 받는 것은 바로 불공정과 불평등 때문입니다.

불평등과 양극화는 상대적 빈곤이라는 감성적 문제를 넘어서서, 비효율적 자원배분과 경쟁의 효율 악화 때문에 성장 동력을 훼손하고 경기침체와 저성장을 초래합니다. 저출생, 고령화, 실업, 갈등과 균열, 사교육과 입시지옥 같은 모든 문제들은 저성장에 의한 기회빈곤이 주된 원인입니다.

투자만 하면 고용, 소득, 소비가 자동으로 늘어 경제가 선순환하던 그런 고도성장 시대는 갔습니다. 이제는 투자할 돈은 남아돌고 성장해도 고용이 늘지 않는 시대입니다. 줄어든 기회 때문에 경쟁이 과열되고 경쟁과열은 불공정에 대한 불만을 분노로 바꿨습니다. 이제 승자만 생존하는 무한경쟁 약육강식이 일상이 되고 말았습니다. 풀 수 없는 매듭은 자르고, 길이 없는 광야에는 길을 내야 합니다. 사람이 만든 문제는 사람의 힘으로 얼마든지 해결할 수 있습니다.

정치의 요체는 이해관계 조정이기 때문에 더 많은 사람에게 더 많은 혜택이 돌아가는 개혁정책일수록 기득권의 반발은 그만큼 더 클 수밖에 없습니다. 정치는 아이디어 경진대회가 아니고 정책에는 저작권도 없습니다. 수많은 정책 중에서 가장 효율적인 정책을 선택하는 것은 바로 용기와 결단의 문제이고, 강력한 추진력이 있어야 개혁정책은 성공할 수 있습니다.

역사를 돌이켜보면 공정한 나라는 흥했고 불공정한 나라는 망했습니다. 공정한 사회에는 꿈과 열정이 넘치지만, 불공정한 사회는 불가피하게 좌절과 회피가 잉태됩니다. 규칙을 지켜도 손해가 없고 억울한 사람도 억울한 지역도 없는 나라, 기회는 공평하고, 공정한 경쟁의 결과로 합당한 보상이 주어지는 그런 사회여야 미래가 있습니다. 공정성 확보, 불평등과 양극화 완화, 복지확충에 더해서, 경제적 기본권이 보장으로 모두가 최소한의 경제적 풍요를 누리는 사회여야 지속적 성장과 더 나은 국민의 삶이 가능합니다.

경제는 기본적으로 민간과 시장의 몫이지만, 대전환시대의 대대적 산업경제구조 재편은 민간기업과 시장만으로는 감당이 어렵습니다. 대공황시대의 뉴딜처럼 대전환의 시대에는 공공이 길을 내고 민간이 투자와 혁신을 감행할 수 있게 만들어줘야 합니다. 규제 합리화로 기업의 창의와 혁신이 가능한 자유로운 공간을 확보해야 합니다. 미래형 인적자원 육성시스템을 만들어서 기초 및 첨단 과학기술을 육성하고 문화콘텐츠 강화를 위해서 문화예술 지원을 확대해야 합니다. 대대적 인프라 확충과 강력한 산업경제 재편으로 투자기회를 확대하고 신성장동력을 발굴해야 합니다. 그래야 새로운 일자리와 지속적 공정성장이 가능합니다.

반걸음 늦으면 끌려가는 것이지만, 우리가 반걸음만 앞서면 위기를 기회로 만들 수 있습니다. 전 세계적 위기는 우리 경제가 과거의 고단한 추격경제에서 선도경제로 나아갈 수 있는 절호의 기회입니다. 한반도평화경제체제 수립, 대륙을 여는 북방경제활성화도 새로운 성장에 큰 힘이 될 것 같습니다.

약속을 어겨도 제재가 없는 정치에선 공약위반이 다반사입니다. 그래서 정치는 불신과 조롱 대상이 됐습니다. 전문가 몇 명이면 그럴듯한 공약은 얼마든지 만들 수 있습니다. 현재라는 거울에 비친 과거가 바로 미래입니다. 누군가의 미래가 궁금하면 그의 과거를 보시면 됩니다.

저 이재명은 지킬 약속만 하고 한 번 한 약속은 반드시 지켰습니다. 성남시장 8년, 경기도지사 3년 동안 공약이행률이 90%를 넘긴 이유가 바로 그 때문입니다. 주권자 중심의 확고한 철학과 가치, 용기와 결단, 그리고 강력한 추진력으로 저항을 이겨내면서 성과로 증명했습니다. 위기를 이겨온 사람만이 위기를 극복할 수 있습니다. 기회는 누구나 활용하지만, 위기를 기회로 바꾸는 것은 아무나 할 수 있는 일이 아닙니다. 위기가 더 많았던 흙수저 비주류 출신이지만 위기를 기회로 바꾸며 성과를 만들어 온 저 이재명이야말로 위기의 대한민국을 희망민국으로 바꿀 수 있습니다.

청년배당으로 난생처음 과일을 사먹었다는 청년, 극저신용대출 덕에 다시 살아보기로 했다는 한부모 가장, 재난기본소득 덕분에 가게 문을 닫지 않았다는 소상공인, 경기도의 도움으로 체불임금을 받아서 행복하다는 알바 청소년, 꼭 기억하겠습니다. 여성들이 안전에 불안을 느끼고 차별과 경력단절 때문에 고심하지 않아도 되는 나라, 노력과 능력이 있으면 개천에서도 용이 나는 나라, 죽음을 무릅쓰고 노동하지 않아도 되는 나라, 지나친 경쟁 때문에 친구를 증오하지 않아도 되는 나라, 사교육비 때문에 부모님의 허리가 휘지 않고 공교육만으로도 필요한 역량을 충분히 키울 수 있는 그런 나라를 만들겠습니다. 배가 고파 계란을 훔치다 투옥되는 빈민, 세계 최고의 빈곤율에 시달리고 불안한 노후 때문에 고심하는 어르신들, 생활고와 빚더미로 세상을 버리는 일가족의 이야기. 이런 뉴스가 더 나지 않게 하겠습니다.

불가능해보이던 계곡불법시설을 완전히 정비한 것처럼, 실거주 주택은 더 보호하면서도 투기용 주택의 세금과 금융제한을 강화하겠습니다. 적정한 분양주택 공급, 그리고 충분한 기본주택 공급으로 우리 국민들께서 더 이상 집 문제로 고통받지 않게 하겠습니다. 전 세계적인 대전환의 위기를 경제재도약의 기회로 만드는 강력한 경제부흥정책을 즉시 시작하겠습니다. 획기적인 미래형 경제산업 전환으로 양질의 일자리를 늘리고 국가재정력을 확충해서 보편복지국가의 토대를 만들겠습니다. 기본소득 도입으로 부족한 소비를 늘려서 경제를 살리고, 누구나 최소한의 경제적 풍요를 누리면서 하고 싶은 일을 할 수 있는 그런 사회를 만들겠습니다. 더 많은 문화예술체육 투자로 건강한 국민이 높은 수준의 문화예술을 만들고 즐기는 세계 속의 문화강국을 만들겠습니다. 충분한 사회안전망을 확보해서 해고가 두렵지 않고, 동일노동에는 동일임금이 보장되는 합리적인 노동환경을 만들겠습니다. 가난한 사람과 부자, 힘 센 사람과 약자, 중소기업과 대기업, 정규직과 비정규직, 도시와 농어촌, 수도권과 지방 같은 온갖 갈등의 영역에서 사회적 대타협을 통해 균형과 상식을 회복하겠습니다. 경쟁이 끝나면 모두를 대표해야 하는 원리에 따라서 실력 중심의 차별 없는 인재등용으로 융성하는 새 나라를 만들겠습니다.

우리 한반도는 해양과 대륙 세력의 충돌로 위기와 기회가 공존합니다. 강력한 자주국방력을 바탕으로 국익 중심의 균형외교를 통해서 평화공존과 공동번영의 새 길을 열겠습니다. 진영논리와 당리당략으로 상대의 실패와 차악 선택을 기다리는 정쟁의 정치가 아니라 누가 잘하나 겨루는 경쟁정치의 장을 열겠습니다. 국민께 드린 약속은 반드시 지키고, 할 일은 했던 것처럼 실용적 민생개혁에 집중해서 사회 곳곳에서 작더라도 국민의 삶이 체감적으로 바뀌도록 하겠습니다. 국민을 가르치는 '지도자'가 아니라 주권자를 대리하는 '일꾼'으로서 저

높은 곳이 아니라 국민 곁에 있겠습니다. 어려울 땐 언제나 맨 앞에서 상처와 책임을 감수하고 길을 열겠습니다. 대한민국의 민주화, 외환위기 극복, 복지국가 기틀마련, 한반도 평화정착. 이런 역사적 성과를 만든 더불어민주당의 당원으로서 책상이 아닌 현장 속에서 더 겸손하게 국민의 목소리에 귀 기울이는 더 나은 국민정당을 만들겠습니다. 자랑스런 김대중, 노무현, 문재인 정부의 토대 위에서 필요한 것은 더하고, 부족한 것은 채우고, 잘못은 고쳐서 더 유능한 4기 민주당 정권, 더 새로운 이재명 정부로 국민 앞에 서겠습니다.

존경하는 국민 여러분, 정치적 후광, 조직, 돈, 연고 아무것도 없는 저를 응원하시는 것은 성남시와 경기도를 이끌면서 만들어낸 작은 성과와 효능감 때문일 것입니다. 실적으로 증명된 저 이재명이 대한민국을 위해 준비된 역량을 발휘할 수 있는 기회를 주십시오. 새로운 대한민국, 더 나은 국민의 삶으로 반드시 보답 드리겠습니다.

위기의 대한민국! 지금은 이재명!
새로운 대한민국! 이재명은 합니다!
감사합니다.

제20대 대통령선거 후보 수락 연설문
_이재명 더불어민주당

"대한민국의 주권은 국민에게 있고 모든 권력은 국민으로부터 나온다."

그렇습니다.

대한민국 헌법 1조에 명시된 것처럼, 나라의 주인은 국민입니다. 모든 국가권력은 국민을 위해 사용되어야 합니다. 정치의 존재 이유는 국민의 더 나은 삶이어야 합니다.

존경하는 국민 여러분, 더불어민주당 당원 동지 여러분!

제20대 대한민국 대통령선거 더불어민주당 후보, 이재명 인사드립니다. 오늘 우리는 변화를 선택했습니다.

중·고등학교도 제대로 다니지 못했습니다. 어린 나이 때문에 제 이름으로는 공장 취직도 할 수 없었습니다. 프레스에 눌려 팔이 휘어지고, 독한 약품에 후각을 절반 이상 잃어버린 장애 소년 노동자입니다. 정치적 후광도, 조직도 학연도 지연도 없습니다. 국회의원 경력 한 번 없는 변방의 아웃사이더입니다. 그런 저, 이재명에게 집권여당 대통령후보라는 막중한 임무를 맡겨주셨습니다.

"국민 삶과 동떨어진 구태정치, 정쟁정치 중단하라."
"기득권의 잔치, 여의도 정치를 혁신하라."
"경제를 살려라, 민생을 챙겨라, 국민의 삶을 바꿔라."

모두 절박하고 준엄한 국민의 명령입니다.
오늘 우리는 개혁을 선택했습니다.
지난 30여 년간 검찰, 경찰, 국정원, 부패정치세력, 온갖 기득권과 맞서 싸우며 이겨온 저 이재명에게 민생개혁, 사회개혁, 국가개혁 완수라는 임무를 부여하셨습니다.

"불공정과 불평등, 부정부패를 청산하고 공정과 정의를 바로 세우라."

"불로소득을 없애고 일하는 사람이 존중받고 잘 사는 나라 만들라."

분명하고 준엄한 국민의 명령입니다.

국민의 명령을 엄숙히 실행하겠습니다. 국민이 요구하는 변화와 개혁을 반드시 완수하겠습니다. 저 혼자서는 할 수 없는 일입니다. 이 자리에 든든한 동지들이 계십니다. 끝까지 선의의 경쟁을 해주신 이낙연 후보님, 개혁의 깃발 높이 들어주신 추미애 후보님, 민주당을 더 젊게 만들어주신 박용진 후보님께 진심으로 감사말씀 드립니다. 정세균, 김두관, 최문순, 양승조, 이광재 후보님께도 고마움을 전합니다. 전국의 당원 동지 여러분께도 깊이 감사드립니다.

동지들이 계셔서 우리 민주당이 더 커졌습니다. 더 단단해졌습니다. 4기 민주정부, 이재명 정부 창출의 동지로 끝까지 함께하겠습니다. 이 모든 분들께 뜨거운 감사의 박수 보내주시면 좋겠습니다.

존경하는 국민 여러분! 사랑하는 당원 동지 여러분!

지금 대한민국은 안팎의 도전에 직면해 있습니다. 거대한 전환의 시대입니다. 에너지 전환, 디지털 전환, 코로나 팬데믹, 국가 간 무한경쟁, 감내하기 어려운 불평등과 격차, 구조적 경기침체, 이 모두 일찍이 경험하지 못한 위기입니다.

안으로는 불공정과 불평등, 불균형과 저성장의 악순환으로 경쟁과 갈등이 격화되고 공동체적 연대는 취약해지고 있습니다. 경제는 선진국이지만 다수 국민은 꿈과 의욕을 잃고 절망에 빠져들고 있습니다. 밖으로는 갈수록 격렬해지는 국가간 무한경쟁은 우리에게 선택할 수 없는 선택을 강요합니다.

그러나 위기 속에서도 하려는 사람은 방법을 찾고, 피하려는 사람은 핑계를 찾습니다. 저 이재명은 방법을 찾겠습니다. 지금까지 그래왔던 것처럼 위기를 기회로 만들겠습니다. 선택을 강요당하지 않고 선택을 요구하겠습니다. 위대한 국민과 함께, 위대한 도전에 담대히 나서겠습니다.

첫째, 대전환의 위기를 대도약의 기회로 만들겠습니다. 기후위기와 기술혁명, 세계적 감염병에 가장 잘 대응한 나라 대한민국. 그래서 일본을 추월하고, 선진국을 따라잡고, 마침내 세계를 선도하는 나라, 대한민국을 만들겠습니다.

둘째, 국가 주도의 강력한 경제부흥정책으로 경제성장률 그래프를 우상향으로 바꾸겠습니다. 좌파정책으로 대공황을 이겨낸 루즈벨트에게 배우겠습니다. 경제에, 민생에 파란색, 빨간색이 무슨 상관이겠습니까? 유용하고 효율적이면 진보·보수, 좌파·우파, 박정희 정책 김대중 정책이 무슨 차이가 있겠습니까? 국민의 지갑을 채우고, 국민의 삶을 개선할 수만 있다면 가리지 않고 과감하게 채택하고 실행하겠습니다.

셋째, 적폐를 일소하고 공정하고 정의로운 나라를 만들겠습니다. 큰 적폐만 적폐가 아닙니다. 국민의 삶을 옥죄고, 공정을 해치는 모든 것이 적폐입니다. 정치, 행정, 사법, 언론, 재벌, 권력기관뿐 아니라, 부동산, 채용, 교육, 조세, 경제, 사회, 문화 등 국민의 삶 모든 영역에서 불공정과 불합리를 깨끗이 청산하겠습니다. 누구도 규칙을 어겨 이득 볼 수 없고, 규칙을 지켜 손해 보지 않는 나라, 모든 영역, 모든 지역에서 특별한 희생에는 특별한 보상이 주어지는 공정한 나라를 만들겠습니다. 누군가의 손실임이 분명한 불로소득을 완전히 뿌리 뽑겠습니다.

넷째, 국민의 기본권이 보장되는 보편 복지국가를 완성하겠습니다. 대한민국, 이제 경제선진국입니다. 국가 전체 부의 총량을 키우는 것에 더해서 국민의 기본적인 삶을 보장해야 합니다. 세계 최초로 기본소득을 지급하는 나라, 기본주택, 기본금융으로 기본적 삶을 지켜주는 나라를 만들겠습니다. 국민이 더 안전하고, 모두가 더 평등하고, 더 자유로운 나라를 만들겠습니다.

다섯째, 세계가 부러워하는 문화강국을 만들겠습니다. 문화 한류 열풍이 세계를 휩쓸고 있습니다. 대한민국의 영화, 음악, 게임, 드라마에 세계인이 열광합니다. 김구 선생의 오래된

꿈, "오직 한없이 가지고 싶은 높은 문화의 힘"을 드높이겠습니다. "지원하되 간섭하지 않는다"는 김대중 대통령의 철학으로 세계인이 선망하는 문화강국 코리아를 만들겠습니다.

여섯째, 세계를 선도하는 평화인권국가를 만들겠습니다. 대한민국은 주변 강국에 영향 받는 반도국가였습니다. 갈등과 대결로 고통받는 분단국가였습니다. 이제 경제강국, 군사강국을 넘어, 기후위기 대응을 선도하고, 세계의 평화와 인권을 수호하는 선도국가로 나아가야 합니다.

일곱째, 과학기술의 나라 미래 교육의 나라를 만들겠습니다. 대전환의 시대에 걸맞는 미래인재 교육이 필요합니다. 빠른 사회경제 발전 속도에 맞춰 평생교육을 국가가 책임져야 합니다. 기초과학기술과 첨단과학기술에 적극 투자하겠습니다. 기술혁명시대를 이끄는 기술강국으로 발전시키겠습니다.

두려움이 장벽이 될 수는 없습니다. 다른 나라가 하지 않는다는 것이 도전하지 못할 이유는 될 수 없습니다. 저는 위대한 우리 국민을, 우리의 위기극복 DNA를 믿습니다. 2차 세계대전 후 최빈국에서 세계 10위 경제대국을 만들어낸 국민입니다. IMF 위기를 가장 빨리 극복했고, 일본의 수출보복을 단기간에 완벽하게 이겨낸 국민입니다. 5.18 민주화운동과 6.10 민주항쟁, 1700만 촛불혁명으로 세계 민주주의 역사를 새로

쓴 국민입니다. 사회적 거리두기, 자발적 방역, 분리수거 재활용까지, 공동체를 위해 기꺼이 불편을 감수하고 동참하는 국민입니다. 이런 국민이 계신 대한민국이 무슨 일인들 못해내겠습니까? 세계에 없던 나라 대한민국, 세계를 선도하는 대한민국, 왜 못 만들겠습니까? 문제는 리더입니다. 뚜렷한 철학과 비전, 굳건한 용기와 결단력이 있어야 합니다. 기득권의 저항을 돌파하는 강력한 추진력이 있어야 합니다. 국민을 믿고, 국민과 함께, 국민을 위해 가시덤불 헤치며 새 길을 개척하는 강한 의지가 있어야 합니다.

저 이재명이 하겠습니다. 위대한 국민, 위대한 당원 동지와 함께 위대한 여정을 시작하겠습니다. 국민 여러분께 약속드립니다. '국민의 삶을 지키는 든든한 대통령'이 되겠습니다. 강자의 과도한 욕망을 절제시키고 약자의 삶을 지키겠습니다. 국민의 일자리를 지키고, 소득과 복지를 지키겠습니다. 여성의 안전, 청년의 기회, 어르신의 행복한 노후를 지키겠습니다. 그어떤 것도 먹고사는 문제보다 우선일 수 없습니다. 정쟁에 빠져 민생을 소홀히 하는 일, 절대 없을 것입니다. '오직 국민, 오직 민생'의 신념을 지켜가겠습니다.

'나라를 지키는 든든한 대통령'이 되겠습니다. 주변강국의 패권경쟁에서 대한민국을 지키겠습니다. 대한민국의 자존과 국익을 지키겠습니다. 전쟁 재난 질병 테러 등 안보위협에서 대한민국 공동체를 지키겠습니다.

'국민의 마음을 가장 잘 헤아리고, 국민의 삶에 도움이 되는 대통령'이 되겠습니다. "정치가 바뀌니 내 삶도 바뀐다"고 체감되는 변화를 만들겠습니다.

'편을 가르지 않는 통합의 대통령'이 되겠습니다. 대통령이 될 때까지는 일부를 대표하지만 대통령이 되면 모두를 대표합니다. 청산 없는 봉합이 아니라, 공정한 질서 위에 진영과 지역 네 편 내 편 가리지 않고 모두가 공평한 기회를 누리는 대통합의 나라를 만들겠습니다.

존경하는 국민 여러분! 사랑하는 당원 동지 여러분!

대선이 150일 앞으로 다가왔습니다. 이번 대선은, 부패 기득권과의 최후대첩입니다. 미래와 과거의 대결, 민생개혁세력과 구태기득권 카르텔의 대결입니다. 어두운 과거로 회귀할 것인가 희망의 새 나라로 출발할 것인가를 결정해야 합니다.

저는 실적으로 실력을 검증받은 '준비된 대통령'이라 자부합니다. 성남의 성공한 민생정책은 경기도의 정책이 되었고, 경기도의 성공한 민생정책은 전국으로 확산되었습니다. 공약은 국민과의 계약 그 이상입니다. 저는 지킬 약속만 했고, 약속한 것은 반드시 지켰습니다. 공약이행률 평균 95%가 이를 증명합니다. 저는 유능함을 실적으로 증명했습니다. 내세울 것

하나 없는 저를 국민께서 인정해주신 것도 오로지 일을 잘 해 냈기 때문입니다.

특별히 한 가지 더 말씀드리겠습니다. 토건 세력과 유착한 정치세력의 부패비리를 반드시 뿌리 뽑겠습니다. 한순간도 미루지 않겠습니다. 당선 즉시 강력한 '부동산 대개혁'으로 부동산 불로소득 공화국이라는 오명을 없애겠습니다. '개발이익 완전 국민환원제'는 물론, 성남시와 경기도에서 시행한 건설원가·분양원가 공개를 전국으로 확대하겠습니다. 이번 '국민의힘 화천대유 게이트'처럼 사업과정에서 금품제공 등 불법행위가 적발되면 사후에도 개발이익을 전액 환수해 부당한 불로소득이 소수의 손에 돌아가는 것을 근절하겠습니다.

국민 여러분, 저 이재명과 함께, 새로운 대한민국, 새로운 정치, 확실한 민생개혁의 문을 열어주십시오. 지금까지 그랬던 것처럼 성과로 보답하겠습니다. 대통령이라는 한 명의 공직자가 얼마나 큰 변화를 만들 수 있는지 보여드리겠습니다. 100만 공직자가 얼마나 훌륭한 국민의 일꾼일 수 있는지 확인시켜 드리겠습니다.

"내 나라는 공정하다" "내 나라는 깨끗하다" "내 나라는 희망이 있다" 그래서 "대한민국은 민주공화국이다"라고 자부하시게 하겠습니다.

김구 선생의 일념, 김대중 대통령님의 신념, 노무현 대통령님의 열정, 문재인 대통령님의 마음으로, 정치에 임하겠습니다. 국민을 지도하지 않고 따르겠습니다. 더 유능한 민주정부로 더 공정한 사회, 더 성장하는 나라를 만들어 보답하겠습니다. 저 이재명, 내년 3월 9일 반드시 승리하겠습니다. 그리고 두 달 후 대통령 취임식장에 문재인 대통령님과 굳게 손잡고 함께 설 것입니다. 김대중, 노무현 두 분 대통령님께, "당신의 유산인 네 번째 민주정부가 출범했습니다." 자랑스럽게 보고드리겠습니다.

국민 여러분, 당원 동지 여러분,

이재명은 했습니다.

이재명은 합니다.

감사합니다.

제20대 대통령선거 선거대책위원회 출범식 연설
_이재명 더불어민주당

공정하고 정의로운 사회, 생명을 보호하고 존중하는 안전한 사회, 포용적 복지국가를 구현하는 통합된 사회, 혁신성장과 포용적 성장으로 번영하는 사회를 추구하며, 한반도 평화의 새 시대를 실현하는 대한민국 건설을 목적으로 한다.

더불어민주당 당헌 제2조 창당 목적입니다. 여기에 모인 우리 모두의 신념이, 우리가 추구하는 나라의 모습이 담겨 있습니다. 우리는 이 당헌 앞에 언제나 하나였습니다. 오늘 우리는, 자랑스러운 민주당 역사에 또 하나의 빛나는 역사를 더하는 출발점에 섰습니다.

이 자리에 새로운 나라를 위해 경쟁했던 모든 분이 함께하고 계십니다. 우리 민주당 역사에 처음 있는 일입니다. 오늘 이렇게 멋진 드림원팀을 국민 여러분과 당원 동지들께 보고드릴 수 있게 되어 기쁘고 벅찬 마음 가누기 어렵습니다. 이낙연, 정세균, 추미애, 김두관, 박용진, 최문순, 양승조, 이광재 후보님께 뜨거운 감사의 박수 보내주시면 좋겠습니다.

존경하는 국민 여러분, 당원 동지 여러분! 거대한 전환적 위기가 몰려오고 있습니다. 밖으로는 기후위기에 따른 에너지 대전환, 기술혁명에 따른 디지털 전환, 그리고 주기적 팬데믹이 우리를 위협합니다. 안으로는 누적된 불공정과 불평등, 불균형과 구조적 저성장의 악순환이 갈등과 균열을 격화시키고 있습니다.

이 위기를 슬기롭게 극복하지 못한다면 정부수립 이후 지난 70여 년간 쌓아올린 모든 성취가 한순간에 물거품이 될 수도 있습니다. 그러나 언제나 그렇듯이 위기에는 기회가 동반합니다. 사즉생의 정신으로 나라를 구한 이순신 장군처럼 준비-도전-승리의 길을 가는 사람에게 두려움은 용기의 다른 이름입니다.

우리가 할 일은 분명합니다. 전환적 위기를 견뎌내는 것을 넘어 도약의 기회로 바꿔야 합니다. 이번 기회에 대한민국을 질적으로 다른 도약과 발전의 시대로 이끌어야 합니다. 그래서 이번 대선은 단순히 대통령 한 명을 새로 뽑는 일이 아닙니다. 국민의 삶과 나라의 흥망이 걸린 중대지사입니다.

철학도, 역사인식도, 준비도 없는 후보에게 나라와 국민의 운명을 맡길 수 없습니다. 광주를 폄훼하고, 핵무장을 주장하고 남북합의 파기로 긴장과 대결을 불러오겠다는 퇴행세력에 대한민국을 맡길 수 없습니다. 국민을 지배하는 임금이 되려는 사람은 주권재민국가의 1번 일꾼이 될 수 없습니다.

비전도 정책도 없이 비방과 음해를 일삼고 반사이익을 노리며 발목잡기나 하는 실력으로는 이 위기와 난관을 돌파할 길이 없습니다.

여러분께 묻겠습니다. 뚜렷한 철학과 신념, 굳은 용기와 강력한 실천력으로 '새로운 대한민국' '대한민국 대전환'을 만들어 낼 후보는 누구입니까? 위기를 기회로 만들며 성취해온 실력으로 위기를 기회로 바꿀 후보 누구입니까? 지배자 왕이 아니라 주권자의 진정한 일꾼이 될 후보는 누구입니까?

저 이재명이 국민 여러분께 약속드립니다.

첫째, 성장을 회복하고 경제를 부흥시키겠습니다. 강력한 추진력으로 경제성장의 엔진이 힘차게 돌게 하겠습니다.

저의 1호 공약은 성장의 회복입니다. 공정성 회복을 통한 성장토대 마련, 전환적 위기를 기회로 만드는 전환성장을 투 트랙으로 하는 '전환적 공정성장'을 반드시 이뤄낼 것입니다.

우리 사회의 극심한 갈등과 균열의 근본원인은 저성장에 따른 기회총량 부족과 불평등입니다. 성장회복으로 기회총량 을 늘려야 성별, 세대, 계층, 지역 간 갈등이 사라집니다. 대기 업과 중소기업, 정규직과 비정규직, 본사와 가맹점, 수도권과 비수도권의 갈등도 풀 수 있습니다.

사회 곳곳에 도사린 '특혜 기득권 카르텔'을 해체해 공정 성을 회복하겠습니다. 소수에 집중된 자원과 기회를 공정하게 배분하여 효율을 높이고 의욕을 고취하여 새로운 성장의 기반 을 만들겠습니다.

사회적 대타협으로 모두가 상생하는 길을 열겠습니다. 그 러나 진전 없는 논의를 한없이 지속하지는 않겠습니다. 충분 히 논의하고 과감한 대타협을 시도하되 결과가 나지 않으면 정부주도로 할 일을 해내겠습니다.

상상할 수 없는 대규모의 신속한 국가투자에 나서겠습니다. 박정희 대통령이 경부고속도로를 만들어 제조업 중심 산업화 의 길을 열었습니다. 이재명 정부는 탈탄소 시대를 질주하며 새 로운 미래를 열어나갈 '에너지 고속도로'를 깔겠습니다.

미래인재를 양성하는 교육혁신, 기초과학과 첨단기술, 인

프라에 대대적으로 투자하고 네거티브 방식 도입 같은 과감한
규제합리화로 산업재편과 신산업 진출의 길을 열겠습니다.

둘째, 부동산 위기를 대한민국 대전환의 기회로 삼겠습니
다. 높은 집값으로 고통을 호소하는 국민을 보면서 죄송한 마
음을 금할 수가 없습니다. 부동산 문제로 국민들께 너무 많은
고통과 좌절을 드렸습니다. 진심으로 사과말씀 드립니다.

부동산 투기를 막지 못해 허탈감과 좌절을 안겨드렸습니
다. 공직개혁 부진으로 정책신뢰를 얻지 못했습니다. 하루가
다르게 오르는 집값은 결혼, 출산, 직장을 포기하게 했습니다.
그러나 이재명 정부에서는 이런 일, 다시는 없을 것입니다.

개발이익 완전국가환수제에 대한 관심과 지지가 어느 때
보다 높은 지금이 부동산 대개혁의 적기입니다. 말이 아니라
행동하겠습니다, 약속이 아니라 실천하겠습니다.

이미 관련 법안들이 국회에 발의되어 있습니다. 이번 정기
국회에서 당장 할 수 있는 개발이익환수제 강화, 분양가상한
제 등 제도개혁부터 하겠습니다. 집권 후에는 최우선으로 '강
력하고 대대적인 부동산 대개혁'에 나서겠습니다.

국민이 맡긴 인허가권 행사로 생기는 개발이익, 국민세금
을 집행하며 생기는 불로소득, 토건 세력과 부패 정치인이 아
니라 국민들에게 돌려드리겠습니다.

당정과 협의해 일반의 예상을 뛰어넘는 대대적 공급대책을 마련하겠습니다. 중산층을 포함한 무주택자 누구나, 저렴한 임대료로, 장기 거주할 수 있는 고품질 기본주택을 대대적으로 공급하겠습니다. '부동산 불로소득 공화국'이라는 오명을, 이재명 정부의 명운을 걸고 확실하게 없애겠습니다. 집과 땅이 투기소득의 원천이 되는 일, 없도록 하겠습니다. 집값을 하향안정화시키고, 누구도 주택 때문에 고통받지 않게 하겠습니다.

셋째, 정치혐오 위기를 실용정치의 기회로 삼겠습니다.

구태 정쟁정치를 끝내야 합니다. 정치는 오직 국민, 오직 민생이어야 합니다. 그 어떤 것도 국민의 먹고사는 문제보다 우선할 수 없습니다.

당장 이번 정기국회를 '첫 번째 이재명표 민생개혁국회'로 만들겠습니다. 이미 수술실 CCTV 설치, 청소경비노동자 휴게시설 개선을 입법한 것처럼 산적한 민생개혁 과제들을 신속하게 처리하고, 국민의 삶을 개선하는 국회로 만들겠습니다.

무엇보다 코로나19로 큰 고통을 받고 계신 자영업자와 국민들의 삶을 보듬겠습니다. '특별한 희생에 특별한 보상' 원칙에 따라 방역방침을 충실히 따른 자영업자들에게 충분한 보상이 이뤄지게 하겠습니다. 정부를 믿고 방역에 적극 동참하신 국민들께도 합당한 지원을 하겠습니다.

저희부터 반성하고 혁신하겠습니다. 그동안 민주정부와 민주당이 잘한 것도 많지만, 민생에서 국민의 높은 기대를 충족시키지 못했다는 비판을 겸허히 받아들입니다. "대통령 한 명 바뀐다고 내 삶이 달라지냐" "민주당이 집권당 되면 내 살림살이가 나아지냐"는 국민의 비판적인 질문에 당당할 수 없음을 인정합니다.

철저한 책임의식으로 새로운 변화를 만들어내겠습니다. 문재인 정부의 책임 있는 일원으로서 문재인 정부의 빛과 그림자 역시 온전히 저의 몫입니다. 같은 뿌리 민주당에서 나올 이재명 정부는 김대중, 노무현, 문재인 정부가 쌓아온 토대 위에 잘못은 고치고, 부족한 건 채우고, 필요한 것은 더해 청출어람하겠습니다. 그래서 이 자리에 있는 우리 모두의 꿈, 더 새롭고 더 유능한 4기 민주정부, 변화되고 혁신된 이재명 정부를 반드시 만들겠다는 약속을 드립니다.

국민 여러분, 당원 동지 여러분!
이번 대선은 과거로 회귀할 것인지 아니면 미래로 전진할 것인지를 결정합니다. 촛불혁명으로 쫓겨난 국정농단 세력과 부패기득권 세력의 반성 없는 귀환을 막아야 합니다. 사회 곳곳에 퍼진 불공정과 불평등, 소수의 기득권 카르텔을 깨고 기회가 넘치고, 공정과 정의가 살아 숨 쉬는 미래로 나아가야 합니다.

부패기득권 세력은 절대 스스로 물러서지 않습니다. 반성도 혁신도 없이, 지금도 온갖 가짜뉴스를 남발하며 여론을 호도하고, 호시탐탐 복귀를 노리고 있습니다. 결코 쉽지 않은 싸움입니다. 하지만 우리가 단결하고, 새로운 대한민국을 바라는 국민과 함께 싸운다면 충분히 이길 수 있습니다.

이제 우리는 국민 속으로, 민생 속으로 들어갈 것입니다. 전국의 시군, 구석구석을 찾아 국민 삶의 현장에서, 국민의 목소리를 듣고, 국민과 함께, 이재명 정부의 비전을 나눌 것입니다. 새로운 나라를 위한 도전이 시작되었습니다.

오늘 우리는 모든 출전 준비를 마쳤습니다. 당을 혁신하고 대선을 승리로 이끌 민주당의 선장 송영길 대표님이 계십니다. 169명 국회의원 전원이 한몸이 됐습니다. 경쟁했던 모든 후보님들도 한마음으로 뭉쳤습니다. 모든 당원과 지지자들도 힘을 합쳤습니다.

네 번째 민주정부, 이재명 정부를 만들어낼, 역대 가장 강력한 '대한민국 대전환 선대위'가 출범했습니다. 김대중, 노무현, 문재인의 승리에 이어 이재명의 승리, 민주당의 승리, 국민의 승리를 만들어낼 드림팀입니다.

국민 여러분, 이 희망의 여정에 함께해 주십시오. 동지 여러분, 새로운 대한민국을 만드는 길에 함께해 주십시오.

우리는 할 수 있습니다. 해내야 합니다. 여러분께 묻습니다. 내일은 오늘보다 나아질 거라는 희망이 있는 나라, 만들 자신 있습니까? 땀의 가치가 존중받는 공정하고 정의로운 나라, 청년들이 기회를 누리며 미래를 꿈꿀 수 있는 나라, 만들 수 있습니까? 실패해도 다시 일어설 수 있는 도전이 보장되는 나라, 강자의 횡포를 막고 약자를 도와 모두가 함께 사는 세상, 만들 수 있습니까?

저 이재명이 앞장서겠습니다. 가야 할 길이라면 주저 없이 앞장서겠습니다. 굳건한 용기와 결단력, 강력한 추진력으로 국민이 명하는 일은 반드시 해내겠습니다. 새 길을 내며 가시밭길에 찢기더라도 국민이 걸을 길은 꽃길로 만들겠습니다. 국민이 대통령과 정치를 걱정하는 것이 아니라, 대통령과 정치가 국민과 나라를 걱정하도록 하겠습니다.

제가 '이재명은' 하면 여러분은 '합니다'로 화답해주십시오. 송영길과 함께 민주당 대변화, 이재명은 합니다. 당원과 함

연설문

께 20대 대선 승리, 이재명은 합니다. 국민과 함께 대한민국 대전환, 이재명은 합니다.

　감사합니다.

2021년 11월 2일
더불어민주당 제20대 대통령후보 이재명

나는 왜 이재명을 지지하는가

대한민국에서 대통령 권력은 흡사 군주시대 왕의 권능을 본뜬 것 같다. 최소 3000명, 많게는 1만명에 달하는 공직자 임명 권한이 그 손에 있는 것이다. 1987년 6월 항쟁 이후 개정된 헌법은 대통령의 그 많은 힘을 분권화하고 통제했다지만, 여전히 빈틈이 많아 권력자가 마음먹기에 따라서는 무한한 권능을 행사할 수 있고 무차별적 사유화도 감행할 수 있다. 국가를 수익 모델로 삼은 이명박, 계엄령 선포로 '친위 쿠데타'를 획책한 박근혜의 사례는 잊지 말아야 한다. 따라서 아무에게나 대통령직을 맡겨서는 안 된다는 경각심도. 그래서 '사익으로부터 자신을 얼마나 속박할 수 있느냐'는 대선에서 가장 중요한 체크 포인트가 돼야 한다.

　이재명은 7남매였다. 변호사이며 선출직 공직자인 이재명 자신과, 회계사인 셋째 형(고 이재선)을 뺀 나머지 형제·자매의 직업은 딱 까놓고 이야기해 결이 매우 다르다. 광부, 요양보호사, 청소회사 직원, 요구르트 배달원, 환경미화원 등이었다. 부모님도 환경미화원, 화장실 계산원이었다. 넷째 아들이 출세해 성남시장이 됐어도 가족의 고달픈 팔자는 달라진 게 없었다. 가족 간 인연을 끊는 아픔을 감내하면서까지 형의 시정(市政) 개입을 차단한 일을 복기하면 짐작 가능하다. 가족만이 아니다. 시장 당선되고 얼마 안 돼 집무실에 CCTV를 설치해 자기 자신의 부정부패부터 감시했다. 그는 부패에 연루되는 것은 말할 것도 없고, 부패의 그림자를 밟기만 해도 죽는 신세임을 직감하며 살았다고 한다.
　그런데도 이재명은 가시밭길을 피할 수 없었다. '잔인하다'라는 표현이 적확할 수사·재판을 당했다. (결국, 대법원 무죄 취지 판결로 이들의 공작은 수포가 되었지만) 무고임에도 이재명에게 칼부림했던 이들 중에는 같은 더불어민주당 '동지'도 있었다. 그들의 공격은 집요했고 간악했다. 문재인 대통령 지지자를 자임하는 이들은 (내가 보기에) 당 밖에서 이재명의 '급진성'을 못 견뎌하는 이들과 맥이 닿아있었다. 그도 그럴 것이 이들은 당내 개혁과 진보를 강조하는 정치인의 대의(大義)를 폄하하고 부정해왔고, (끝내 3위로 주저앉았지만) 관료 출신으로 삼성과 긴밀했던 어떤 당내 인사를 당 대표로 밀었다. 이들의 기행(奇行) 중 가장 기함했던 것은, 이재명을 낙선시키려 그의 경쟁자 남경필을 찾아가 지지를 표명한 일, 그리고 자기들이 지지하는 당 대표 후보의 경쟁자였던 이해찬 당 대표의 (민주화운동 당시 입었던 고문의 후유증) 건강문제를 희화화한 일이었다. 단언컨대 이들은 문 대통령 지지자일 수 없고, 민주당의 장래를 위해서도 문 대통령 지지자여서는 안 된다.

이재명에게 죄가 있다면 혹시 수구기득권 세력이 허용할 수 없는 '대동(大同)'을 꿈꾼 데 있는 것은 아니었을까? 민주 '공화국'에서 모두가 공화롭고 평등하게 사는 세상 '대동'을 꿈꾸는 것이 어떻게 죄가 될 수 있냐고? 아니다. 한국의 현실에서는 죄다. '사람이 곧 하늘'이라며 평등 세상을 꿈꾼 전봉준, 토지개혁을 성안한 조봉암, 노동대중의 권익과 평화통일을 추구한 '민족일보' 조용수, 지역주의와 맞서며 '사람 사는 세상'을 꿈꿨던 노무현, 모두 당대 기득권에 의해 비극적으로 생을 마감한 주인공들이다. 올라가는 족족 죽음을 피할 수 없는 그 비극의 제단에 이번엔 이재명이 올라섰다.

대동. 대동이라고 했다. 대동의 뿌리는 조선 최대 개혁법인 대동법에 있다. 대동법을 알려 하면 지역 특산물을 헌납하는 공납(貢納)부터 살펴야 한다. 공납제는 조선 민중을 가장 악독하게 괴롭혔던 수탈체계였다. 특산물이란 쌀, 보리 등 허다한 작물이 아니라 그 지역의 산, 숲, 강, 바다로 들어가 애써 확보해야 하는 것이었다. 삶 자체가 팍팍한 모든 민중이 이런 수고를 할 수는 없는 법이다. 그래서 자신의 수확물과 특산물을 교환하는 방납(防納)도 허용했다. 그런데 나중에 특산물은 부르는 게 값이 됐다. 한때는 쌀 5말이던 꿩 한 마리가 나중에는 10말 또는 15말이나 됐다. 이런 횡포는 부패한 관리의 방임·방치로써 가능했고 이러다 보니 나중에는 조장되기까지 했다.

마침내 백성의 고통은 극에 달했다. 그런데 충청 관찰사 김육이 내놓은 대동법으로 상당 부분 해소될 수 있었다. 어떤 식이냐? 공납을 가구가 아닌 땅에 부과한 것이었다. 그러면 부담은 땅이 없는 사람에게 있어 확 줄고, 땅 소유자는 많이 늘어난다. 이재명이 기본소득 재원으로 국토보유세를 제안했는데 대동법과 딱 닮았다. 우리나라에서 토지 소유자 상위 3%가 전체 개인 토지의 56%를 차지한다. 불로소득 규모가 큰 나라에 토지 정의는 말할 것도 없고, 노동 정의, 경제 정의마저 요원하다. 그런데 불로소득의 원천은 주로 토지 소득이다. 이 나라에서 돈줄을 쥔 자는 곧 땅문서도 쥔 자다. 땅이 부의 원천으로 왜곡된 세상에서 공정은 허울뿐이다. 이재명은 부동산 관련 불로소득에다 제대로 과세하겠다며 벼르고 있다. 자신의 책임을 강조하는 땅 부자에게 이재명이 곱게 보일까?

대동법을 만든 김육도 그랬다. 송시열, 김집 등 조선 시대의 보수정당인 노론이 기를 쓰고 김육을 공격했다. '급진적이다' '혼란이 온다' 국토보유세를 바라보는 오늘의 보수도 그러하다. 김육은 왕에게 죽기 직전 대동법이 흔들려서는 안 된다고 했지만 그가 눈 감은 이후에 우려한 대로 흐지부지되고 말았다. 김육의 타계 소식이 들리자 빈부귀천 따로 없는 백성이이라면 누구나 그의 집으로 몰려들어 고마움과 서러움을 토로하려 했다. 그런데 놀라움이 먼저 튀어나왔다. 재상이기까지한 김육이건만 집은 초가였다. 없는 살림에도 부의금을 내려던 사람들, 상주의 만류로 다시 주머니에 넣었지만, 이대로 김육에게 아무것도 안 하면 안 된다고 생각했던지 송덕비를 세웠다. "조선국 영의정 김공육 대동균역 만세불망비(朝鮮國 領議政 金公堉 大同均役 萬世不忘碑, 영의정 김육이 만든 대동균역은 만세에 잊히지 않을 것)"가 그렇다.

책이 막바지에 이르렀다. 2판 탈고 무렵 더불어민주당 제20대 대통령후보로 선출된 이재명 후보가 윤석열 국민의힘 후보와 혼전을 벌이고 있다. 윤석열이 국민의힘 후보로 선출되고 2주간 맹위를 떨치던 '대세론'은 사그라든 흐름이다. 조사기관, 방식에 따라 천차만별이고, 대선까지 상당한 변수가 도사리고 있을 것이기에 선거 당일 투표함을 여는 순간까지는 '특정 후보 승리'를 예단할 수 없다. 그러나 '국정운영 특히 경제 운용' 등에서 우위가 뚜렷하다는 점에서 이재명에게는 청신호가 켜진 셈이다. 머리말에서 이야기한 대로, 보수에도 먹히는 민주당 후보로서 그의 위상은 독보적이다. 평가의 척도는 아무래도 지난 8년, 이재명의 성남시정 경기도정이 전부였을 것이다. 권한의 제약, 예산의 부족, 반대 세력의 저항에 좌절하지 않고 계속 도전해 '안 되는 것을 되게 하는' 힘은 한국 정치사에서 전대미문이다. 우리가 보고 싶어왔고 누리고 싶어왔던 리더십이다.

주요 선거마다 진보정당은 탈핵, 부유세 징수 및 증세, 취약층 현금 지원, 보편적 복지 확대, 국가보안법 폐지, 비정규직 철폐, 대기업 총수 범법 엄단 등을 외치며 표를 호소한다. 이런 공약에 호응해 나는 진보정당(비례대표)에 표를 준 적이 꽤 있었다. 그러나 자문한다. 진보정당의 의석이 많아진들, 설혹 원내 교섭단체가 되더라도 열거한 그 공약이 손쉽게 이행될 수 있을까? 서민 노동자 즉 약자에게 꼭 필요한 정책은 그 당에 표를 주면 해결될 문제인가? 아니다. 그래서 좋은 공약보다 실천 가능성이 더 중요하다. 돌파할 수 있는 결단력이 필요하다. 의회 구조가 열악하더라도 '한다면 하는' 추진력 또한 필요하다. 현존하는 정치 지도자 중에 그 능력을 내재한 사람이 누가 있을까? 특히 흉중에 '대동세상 완성'이라는 목표를 내재한 정치인이 또 몇이나 있을까?

지금은 독재정치가 사라진 시대, 대통령이 팔을 뻗어 어느 지점을 가리키면 도로가 되고 아파트가 되던 시대가 아니다. 21세기 정치는 실천 가능한 대안을 마련해서 국민의 동의를 얻고 의회로부터 예산을 타 내 실무 공직자와 함께 완성하는 과정까지, 그야말로 복잡다단하다. 그런데도 이재명의 경기도는 할 일을 95%(공약이행률) 이상 했다. 절대다수가 여당 의원(132명, 국민의힘 5명)이면 누구나 할 수 있는 일이라고 생각하는 일부도 있을 것이다. 그렇다면 여소야대의 성남시장일 때는 어땠을까?

내가 이재명의 지지자가 되기로 마음먹게 된 이유 중 하나인 사건이다. 때는 2017년 1월 초. 이전 해 겨울까지 성남시청 주차장에는 야외 스케이트장이 가설돼 어린이에게 무료 개방됐다. 그런데 심사가 뒤틀린 시의회 새누리당은 이 예산을 삭감했다. 더는 이용할 수 없게 만든 것이다. 그런데 이재명 시장은 그 안타까움을 호소하는 듯하면서 누가 앞장서 삭감했는지를 알려주는 실명 육필 기록 벽보를 촬영해 트위터에 게시했다. '시민이 나서 혼내 달라'는 의중이었다. (나중에 실명 거론된

의원들로부터 명예훼손 고소를 당해 경찰 압수수색을 받는 등 고초를 겪었지만.) 나는 여기서 '이재명은 금세기에 다시 만나기 힘든 전대미문의 싸움꾼'임을 직감했다. 반드시 해야 하는데 야당이 힘과 세로 막아 일이 난관에 봉착했을 때, 굴복하지 않는 것. 이재명의 '정치'는 이렇게 정의된다. (참고로 그해 겨울 스케이트장은 다시 열었다. 예산이 확보된 것이다. 아울러 거명된 '예산 삭감' 4인방 중 2018년에 생환한 '새누리당 의원'은 한 명뿐이다.)

그러나 이재명을 '드센 정치인'으로 소비하는 마음이 무겁다. 공격 한 방을 위해 열 개 스무 개를 참고 견디고 양보하며 살아야 했던 이재명의 삶은 긴장과 팍팍함의 연속이었을 것이다. 박원순 시장이 고인이 된 뒤 조선희 작가가 페이스북에 남긴 글에서 나는 이재명의 실루엣을 봤다.

그의 경우, 나는 일종의 '번아웃'이라 생각한다. 사회적 성취에 자기 인생과 에너지를 몽땅 쏟아부은 사람에게 찾아오는 낭떠러지. 너무 커 보이는 사람에겐 엉뚱한 지점에서 허방을 짚는 취약함이 있다. 우울 없는 조증은 없으니까. 불가사의한 투지로 장애물을 백 번쯤 돌파하던 사람이 누적된 피로감에 한순간 심신이 무너지는 것. (중략) 살아있다고 수취인불명의 훈수나 두는 게 우스꽝스럽긴 하지만, 한 개인으로서 그의 삶은 균형이 깨져 있었다는 것, 공적인 영역이 압도하고 사적인 영역은 멸실돼 버렸다는 것, 그것은 그의 많은 업적과 허망한 죽음을 동시에 설명해준다.

'번아웃 신드롬'(Burnout Syndrome)을 온라인 백과사전에서는 이렇게 표시한다. "어떤 직무를 맡는 도중 극심한 육체적 정신적 피로를 느끼고 직무에서 오는 열정과 성취감을 잃어버리는 증상의 통칭으로 정신적 탈진이라 생각하면 편하다." 수많은 공로와 업적에도 불구하고 그 생을 마감하면서 메모지 한 장으로 인사한 박원순. 그는 자신의 무수한 번민과 회한을 우리의 상상의 몫으로 남겼다. 일생 남을 위해 살아온 것이나 진배없는 이재명 역시 박원순처럼 탈진할 수 있는 '번아웃' 고위험군이다.

2020년 2월 24일 새벽 3시, 지사직 상실형인 2심 결과를 받은 상황에서 상고심(대법원) 판결이 미뤄질 무렵이었다. 이재명은 페이스북에 이런 글을 남겼다.

어차피 벗어나야 한다면 오히려 빨리 벗어나고 싶다. 단두대에 목을 걸고 있다고 해도 1360만 도정의 책임은 무겁고 힘든 짐이다. 두려움에 기반한 불안을 한순간이라도 더 연장하고 싶지 않다. 힘겨움에 공감하지 못할지라도 고통을 조롱하지 말아주면 좋겠다. (중략) 피선거권이 박탈되는 '정치적 사형'은 두렵지 않다. 그러나 이제 인생의 황혼녘에서 '경제적 사형'은 사실 두렵다. 전 재산을 다 내고도 한 생을 더 살며 벌어도 못다 갚을 엄청난 선거자금 반환 채무와 그로 인해 필연적인 신용불량자의 삶이 날 기다린다.

조금도 보태지 않은 진심임을 안다. 지지자의 응원과 도민과 국민의 신임이 그 상처를 많이 싸매어줬기를 바라지만 그 역시 '늙어가는 나약한 존재'로 자신을 소개했듯 철인(鐵人)이 아니다. MBTI(Myers-Briggs Type Indicator) 심리 분석 결과, '소심함' '내성적'에 완벽하게 쏠려 있었던 바, 자신을 향한 온갖 공격에 있는 그대로 상처를 받아왔을 것이다. "이재명은 특출난 사람이다"라고 한 문장으로 정리할 수 있는 이 책에 "당신은 특출나지 않아도 우리에게 참 소중한 사람이다"라고 한마디를 더 얹고 싶다.

나에게 '왜 이재명을 지지하느냐'고 묻는 이들이 있다. 이 책은 많은 부분에서 그 답이 될 것이다. 그러나 책에는 심화적으로 다루지 않은 이유를 결어(結語)로 남긴다. 이력이 변변치 않고 내세울 게 없는 사람, 늘 남에게 '나의 진정성을 설득하는 삶' '내가 그리 허접하지 않은 인생임을 증명하는 삶', 그러기 위해 '센 척하는 삶'을 살아본 사람, 즉 밟혀본 사람, 바로 나 같은 사람은 안다. 1970년대 노동자들이 품은 '맞지 않고 사는 세상'을 함께 희망하며 자라온 그가 그 고난을 잊지 않고 서 있는 오늘, 어떤 꿈을 꾸고 있는지. 어떻게 해야 "더불어 사는 사람, 모두가 먹는 것, 입는 것 이런 걱정 좀 안 하고 더럽고 아니꼬운 꼴 좀 안 보고 그래서 하루하루가 좀 신명 나게 이어지는 그런 세상, 만일 이런 세상이 좀 지나친 욕심이라면 적어도 살기 힘이 들어서, 아니면 분하고 서러워서 스스로 목숨을 끊는 그런 일은 없는 세상"이 열릴지. 그러나 너무 머지않은 세상임을 직감한다. 수많은 민주노동 인권열사들이 만들려 하다가 끝내 미완에 그치고만 대동세상이 '굽은 팔'로 세상을 견인해 온 이재명 앞에 성큼 다가와 있음을.

사진으로 보는
이재명

66 국민 여러분,
이재명은 했습니다.
이재명은 합니다. 99

어린 시절

검정고시 수험표

어릴 적 가족과 함께

소년공 시절, 동료 형들과 첫 야유회(맨 왼쪽)

학력고사 수험표

학창시절

대학 입학식
어머니와(1982)

자전거여행(1982)

대학시절

교련복을 입고

대학 졸업식(1986)

대학 4학년 때(1985)

1987년

사회활동

사법연수원 수료 당시(1989)

인권변호사 시절

시민운동(1990), 정자백궁지구 부당용도변경 사건

선거운동

성남시장 선거 포스터(2014)

기자회견(2014)

모란시장에서(2014)

선거운동 중 청소년과(2014)

시민과 함께하는 노상방담(2012. 8. 2)

성남의료원 착공식(2013. 11. 14)

평화의 소녀상 건립 제막식(2014. 4. 15)

민선6기 시민과의 약속 손도장 기념판(2014. 7. 31)

세월호 당시(2014)

빚 탕감 프로젝트 출범식(2014. 9. 12)

공공 산후조리원 기자회견(2015. 3. 16)

친환경 급식실태조사 및 급식봉사(2015. 4. 28)

시립의료원 설립 공사현장 방문(2016. 4. 28)

청년배당 수령 청년과의 차담(2016. 10. 20)

광화문 단식농성(2016)

촛불집회(2016)

경기도지사 취임선서(2018. 7. 1)

경기도 중증외상환자 이송체계 구축 업무협약
(이국종 소장과 함께, 2018. 11. 27)

5.18 광주민주화운동 39주년 기념식
(2019. 5. 18)

경기도 양주 하천·계곡 불법행위 대응 관련
현장방문 및 간담회(2019. 8. 23)

한돈 살리기 쿡(COOK) 행사
(고 박원순 서울시장과 함께, 2019. 11. 1)

'코로나 19 감염원 신천지' 과천 본진 점검(2020. 2. 25)

경기도형 재난 기본소득 지급 방안 발표(2020. 3. 24)

한익스프레스 이천 물류센터 화재 사고 합동 영결식
(2020. 6. 20)

대법원 무죄취지 파기환송 판결 후(2020. 7. 16)

이낙연 더불어민주당 당대표 후보 접견(2020. 7. 30)

50.29% 득표로 더불어민주당 제20대 대통령 후보 선출(2021. 10. 10)

경기도 국정감사(2021. 10. 18, 21)

광주 5.18 민주묘지 참배. 전두환 비석을 밟으며(2021. 10. 22)

노무현 전 대통령 묘역 너럭바위 앞에서. 이후 방명록에 '대통령님께서 열어주신 길을 따라 지금 여기까지 왔습니다. 그 길을 따라 끝까지 가겠습니다'라고 썼다.(2021. 10. 22)

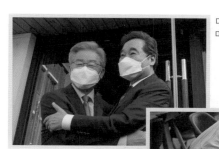

대선경선 경쟁자였던 이낙연 전 대표와
마주한 이재명 후보(2021. 10. 24)

경기도 국정감사 후 지사직을 내놓고
대선 예비후보 등록(2021. 10. 26)

더불어민주당 제20대 대통령선거 대책위원회 출범식 당시(2021. 11. 2)

전남 순천 연향상가 패션거리를 걸으며(2021. 11. 27)

'광주 대전환 선거대책위원회' 출범식(2021. 11. 28)